현재적
하나님나라와
이를 위한 **영적·전투**

전도자세우기 워크북시리즈 ③

현재적 하나님나라와 이를 위한 영적 전투

하도균 지음

베드로서원

| 글을 시작하며 |

　전도자로 헌신한 뒤, 복음을 전하며 많은 기쁨과 감사가 있었습니다. 복음이 전해지는 곳마다 영혼들이 살아나고 세워지며 강건해 지는 것을 경험했기 때문입니다. 사람이 변화된다는 것만큼 기쁨과 감격이 있는 일은 없지요. 전도자들은 그 열매들을 보면서 더 강한 군사로 세워져 가는 것 같습니다. 그래서 주님이 부르시는 날까지 복음을 전하며 살 것을 다시 다짐하기도 합니다.

　그런데 참 이상한 것은, 분명히 예수 믿고 구원받아 변화된 삶을 산 사람인데 시간이 지나면서 다시 힘을 잃고 세상 사람들과 다를 바 없이 살아간다든지, 또는 너무 힘들고 어렵게 사는 사람들이 많다는 것입니다. 그들을 자세히 보면, 구원 받았을 때 누렸던 기쁨과 감사는 어디로 갔는지 보이지 않고 현실적인 문제와 고통만이 그들을 지배하고 있는 모습을 보게 됩니다. 그리고 간혹, 어떤 사람들은 "예수 믿어도 별 다를 것이 없네!"라고 말하기도 합니다.

　왜 그럴까? 수 없이 많은 질문을 던지고 고민해 보았습니다. 물론, 구원받고 난 뒤, 그들에게 맞는 양육과 신앙의 훈련이 뒤따라야 한다는 것은 자명한 일입니다. 그런데 많은 사람들은 양육과 훈련을 생각할 때, '어디서' '누구에게' 받아야 하는가를 먼저 떠올립니다. 이것은 양육과 훈련을 시켜 줄 수 있는 적당한 사람과 마음에 드는 기관, 혹은 단체를 만나지 못한다면, 그들에게 꼭 필요한 것이 마냥 미루어 질 수 있다는 말입니다. 아마도 이러한 문제 때문에 양육과 훈련이 필요한지는 알지만, 미루어 신앙의 진보를 경험하지 못하고 정체되어 있는 사람도 있을 것입니다.

또는, 구원받은 후, 특정한 양육과 훈련은 없어도, 하나님의 기준과 원칙대로 살아야 한다는 것을 모든 그리스도인들은 압니다. 그리고 교회 예배의 설교나 가르침을 통하여 그 기준과 원칙들을 제공 받기도 합니다. 그러나 삶이 따라주지를 않습니다. 기준은 있는데, 그대로 살지 못하니 더 힘들고 어려운 것입니다. '차라리 믿기 전에는 이렇게 힘들지는 않았는데…'라는 탄식이 나올 수도 있습니다. 그렇다면 이러한 침체와 영육의 연약함의 경험은 신앙이 성장하는데 꼭 필요한 요소로만 알고 인내해야 하는 것일까요? 나를 양육하고 훈련시켜 줄 적당한 사람이 없으면 스스로는 성장할 방법이 없는 것일까요? 왜 우리 주변에는 이러한 문제들을 가진 많은 그리스도인들이 있는 것일까요?

이상의 문제들은 전도자로서 꼭 풀어야 할 숙제와 같은 것이었습니다. 이 숙제가 풀어지지 않는다면, 전도자로서 한계를 지닌 채 전도를 해야 하기 때문입니다. 전도는 교회의 빈 공간에 사람을 채우는 것이 아닙니다! 전도는 영혼을 구원하고 끝나는 것만도 아닙니다! 기독교의 핵심인 복음 안에는 영혼을 구원시키고, 또 그 구원된 영혼들이 세워지고 성장할 수 있는 모든 힘과 능력이 담겨져 있기 때문입니다.

그러던 어느 날, 성경을 묵상하다가 답이 찾아졌습니다. 예수께서 공생애 때 외치셨던 메시지들을 보면서 말입니다. 예수님의 공생에 메시지는 예수님의 전도활동의 핵심내용이라고 해도 과언이 아닐 것입니다. 그런데 예수님의 공생애의 메시지의 핵심은 "하나님 나라"였습니다. 예수님은 고치시고, 가르치시며, 선포하시는 다양한 일들을 하셨지만, 그분의 메시지의 핵심은 "하나님 나라"를 누리게 하는데 있었습니다. 다시 말하자면, 복음을 전하여 하나님 자녀를 만드는 것이 중요하지만, 그것에서 한 발 더 나아가, 하나님 자녀가 된 자들이 이 땅에서 하나님 나라를 누리게 하시는데 그분의 사역의 초점이 있었다고 하는 것입니다. 하나님 나라는 이 땅에서 경험되어지고 누릴 수 있는 나라라는 것입니다.

이러한 관점에서 성경을 보니 정말 그러했습니다. 예수께서는 어떻게 하면 하나님 나라를 더 깊게 가르쳐주시고 누리게 할 수 있을까에 많은 고민을 하셨습니다. 이것은 전도자들이 고민해야할 부분이었습니다. 그런데 저를 포함한 많은 전도자들은 복음을 통하여 한 사람을 하나님 자녀로 만드는 일에만 초점을 맞추어 왔던 것이 사실입니다. 어떻게 보자면, 온전한 복음을 반쪽만 전한 꼴이 되었습니다. 전도자들이 복음을 전할 때, 피전도자들을 하나님 자녀로 만드는 것이 중요하지만, 하나님 자녀가 된 자들이 어떻게 이 땅에서 하나님 나라를 누리며 살 수 있는지도 가르쳐 주어야 합니다. 그래야 구원 받은 후, 스스로 하나님 나라를 침노하면서 이 땅에서도 하나님 나라를 누리며 살아갈 수 있습니다. 그리고 그때 하나님 나라가 이 땅에서 확장되고, 또한 이 세상을 넉넉히 이길 힘도 생겨나는 것입니다.

이렇게 본다면, "하나님 나라"라는 주제는 누구보다도 전도자들이 외쳐야 할 주제입니다. 전도자들이 이것까지 가르쳐 주어야 합니다. 그래야 그리스도인들이 이 땅에서 힘 있고 영향력 있게 살아 갈 수 있습니다. 그러나 '하나님 나라의 도래'라는 측면은 '영적전투'라는 주제와 서로 밀접하게 연관되어 있습니다. 예수께서도 "천국은 침노를 당하나니 침노하는 자는 빼앗느니라"라고 말씀하셨기 때문입니다.

이상의 문제의식을 가지고 성경을 묵상하다가 글이 나오기 시작했습니다. 그러므로 이 책은 다음과 같은 질문에 답을 줄 수 있을 것입니다. 그 질문들을 좀 더 많이 묵상하였고, 또 성경 안에서 그 답을 찾으려 했기 때문입니다. '도대체 이 땅에서 누릴 수 있는 하나님 나라는 어떠한 것인가?' '어떠할 때 하나님 나라가 우리에게 임했다고 할 수 있는가?' '하나님 나라의 특징적인 요소는 무엇인가?' '하나님 나라와 영적전투는 왜 밀접한 관계가 있는가?' '영적전투는 무엇인가?' '승리하는 영적전투를 위하여 우리는 무엇을 준비해야 하는가?' 등등…

이 책은 여러 사람들이 함께 읽고 토의할 수 있도록 만들어 졌습니다. 부족하지만, 주어진 주제의 내용을 함께 읽고 토의하면서 독자들의 삶속에 하나님 나라가 임하고 누려질 수 있기를 소망합니다. 이 세상을 바꿀 수 있는 능력과 힘이 그 안에서 나올 수 있기를 원합니다. 또한 실천적인 입장에서, 하나님 나라를 누릴 수 있는 더 진일보한 연구의 도서들이 많이 출판되어 그리스도인들의 영적인 삶을 살찌울 수 있기를 원합니다.

마지막으로, 이 책이 출판될 수 있도록 도와주신 분들게 감사드리고 싶습니다. 먼저는, 출판 금액의 일부를 감당해 주서서 책이 수월하게 출판될 수 있도록 도와주신 조미경 집사님(부천 안디옥교회), 고민정 집사님(분당중앙교회)이 계십니다. 이분들께 진심으로 감사드립니다. 그리고 밤을 세워 수정 작업을 해주신 신광연 전도사님, 김경한 전도사님(이상 연구소 간사), 그리고 책이 나올 수 있도록 영감있는 말과 기도로 후원해준 아내에게 감사를 표하고 싶습니다.

2010년 가을, 복사골 부천에서

하 도 균

목 차

서 문 (글을 시작하며) / 4

제 1 장　현재적 하나님 나라의 특징적 요소들 / 9
제 2 장　예수님과 하나님 나라 / 30
제 3 장　침노당하는 하나님 나라 / 50
제 4 장　너희 안에 있는 하나님 나라 / 73
제 5 장　하나님 나라와 능력 / 92
제 6 장　하나님 나라와 영적전쟁 / 113
제 7 장　영적 군사로 서라! / 139
제 8 장　영적전쟁의 궁극적 이유와 대상들 / 159
제 9 장　영적전투의 준비와 하나님의 전신갑주 / 178
제 10 장　진리의 허리띠와 의의 흉배 / 191
제 11 장　평안의 복음의 신발 / 208
제 12 장　믿음의 방패 / 227
제 13 장　구원의 투구와 성령의 검을 가지라! / 248

chapter 01

1. 현재적 하나님 나라의 특징적 요소들

◆주제를 풀어갈 성경본문 – 로마서 14:17~18

"하나님의 나라는 먹는 것과 마시는 것이 아니요 오직 성령 안에 있는 의와 평강과 희락이라 이로써 그리스도를 섬기는 자는 하나님을 기쁘시게 하며 사람에게도 칭찬을 받느니라"

◆주제를 풀어갈 글의 개요

1. 들어가면서 – 본문의 정황과 배경
2. 본론

   1) 하나님 나라가 왜 중요합니까?
      (1) 예수님의 메시지의 핵심이기 때문입니다.
      (2) 성도들의 신앙의 최종 목적지이며 현재도 경험해야 할 것이기 때문입니다.
   2) 하나님 나라에 대한 오해
      (1) 먹고 마시는 이 땅의 기준으로 하나님 나라를 생각하기 때문입니다.
      (2) 하나님 나라를 내세에 경험하는 것으로 생각하기 때문입니다.
   3) 하나님 나라의 특징은 무엇입니까?
      (1) 의 - 하나님과의 올바른 관계를 통하여 하나님을 닮아가는 삶
      (2) 평강 - 하나님과의 올바른 관계를 통해서 얻어지는 내적인 표징
      (3) 희락 - 하나님과의 올바른 관계를 통해서 얻어지는 외적인 표징
   4) 하나님 나라는 어떻게 경험할 수 있습니까?
      (1) 성령 안에 거하며 성령의 인도하심을 받으며
      (2) 아래의 것이 아닌 위의 것들을 바라보고 갈망하면서

3. 마무리 – 요약과 적용

1. 들어가면서

'하나님 나라'는 예수님의 가르침과 성경의 가장 중요한 주제입니다. 실제로 예수님 메시지의 핵심은 하나님 나라의 선포에 있었다고 해도 과언이 아닐 것입니다. 예수님은 가시는 곳마다 "때가 찼고 하나님의 나라가 가까이 왔으니 회개하고 복음을 믿으라"(막1:15)고 선포하셨기 때문입니다.

그러나 그 시대의 사람들도, 그리고 오늘날 예수를 믿는 성도들에게도 '하나님 나라'라는 주제는 쉽게 오해되어지기도 하고, 그저 믿는 자의 개념 안에는 있지만 이 땅에서는 경험되어질 수 없는 어떠한 것으로 생각되어지기도 합니다. 성도들 가운데에는 특별한 은사를 경험하기 위하여, 그리고 축복을 받기 위하여 열심내고 노력하는 자들은 많아도, 실제로 현재 이 땅에서 하나님 나라를 경험하기 위해서 매진하는 사람을 만나기는 쉽지 않습니다. 그렇다면 '하나님 나라'는 복음서에 나타난 중요한 주제이기는 하지만 이 땅에서는 경험되어질 수 없는 것일까요?

오늘 성경의 본문 안에서 바울은 이러한 사실에 대해서 동일하게 고민하고 있었던 흔적을 봅니다. 아마도 바울 시대에 성도들에게도 '하나님 나라'라는 주제는 중요하지만 쉽게 받아들이거나 이해되어지지 않았던 것 같습니다. 그래서 바울은 하나님에 관한 자신의 지식과 경험 안에서 하나님 나라를 설명하고 있습니다. '먹고 마시는 것'이 하나님 나라의 특징적 요소가 아니라는 것입니다. 그것은 오해라는 것입니다. 이 말은, 눈에 보이는 현재적인 복을 누리는 것이 하나님 나라의 경험과는 별개일 수 있다는 것입니다. 즉, 잘 먹지 못하고 잘 마시지 못하여도 하나님 나라를 경험할 수 있다는 것입니다. 그리고는 "하나님 나라는 오직 성령 안에 있는 의와 평강과 희락"이라고 말합니다. 이 땅에서도 하나님 나라를 누릴 수 있다는 것입니다.

그렇다면 성도들이 이 땅에 살면서, 하나님을 신앙하면서, 하나님 나라를 경험하는 것이 왜 중요할까요? 여러 가지 이유를 들어서 답할 수 있지만, 가장 중요한 것은 구원이라는 단어에 걸맞은 삶이기 때문입니다. 구원 받았다는 것은 이 땅에서 구분되어 분리된 것을 말합니다. 구원받은 사람은 비록 이 땅에서 살더라도 이 땅의 사람이 아니라 하나님 나라의 사람이라는 것입니다. 그러므로 신분에 걸맞게 하나님 나라를 누리며 살아야 이 땅에서 하나님이 구원하신 목적에 맞게 살아갈 수 있습니다. 세상에 영향을 끼치며 살아갈 수 있습니다. 또 세상을 이기어 바꾸며 살아갈 수 있는 것입니다. 이것이 세상을 이기는 힘입니다.

또한 구원받은 우리가 이 땅을 살면서 그리스도의 장성한 분량대로 성장할 수 있는 힘도 하나님 나라의 경험에서 옵니다. 하나님을 만나야, 그리고 그분과 교제를 나누어야 그분을 닮아갈 수 있기 때문이지요. 하나님 나라는 하나님이 통치하는 나라이며 그 통치권이 미치는 영역입니다. 그러므로 그 안에서 있을 때 그분을 만날 수 있으며 그분을 닮아갈 수 있습니다.

아마도 바울은 이러한 입장에서 로마에 있는 그리스도인들에게 하나님 나라의 특징적인 요소들을 설명하고 그것을 현재적인 삶 안에서 누릴 수 있도록 하려 했던 것 같습니다. 이제 저는 위에서 제기한 이러한 문제들을 본문에서 하나씩 차례로 풀어가며 현재 이 땅에서 믿는 성도들이 누릴 수 있는 하나님 나라의 특징에 대해서 말하려 합니다.

2. 본론

1) 하나님 나라가 왜 중요합니까?

(1) 예수님 메시지의 핵심이기 때문입니다.

'하나님 나라'라는 주제가 예수님께서 선포하신 메시지의 핵심이라는 것은, 먼저 예수님께서 공생애를 시작하시며 외치신 첫 번째 메시지가 하나님 나라에 관한 것이었기 때문입니다. "회개하라 천국이 가까이 왔느니라(4:17)" 이것이 예수님의 공생애 첫 번째 메시지의 핵심이었습니다. 여기서 천국이 무엇입니까? 하나님 나라입니다. 하나님 나라가 시작되었다는 것입니다. 이 주제는 성경의 많은 주제들 가운데 하나의 개념이 아니라 가장 본질적인 요소입니다. 왜냐하면 예수님께서 이 땅에 오셔서 가르치시고 완성하길 원하셨던 궁극적인 것이 바로 하나님 나라이기 때문입니다. 여기서 '가까이 왔다'는 것은 영어로는 'at hand'라고 기록되었고, 헬라어 원어를 보면 '이미 시작이 되었다'는 의미로 해석될 수 있습니다.

또한 예수님께서 가르쳐 주신 주기도문에서도 하나님 나라의 중요성을 발견할 수 있습니다. 예수님은 제자들에게 기도를 가르쳐 주시면서 그 내용 안에 "하나님 나라가 임하게 해 달라"는 내용을 넣으셨기 때문입니다. 우리는 주님이 가르쳐 주신 기도를 할 때마다 "하나님 나라"가 임하게 해달라고 고백하지만, 많은 사람들이 오해하고 있는 것이 있는 것 같습니다. 그것은 '하나님 나라'가 임하는 것이, 마치 완성된 무언가가 위에서 내려오는 것처럼 생각한다는 것이지요. 그렇지 않습니다! 하나님 나라가 이 땅에 임한다는 것은 하나님이 통치하시는 통치와 그분의 주권이 이 땅에 미치는 것을 의미하고, 그렇기에 그 통치와 주권 안에 우리가 들어가는 것을 의미합니다.

여러분! 하나님 나라가 시작된 것이 세상 사람들에게 왜 중요합니까? 왜 예수님께서는 이 땅에 오셔서 공생애 첫 번째 메시지로 하나님 나라가 시작되었다고 말씀하셨을까요? 왜냐하면 하나님 나라가 없는 이 세상이 너무나 불쌍하기 때문입니다. 한번 생각해 보십시오! 우리가 살고 있는 세상에는 많은 어려움이 있지요? 또한 많은 상처들이 있습니다. 돈이 있어도, 권세가 있어도 행복하지 않습니다. 이 세상은 항상 우리가 살아가는 데 한계가 있는 세상이고, 우리에게 눈물을 주는 세상이며 만족을 주지 못하는 세상입니다. 그래서 인간은 세상으로부터 무엇인가 분리되기를 원하고 세상이 줄 수 없는 새로운 것을 원하게 됩니다. 왜 그런지 아십니까? 하나님이 인간을 그렇게 만들었기 때문입니다. 그래서 전도서에 보면 전도서 기자가 "영원을 사모하는 마음"을 우리 인간 안에 주셨다고 말하고 있습니다.

요즘 아파트 이름을 보면 참 재미있습니다. 아파트 이름이 '롯데 캐슬'이에요. 성을 뜻하지요. 또 '하늘채'라는 이름도 있더라고요. 무엇을 뜻합니까? 성처럼 우람하게 지어놓았다는 것입니다. 이것은 아무도 못 들어온다는 의미입니다. 그것이 세상과 분리된 것을 의미하는 것입니다. 이 세상으로부터 무언가 독립되고 싶은 사람들의 마음을 담아, 그 안에는 우리가 상상하지 못한 편리함이 있고, 그 안에는 우리가 생각하지 못했던 여러 가지 아주 좋은 것들이 담겨있다는 것을 암시합니다. 그 안에 살면 마치 천국에 사는 것인 양 착각하게 되는 것입니다. 뭔가 그 안에 들어가 있으면 따스함이 있을 것 같습니다. 그리고 요즘 아파트는 주상복합으로 만들어진 곳이 많아서 그 안에 수영장도 있고 쇼핑 상점도 있고 극장도 있으며 필요한 것이 거의 다 있는데 그 안에 사는 사람이 아니면 아무도 못 들어갑니다. 그 이유는 그곳에 있는 사람은 이 세상과 차별화된다는 것입니다. 그 아파트 안에 있는 사람들만이 누릴 수 있고 그 안에 있는 사람들만 독립적으로 보고 즐길 수 있다는 것입니다. 사람들속에 있는 영원성을 자극해서 세상이 그렇게 판촉 활동을 하고 있는 것입니다. 그런데 문제는 '롯데 캐슬'에 살아도 '하늘 채'에 살아도 문제는 늘 존재합니다. 그것은 하나님 나라가 아니면 채워질 수 없는 부분들입니다. 그렇기에 예수님께서 하나님 나라를 역설하셨다고 볼 수 있습니다.

(2) 성도들의 신앙의 최종 목적지이며 현재도 경험해야 할 것이기 때문입니다.

이처럼 우리 마음 안에는 이 세상과 다른 어떤 영원한 것을 추구하는 마음이 분명히 있습니다. 그런데 이 세상의 어떤 것도 그것을 만족시켜 주지 못합니다. 예수께서 공생애 첫 번째 메시지로 "회개하라 천국이 가까이 왔다"고 하나님 나라를 먼저 선포하신 이유도 여기에 있습니다. 예수님의 사역으로 하나님 나라가 이 땅에서 시작되어 더 이상 사람들이 아파하고 힘들어하며 어려워하고 살지 않아도 된다는 것입니다. 이 땅이 우리에게 궁극적인 만족을 줄 수 없기 때문에 하나님께서 우리를 위해 하나님 나라를 만들어 놓으셨다는 것을 알려주신 것입니다. 하나님 나라는 하나님이 계시지만 하나님만을 위해 만들어 놓은 나라가 아닙니다. 우리를 위해 준비해 놓으신 나라입니다. 그런데 그 나라가 이 땅에서 시작되었다는 것입니다. 그러므로 이제 우리는 시작된 하나님 나라를 경험하며 천국을 맛보고, 그 안에서 힘을 얻어 성장하며 하나님께서 완성하신 미래의 궁극적인 하나님 나라까지 나아가야 합니다.

그런데 때때로 우리가 신앙을 가지고 생활할 때 우리의 신앙의 목적이 여기에 있지 않는 모습을 보게 됩니다. 즉, 하나님의 통치 안으로 들어가 하나님 나라를 경험하고 성장하며 세상을 변화시켜 나아가야 함이 목적이며, 또한 그 과정을 통하여 미래의 궁극적인 하나님 나라에 들어가는 것이 우리의 목적이 되어야 하는데 목적이 변질되는 경우가 많다는 것입니다. 우리 주변의 성도들을 보면, 자신의 연약함이 드러날 때, 또는 건강의 문제가 생길 때, 능력이 있는 사람들, 그리고 은사가 있는 사람들을 찾아가곤 합니다. 그리고 문제가 해결되는 것을 경험하기도 합니다. 그러나 우리가 궁극적으로 알아야 할 것은, 그러한 치유의 행위와 문제의 해결이 신앙의 목적이 아니라는 것입니다. 그것은 하나님 나라 안에서 경험할 수 있는 일부분의 일입니다. 그렇기에 은사가 있는 사람들도, 그리고 연약함이 있는 사람들도 은사를 드러내 치유하는 일이 신앙의 완전, 혹은 절대적인 것이라고 생각하지 말아야 합니다. 은사가 있는 사람은 그 은사를 통해서 상대방을 치유하고 도와줌으로 하나님 나라로 깊숙이 들어갈 수 있도록 이끌어 주어야 합니다. 그리고 연약함이 있어서 능력이 있는 사람을 찾아가는 사람들도, 지금은 내가 힘이 없어서 기도 받고, 힘이 없어서 사람을 찾아가지만, 궁극적으로는 치유와 문제의 해결을 통하여 자신의 힘으로 하나님 나라를 구하고 경험하리라는 목적이 있어야 합니다.

그러나 오늘날 교회가 이것을 잘 가르치지 못하고 있습니다. 기독교의 목적이 변질해 버렸습니다. '예수 믿고 축복받는 것' 이것이 목적이 아닙니다. 예수 믿고 잘살자. 이것도 아닙니다. 저는 단호하게 이야기하고 싶습니다. 예수 믿고 축복받고, 예수 믿고 잘 살고, 예수 믿고 형통하고... 이것이 핵심이 아니라는 것입니다. 그렇다고 해서 예수 믿으면 축복을 못 받는다는 것도 아닙니다. 문제는 그 목적이 나의 이기심에서 나온 목적이지, 성경에서 가르치는 본질이 아니기 때문에 그렇습니다. 내가 하나님께만 붙어 있으면, 하나님의 통치 안으로만 들어가면, 축복, 형통, 잘 되는 것 모두 다 하나님이 책임져 주십니다.

한번은 제 둘째 아이를 한동대에서 하는 영어캠프에 보내었습니다. 멀고 먼 외부 캠프로 장시간 아이를 보낸 것은 처음입니다. 저는 아이를 보내고 싶지 않았습니다. 경제적 여유도 없었을 뿐더러, 저는 공교육을 강조하는 사람 중에 한 사람이기 때문입니다. 그렇지만 한동대에서 진행하기에 신앙적으로 가르치고, 또 신앙의 훈련을 영어로 한다는데 매력이 있어서 보내게 되었습니다. 우리 부부는 큰 결단을 하고 보내었습니다. 허리띠를 졸라 매었습니다. 그런데 우리 둘째가 저에게도, 또 엄마에게도 특별히 효도한 것이 없습니다. 그냥 붙어만 있었습니다. 거기에 들어가기 위해서 노동한 것이 아닙니다. 그리고 아빠 마음을 특별히 기쁘게 해 준 것도 없습니다. 그냥 전 그 아이를 보면 늘 기쁩니다. 그 아이가 내 딸로서 정체성을 가지고 내게 붙어 있었기에, 하나님이 길을 여시면 여건을 만들어서라도 그렇게 해 주는 것 아니겠습니까?. 여러분! 그런데 만약 우리 둘째 아이가, 내가 아빠 딸로서 집에서 사는 목적이 한동대 캠프를 가기 위함이 목적이라고 한다면 이것은 굉장히 잘못된 것입니다. 나는 그 아이에게 모든 것을 다 해 줄 수 있는데 그 아이 목표는 그것 하나에요. 얼마나 어리석습니까?

마찬가지로 예수 믿고 축복받는 게 절대 목표가 아닙니다. 예수 믿고 형통한 것이 목적이 아닙니다. 예수 믿고 잘 되는 게 목표가 아닙니다. 예수를 믿는다는 것은 어떻게 그 하나님 앞에 온전하게 붙어 있느냐?

그분의 통치와 주권 안에 있느냐? 그것이 가장 큰 관심사가 되어져야 합니다. 내가 어떻게 하나님과 바른 관계를 가지고 있는가? 이것이 되어지면 나에게 필요한 모든 것을 하나님이 책임져 주십니다. 마태복음 6장을 보십시오. 예수님이 무엇이라고 가르치고 계십니까? "너희는 무엇을 먹을까 무엇을 입을까 염려하지 말라"는 것입니다. "들에 핀 백합화도 내가 입히고 하늘에 날아다니는 새도 내가 먹이는데 하물며 너희일까 보냐"라고 말씀하십니다.

이 말씀을 들을 때 우리는 '아멘' 합니다. 그런데 교회 밖에만 나가면 또 먹을 것을 고민하고 또 입을 것을 걱정합니다. 왜 그렇습니까? 여기에서 꼭 알아야 할 것이 있습니다. 그것은 성경에서 말하는 '너희'는 하나님 앞에 붙어 있는 '너희'라는 사실 입니다. 하나님 앞에 붙어있지 못하기에 염려하는 것입니다. 하나님 앞에 붙어 있지 않기 때문에 걱정하는 것이지요. 하나님 앞에 붙어만 있으면, 즉 하나님의 통치와 주권 안에만 있으면 하나님이 그 모든 것들을 채우신다는 것입니다. 그렇기에 하나님 나라는 우리 신앙의 목적이 되어야 하고 현재 우리 삶 속에 경험할 수 있어야 합니다.

2) 하나님 나라에 대한 오해

(1) 먹고 마시는 이 땅의 기준으로 하나님 나라를 생각하기 때문입니다.

오늘날 많은 사람들이 하나님 나라를 경험치 못하는 이유가 무엇일까요? 많은 이유가 있지만, 중요한 것은 오해 때문입니다. 즉, 이 세상의 가치관과 기준으로 하나님 나라를 평가하려고 하기 때문에 그렇습니다. 잘 먹는 것이, 잘 입는 것이, 잘 사는 것이, 하나님 나라를 누리는 것이라고 생각하는 경향이 많습니다. 이것은 구약적인 개념에서 온 것이라 할 수 있습니다. 그러나 구약적인 축복의 개념도 출발부터 잘못되지는 않았습니다. 이것은 이미 언급했던 부분입니다. 우리가 하나님 앞에 온전히 붙어 있으면 하나님이 책임져 주십니다. 하나님께만 붙어 있으면 어려움 속에서도 먹이시고, 어려움 속에서도 입히시고, 또 어려움 속에서도 잘 되게 하시는 것입니다. 이러한 하나님의 도우심을 경험하게 되자 구약의 사람들은 하나님께 온전히 붙어 있어서 얻게 된 축복을, 잘못 해석하곤 하였습니다. 즉, 하나님께 붙어 있어야 한다는 근본은 강조하지 않고, 하나님이 함께 하신다면 너희 가정에 축복이 있어야 하고, 아들이 있어야 하며, 물질적인 부가 있어야 하고 무언가 형통해야 한다고 잘못 가르치기 시작한 것입니다.

현재의 결과를 가지고 그 사람에게 하나님께서 함께 하시는지 아닌지를 판단하기 시작한 것이지요. 그러므로 구약적인 개념에서의 축복은 지금 나에게 보이고 만져지는 것이 있어야 했습니다. 바로 이러한 경향 때문에 하나님 나라라는 개념도 영향을 받았다는 것입니다. 현재 잘 먹고, 잘 살고, 잘 누리는 것, 무언가 만져지고 보여지는 개념으로서의 하나님 나라를 생각할 수 있었던 것입니다.

그러나 하나님 나라는 결코 '먹고 마시는 것'에 있지 않습니다. 많은 사람들이 질문하곤 합니다. "나도 기도할 만큼 했고, 금식할 만큼 했으며, 남들이 하지 않았던 놀라운 선포도 했고, 놀라운 헌신도 했는데 왜 하나님이 나를 축복하지 않습니까?" 목사로서 이러한 질문을 받을 때마다 참 암담할 때가 있습니다. 그러나 저는 이렇게 말하고 싶습니다. 그렇게 질문하는 내가 가지고 있는 기준이 세상 적이라는 것입니다. 세상적인 축복의 기준과 세상적인 복의 기준을 가지고 하나님을 평가하려고 하니까 이야기 해줄 수 있는 것이 없기도 합니다. 세상적인 기준으로 가득 차 있는데 하늘의 기준을 이야기해주면 들을 수 있겠습니까? 불가능하다고 생각합니다. 그리고 목사니까 당연히 그렇게 이야기한다고 말해 버릴 수 밖에 없는 것이지요. 그래서 저는 그런 모습들을 볼 때마다 참 마음이 아픕니다.

성경은 뭐라고 말하고 있습니까? 바울은 말하기를, "하나님 나라는 먹고 마시는 것에 있지 않다"고 강조합니다. 이 말씀의 의미는, 내가 세상 사람들처럼 돈이 없고 능력이 없어도, 그리고 밑바닥에 떨어져 있다 할지라도 '하나님 나라'를 경험할 수 있다는 것입니다. 하나님은 그 순간에도 그를 버리지 않고 사랑하신다는 거예요. 그리고 그렇게 산다고 패배자가 아니라는 것입니다. 많은 사람들이 세상적인 기준을 가지고 나 자신을 바라보니까 내가 초라하게 보이는 것이지요. "나는 돈도 없는데, 나는 출세도 못했는데, 나는 하는 일마다 막히는데"라고 생각을 하며 자신들의 세상적인 모습에 집중을 하게 됩니다. 그러나 실상은 자신들의 영적인 초라함은 보지 못합니다. 이것이 문제입니다. 하나님과의 관계 안에서 내가 얼마나 하나님께 붙어 있는가를 보지 못하는 것입니다. 우리가 하나님을 예배한다고 할 때에, 그 예배는 한번 드리고 나면 단순히 복이 임하는 그런 도깨비 방망이와 같은 도구가 아닙니다. 예배를 통하여 하나님을 만나야 하고, 예배를 통하여 하나님 나라에 있는 비밀을 알아야 하며, 그 안에 더 깊게 들어가야 합니다. 그러므로 '내가 예수 믿었는데 하나님이 나를 축복해 주시지 않느냐?'고 질문하는 것은 현재적인 축복의 개념만을 가지고 세상적인 기준과 판단 안에서 할 수 있는 질문이라고 할 수 있습니다. 잘못된 질문이라는 것이지요. 하나님께 붙어만 있으면 하나님께서는 가장 적당한 시간에, 그리고 가장 중요한 때에 하나님이 우리를 축복해 주십니다. 또한 그 축복은 우리가 생각했던 것 이상의 엄청난 것일 수 있습니다. 이렇게 볼때, 축복이 우리의 신앙의 목적이 되어서는 안됩니다. 어떻게 하나님께 붙어 있느냐? 어떻게 그분에게 소속되어 있느냐?가 항상 점검해 보아야 할 중요한 부분입니다.

(2) 하나님 나라를 내세에 경험하는 것으로 생각하기 때문입니다.

우리가 흔히 생각할 수 있는 하나님 나라에 대한 오해가 또 한 가지 있습니다. 그것은 하나님의 나라를 내세에 경험하는 것으로만 생각하는 것입니다. 죽어야만 갈 수 있는 곳이 천국이라는 것입니다. 많은 사람들이 이렇게 잘못 생각하고 있습니다. 이러한 사람들은 다음과 같이 생각합니다. '이 세상은 어차피 돈이 있어야 사는 세상이고, 출세해야 잘 사는 세상이기에 내가 신앙생활을 해서 덕 보는 것은 죽은 다음에 가는 천국'이라는 것입니다. 이것은 분명히 잘못된 신앙입니다. 지난겨울 일본을 방문하여 후지 산 바로 밑에 있는 예수 사랑 교회에서 집회를 했습니다. 그리고 하나님 나라에 관한 말씀을 선포하고 이에 관한 찬양을 불렀습니다. "잠시 세상에 내가 살면서 항상 찬송 부르다가 날이 저물어 오라 하시면 영광중에 나아가리. 열린 천국 문 내가 들어가 세상 짐을 내려놓고 빛난 면류관 받아쓰고서 주와 함께 길이 살리." 여러분! 이 찬양은 장례식 찬양이 아닙니다. 천국에 대한 소망을 찬양하는 노래입니다. 집회 가운데 이 찬양을 하는데 많은 사람들이 울고 있는 것을 보았습니다. '운다'는 것은 무엇을 의미합니까? 마음이 같이 하나가 되었다는 것입니다. 동감이 되었다는 것이지요. 하나님 나라가 그립다는 것입니다. 그리고 그렇게 그리워 찬양을 하면서 하나님 나라를 경험하고 있는 것입니다. 즉,

찬양가운데 하나님의 통치와 하나님의 임재를 경험하는 것이지요. 참 역설적인 장면입니다. 죽고 나서 가게 될 천국에 대해서 동경을 가지고 찬양을 하는데, 하나님은 그 찬양을 하는 그 시간에 임재하셔서 하나님 나라를 경험하게 하시는 것입니다. 그렇습니다! 하나님 나라는 죽어서만 가는 나라가 아닙니다. 이 땅에서 경험해야 될 나라입니다! 이 땅에서 우리가 맛볼 수 있는 나라입니다! 하나님 나라를 더 자주, 그리고 더 깊게 누릴수록 세상이 감당하지 못하는 사람이 되는 것입니다.

초대교회 그리스도인들은 세상이 감당할 수 없는 사람들이었습니다. 왜 그러했습니까? 그들의 돈 때문이 아닙니다. 능력이 있어서 감당하지 못한 것도 아닙니다. 무엇 때문이었을까요? 바로 그들이 세상과 달랐기 때문입니다. 세상과 다른 삶, 그리고 세상과 다른 모습이 세상을 이길 수 있도록 해주었고, 세상을 변화시키는 힘이 되었던 것입니다. 옳습니다! 세상을 이기는 힘은 돈과 권세와 능력에 있지 않습니다. 이 세상에 살지만 천국의 삶을 살면서 세상과 다른 모습을 보여주는 세상과 분리된 삶의 모습에 있습니다. 즉, 하나님 나라를 경험하는 데에서 오는 힘입니다. 그러므로 하나님 나라를 죽어서만 경험할 수 있는 장소로 이해하는 것은 성경을 잘못 알고 있는 것임을 알아야 합니다.

3) 하나님 나라의 특징은 무엇입니까?

(1) 의 - 하나님과의 올바른 관계를 통하여 하나님을 닮아가는 삶

그러면 하나님 나라의 특징적 요소는 무엇일까요? 다시 말하자면, 현재 내가 하나님 나라를 경험하고 있다는 것을 어떻게 알 수 있고, 어떠한 특징적인 요소들을 경험해야 하나님 나라를 경험했다고 할 수 있을까요?

오늘 성경의 본문은 세 가지를 말해 주고 있습니다. '의'와 '평강'과 '희락'입니다. 이것은 본문의 앞의 내용과 대조가 되고 있습니다. 즉, 하나님 나라는 먹고 마시는 것에 있지 않고 의와 평강과 희락에 있다는 거예요. 먹고 마시는 것은 볼 수 있고 만질 수 있는 것입니다. 그런데 의, 평강, 희락은 볼 수 없고 만질 수도 없는 것이지요. 이것이 하나님 나라의 특징이라는 것입니다. 그렇기에 세상적인 기준과 세상적인 가치를 가지고 자꾸 '하나님 나라가 나에게 임했네, 안 임했네, 하나님이 나와 함께 계시네, 안 계시네'라는 것을 판단해서는 안 됩니다. 또한 그것을 평가해서도 안 됩니다. 우리는 쉽게 나의 잣대를 가지고 다른 사람을 평가합니다. '저 사람 아무리 기도해도 길이 안 풀리는 것 보니까 뭔가 막힌 게 있나봐' 그러나 다른 사람을 바라보기 전에 먼저 나를 봐야 합니다. 하나님은 막힌 것 안에서도 그 사람 가운데 임재하시며 더 많은 눈물을 주시면서 깊게 만나 주실 수도 있거든요. 그것이 축복입니다.

그렇다면 '의'는 무엇입니까? '의'는 하나님과의 올바른 관계입니다. 하나님과의 올바른 관계가 정립되어지면 어떻게 될까요? 그분을 닮아갑니다. 부부가 닮는다고 하잖아요! 부부인데 안 닮았다라고 한다면 좀 문제가 있는 가정입니다. 연애도 오래하면 닮아요. 외적인 모습만이 아니라 먹는 것도 닮아갑니다. 왜 그렇습니까? 관계가 정립되어졌기 때문입니다. 그러므로 '하나님 나라'라고 하는 개념은 먹고 마시는데 있지 않고 하나님과 올바른 관계 안에서 하나님을 닮아가는 데 있다고 말할 수 있습니다. 이렇게 볼 때, 우리가 "하나님 나라가 임하게 하여 주옵소서"라고 아무리 기도하고 찬양한다 해도 이 사실을 알지 못하면 내가 지금 하나님 나라를 누리고 사는지 아닌지를 알 수 없습니다.

분명히 기억하십시오!. 나와 하나님과의 관계가 바르게 정립되어 있으면 화내야 될 때 화내지 않고 참을 수 있습니다. 왜 그렇지요? 내가 하나님과의 관계 안에서 의로워졌기 때문입니다. 아버지를 닮아가기 때문에 그렇습니다. 결국 이러한 작은 일들을 통하여, 이 땅에 살지만 하나님 나라를 누리며 살아 갈 수 있는 것입니다. 가장 작은 것에서부터 시작하는 것이지요. 이것이 하나님 나라의 특징이라는 것입니다. 하나님은 갑자기 우리가 하나님 나라의 백성이 되었다라고 해서 '하늘 채' 아파트 45평을 주시지 않습니다. 그 안에 모든 것이 갖추어진 편안하고 안락한 것을 주시지 않습니다. 하나님은 그러한 것들을 수없이 많이 주실 수 있지만, 아직 하나님의 사람으로 다듬어지지 않은 사람들에게 그것을 주심으로 하나님과의 관계가 닫혀지기를 원치 않기 때문입니다.

하나님은 우리의 연약함을 잘 아십니다. 그래서 좀 더 깊게, 좀 더 깊게 하나님을 알아가기 원하십니다. 그래서 바울 사도가 분명히 이야기하고 있는 것입니다. 하나님 나라의 특징은 잘 먹는데 있지 않고, 잘 마시는데 있지 않으며, 사업이 잘 되는 것에만 있지 않다는 것입니다. 오히려 사업은 잘되고, 출세의 가도를 달리는데도 하나님의 임재가 없다는 것이 나의 가장 큰 위기입니다. 분명히 사업은 잘 풀리는데 "나는 기도하지 않는데 누군가 나를 위해 기도해서 되는 것이겠지"라고 생각하는 자체가 위기입니다. 설령, 다른 사람들이 날 위해 기도한다 할지라도 내가 기도하지 않는다면 위기입니다. 하나님 나라는 먹고 마시고 잘 되는데 있지 않고, 하나님 안에서 의를 누리는데 있기 때문입니다.

(2) 평강 – 하나님과의 올바른 관계를 통해서 얻어지는 내적인 표징

두 번째 특징은 평강입니다. 이 평강이라는 것은 하나님과의 올바른 관계 안에서 주어지는 내적인 표증입니다. 이는 구약의 '샬롬'과 동일한 의미로서 나와 하나님과의 모든 관계가 또 나와 타인과 주변 환경과의 관계가 어느 것 하나 모나지 않고 원만한 상태를 의미합니다. 초대교회 교인들을 보십시오. 그들은 로마의 핍박을 피해서 굴까지 파며 카다콤을 만들어 신앙생활을 했습니다. 그 속에서 300년 동안 한번도 빛을 보지 못하고 죽어간 사람들도 있었습니다. 그러나 그들은 전혀 로마의 사람들에게 굴하지 않고, 오히려 로마 전체를 바꾸어 놓지 않았습니까. 310년경, 로마의 국교를 기독교로 만드는 칙령을 내리는데 결정적인 역할을 감당한 것이 카다콤에 살고 있었던 그리스도인들이었습니다. 어떻게 그들은 어려움 속에서도, 그리고 힘든 고통 속에서도 마음과 신앙이 흔들리지 않았을까요? 비록 세상 적으로는 땅을 파서 만든 굴에 살고 있었지만, 그 굴 안에서도 하나님 나라를 경험할 수 있었기 때문입니다. 이 말이 이해되지 않을 수 있습니다. 굴 안에서 어떻게 하나님 나라를 경험할 수 있고, 그렇다면 어떻게 그 굴이 하나님 나라가 될 수 있는지 말이 안 된다고 생각할 수 있기 때문입니다. 그러나 분명한 것은, 그 굴이 무조건 하나님의 나라라고 시키려는 것이 아니라, 그 불편한 곳에 들어가 살아도 그 안에 평강만 있으면 하나님 나라가 된다는 것입니다.

그러므로 지금 나의 처지를 비관하지 마십시오. 나의 상황을 비관하지 마십시오. 세상적인 기준과 잣대를 가지고 나를 평가하지 마십시오. 나를 평가해야 될 잣대는 하나님 나라의 기준입니다. 나에게 평화가 경험되어지느냐 나에게 희락이 경험되어지느냐 나에게 의가 경험되어지느냐가 중요한 것입니다. 이것을 가지고 나를 평가해야 합니다. 세상에 어떤 문제를 가지고 있어도 그 문제를 뚫고 찾아오시는 주님의 임재 때문에 평강을 누릴 수 있는 사람들이 바로 우리 그리스도인들입니다. 이것이 바로 하나님 나라의 내적인 표증입니다. 그래서 성경은 말합니다. 신앙의 위인들은 어떠한 상황에서도 요동함이 없다고요. 그리고 시편 기자도 이야기 합니다. "주여 나로 요동하지 않게 하여 주옵소서!". 요동하지 않을 수 있음은 바로 하나님의 평강이 나를 지배하고 있기 때문입니다. 이것이 바로 '하나님 나라'입니다.

(3) 희락 – 하나님과의 올바른 관계를 통해서 얻어지는 외적인 표징

세 번째 특징은 희락을 누리는 것입니다. 희락이라고 하는 것은 하나님과의 올바른 관계 안에서 맺어지는 외적인 표증을 말합니다. 즉, 하나님과의 온전한 관계가운데 그분을 닮아가면서 외적으로 기쁨을 표현하는 것이 하나님 나라의 표징이라는 것입니다. 그러므로 하나님 나라를 누리는 자들은 하나님과의 올바른 관계 안에서 내적으로는 평강을 누리며, 외적으로는 기쁨을 표현하는 자들입니다. 이것이 온전히 누려질 때 우리는 이 세상의 모든 짐으로부터 해방될 수 있습니다. 오늘도 주님 앞에 나와 예배해야 될 이유가 여기에 있습니다. 이러한 하나님 나라를 온전히 경험하기 위함입니다. 예배는 하나님의 임재를 경험하는 시간이기 때문입니다.

오늘 본문의 성경을 기록한 사람이 누구입니까? 바울사도입니다. 바울을 한번 보십시오! 그는 결혼도 하지 않았고 아이도 없었습니다. 결혼해서 누릴 행복도 하나도 누리지 못했습니다. 그는 돈이 많은 사람도 아니었습니다. 세상적인 출세도 포기했습니다. 그가 가지고 있던 학문적인 지식도, 유대인으로서의 자부감도 다 내려놓았습니다. 그런데 그가 이렇게 이야기할 수 있는 이유가 무엇일까요? 그가 먼저 하나님과의 올바른 관계 안에서 참된 평강과 희락을 누렸던 자였기 때문입니다. 세상적으로 보았을 때, 그는 실패한 자였으나 그는 하나님 나라를 누림에 있어서는 최고봉이었습니다. 그러므로 오늘의 본문이 나올 수 있었습니다.

4) 하나님 나라는 어떻게 경험할 수 있습니까?

(1) 성령 안에 거하며 성령의 인도하심을 받으며

그렇다면 하나님 나라는 어떻게 경험할 수 있을까요? 본문의 말씀에 해답이 있습니다. 바울은 "성령 안에서 누리는 의와 평강과 희락"이라고 말합니다. 즉, '성령 안에서'! 이것이 핵심입니다. 우리에게는 결단력이 있습니다. 내가 의로워지기 위해 결단할 수도 있고, 내 마음을 스스로 다스릴 결단도 할 수 있습니다. 재밌지 않아도 스스로 웃을 수도 있습니다. 그러나 우리가 결단하여 '의로운 척', '평강이 있는 척', '기뻐하는 척' 하는 것이 하나님 나라는 아닙니다. 하나님 나라는 인간의 결단으로 얻어지는 것이 아닙니다. 성령 안에서 그 성령의 인도하심 아래 자연스럽게 주어지는 것입니다. 우리 힘으로 웃으려고 하니까 안 되는 것입니다. 우리 스스로 해결하려고 하니 잘 안 되는 것입니다. 차라리 그 결단력을 가지고 성령님께 의탁해보십시오! "성령님! 날 도와주세요!. 성령님! 이 마음을 평탄케 해 주십시오!" 우리가 이렇게 성령님께 의탁할 때에 성령은 우리 안에서 하나님 나라를 경험하게 하십니다.

'성령 안에' 라는 말은 '그리스도 안에', '예수 안에' 라는 말과 같습니다. 구원받은 이후에 우리가 할 일은 반드시 '그리스도 안에', '예수 안에' '성령 안에' 있어야 합니다. 그래야 하나님 나라를 지속적으로 경험하며 성장할 수 있기 때문입니다. 그래서 바울서신을 자세히 보면 지속적으로 반복되는 어구 중 이와 같은 어구가 있다는 것을 발견하게 됩니다. 그것이 바로 '그리스도 안에'라는 어구 입니다. 바울은 이 어구를 자주 사용합니다. 그 이유를 여기서 찾아볼 수 있다는 것입니다. 그래서 저도 이 자주 어구를 사용합니다. 누군가 저에게 이메일을 보내신 분은 저의 답장을 받아보셨을 것입니다. 항상 글의 마지막에 "그리스도 안에서 하도균 드림"이라는 어구를 사용합니다. 한 번 더 그분 안에 거하려는 저의 노력입니다. 작은 노력이지만, '성령 안에서' 우리가 행하고자 하는 그 모든 행동이 하나님 나라를 더 깊이 누리도록 도와주는 발판이 되어줄 것입니다.

(2) 아래의 것이 아닌 위의 것들을 바라보고 갈망하면서

또 다른 방법은 바울이 늘 주장하듯이, 아래 것이 아닌 위의 것들을 바라보고 갈망하는 것입니다. 이것은 문제가 생길 때마다 그 문제 때문에 내가 화를 내고 슬퍼하고 좌절하기보다는 하나님을 찾는 것을 말합니다. 이것이 위의 것들을 바라며 갈망하는 자세입니다. "주님! 제가 어떻게 해야 하지요? 주님! 날 좀 도와주세요."라고 고백하는 것입니다. 이렇게 주님을 부르며 하나님의 은혜를 찾을 때에 문제는 금방 해결되지 않아도 우리가 그리스도 안에서 의와 평강과 희락을 누릴 수 있게 되는 것입니다. 이를 위해서 우리는 늘 성령님을 인정하고 환영해야 합니다. 성령님을 계속 초청해야 됩니다. 그렇게 할 때 참된 하나님 나라를 누릴 수 있기 때문입니다. 이 놀라운 하나님 나라의 특징적 요소들이 사랑하는 그리스도인들의 삶 가운데 주렁주렁 맺혀지기를 간절히 기도합니다.

3. 마무리

예수 믿고 세상적인 복을 받는 것만이 잘되는 것이 아니라, 하나님의 나라를 경험해 가는 것이 중요하다고 말씀드렸습니다. 유명한 영성운동가인 성공회 신부 '헨리 나우웬'이 쓴 책 한권을 읽고 참 감동을 받은 적이 있습니다. 《예수님을 생각나게 하는 사람》이라는 책입니다. 때로는 신앙생활을 하면서 예수님이 너무 보고 싶은데, 이 땅에 살면서 예수님을 볼 수 없잖아요? 그런데 어떤 그리스도인들을 보면 '예수님이 이 땅에 계신다면 저런 모습일 거야'라고 생각나게 하는 사람이 있다는 것입니다. 그리고 그 사람들을 통해서 예수님을 만나볼 수 있는 것이지요. 그 책을 읽은 뒤, 저는 제가 바로 그러한 사람이 되려고 노력해 왔습니다. 그런데 이 장을 마무리 하면서 분명히 말씀드릴 수 있는 것은, '예수님을 생각나게 하는 사람들'은 분명히 이 땅에서 하나님 나라를 경험해 가며 살아가는 사람일 것입니다. 그래서 저에게는 하나님 나라의 경험이 더 간절해집니다. 한번이 아니라, 매번 더 깊게 경험하기를 말입니다.

우리 모두 간절히 소망합시다. "주님! 나로 하여금 성령 안에 있게 하옵소서! 그래서 먹고 마시는 것에 매여 사는 삶이 아니라, 하나님과의 올바른 관계 아래서 그분을 닮아가고 내적으로는 평강을 누리고 외적으로 기쁨을 누리는 삶을 살 수 있도록 도와주십시오!" 우리가 이렇게 구하며 나아갈 때, 만약 내 영적인 눈이 열린다면, '하늘 채'보다 '롯데 캐슬'보다 더 좋은 하나님 나라를 누릴 수 있다는 것이 보여질 것입니다. 영광의 하나님 나라가 우리 가운데서 온전하게 경험되어질 수 있기를 기원합니다.

마무리를 위해서 다시 생각하고 토의할 문제들

1. '하나님 나라'라는 주제가 그리스도인인 우리에게 중요한 이유가 무엇입니까? 토의해보세요.

2. '하나님 나라'에 대하여 흔히 할 수 있는 오해들은 어떠한 것이 있습니까? 왜 그러한 오해들을 하는 것일까요?
    1) 오해의 형태들 -
    2) 오해의 이유들 -

3. 현재적 하나님 나라의 특징은 바울은 어떻게 설명하고 있습니까? 하나씩 설명하고 그것의 중요성을 말해보세요.
    1) 의 -
    2) 평강 -
    3) 희락 -

4. 바울은 하나님 나라의 특징적 요소를 말하면서 왜 그 앞에 "먹고 마시는 것에 있지 않고"라는 수식어를 붙였을까요? 토의해 보세요.

5. 현재적 하나님 나라는 어떻게 경험할 수 있나요?
    1) 성령과 관련지어 -
    2) 위에 것을 바라봄과 연관하여 -

6. 현재, 우리의 신앙 속에서 하나님 나라를 경험하지 못하고 있다면 그 이유를 어디서 찾을 수 있을까요?

chapter 02

2. 예수님과 하나님 나라

◆ 주제를 풀어갈 성경본문 – 마태복음 4:12~17

"예수께서 요한이 잡혔음을 들으시고 갈릴리로 물러가셨다가 나사렛을 떠나 스불론과 납달리 지경 해변에 있는 가버나움에 가서 사시니 이는 선지자 이사야를 통하여 하신 말씀을 이루려 하심이라 일렀으되 스불론 땅과 납달리 땅과 요단 강 저편 해변 길과 이방의 갈릴리여 흑암에 앉은 백성이 큰 빛을 보았고 사망의 땅과 그늘에 앉은 자들에게 빛이 비치었도다 하였느니라 이때부터 예수께서 비로소 전파하여 이르시되 회개하라 천국이 가까이 왔느니라 하시더라"

◆ 주제를 풀어 갈 글의 개요
1. 들어가면서 – 본문의 정황과 배경
2. 본론

 1) 예수님의 삶 속에 나타난 하나님 나라의 준비는 무엇입니까?
  (1) 성경, 하나님의 말씀대로 철저히 사심
  - 요한이 잡힘을 듣고 공생애를 시작하셨습니다.
  (2) 세상과 철저히 분리된 삶을 사심
  - 나사렛을 떠나 가버나움에 가서 사셨습니다.
  (3) 하나님이 말씀하신 곳에 빛이 되심
  - 스불론 땅과 납달리 땅, 요단강 저편, 해변 길, 갈릴리에 빛이 되셨습니다.
 2) 예수님은 어떻게 하나님 나라를 선포하셨습니까?
  (1) "전파하여 이르시되"
  - 자신의 생각이 아닌 하나님의 메시지를 그대로 선포하셨습니다.
  (2) "회개하라"
  - 하나님 나라를 시작할 수 있는 기본 전제를 주셨습니다.

(3) "천국이 가까워 왔다"
- 이 땅에서 하나님의 통치, 하나님의 지배를 받으며 살 수 있음을 선포했습니다.

3. 마무리 – 요약과 적용

1. 들어가면서

그리스도인들의 삶의 목적은 예수 믿고 살다가, 죽음 후 천국에 가는 것만이 아닙니다. 오히려 이 땅에서도 천국, 곧 '하나님 나라'를 누리며 살아야 합니다. 그 경험이 세상을 이기게 합니다. 그래서 성경은 세상을 넉넉히 이겨나갈 수 있는 사람들이 그리스도인이라고 수차례 말하고 있습니다. 사실 세상을 이길 힘은 세상으로부터 얻어지는 것이 아니라, 오직 하나님께로부터 얻을 수 있습니다. 세상이 자랑하는 돈과 권세를 가지고는 좀 더 잘 살고 많은 것을 누리며 살아갈 수 있을지 모르지만, 세상을 이기며 살아갈 수는 없습니다. 세상을 이기는 사람은 하나님께 붙어있는 사람입니다. 즉, 세상가운데서도 하나님 나라를 누리는 사람인 것입니다.

예수님께서 이 땅에 오셔서 공생애를 사시며 지속적으로 말씀하신 핵심도 하나님 나라에 관한 것이었습니다. 이것이 절박하고 시급했기 때문입니다. 오늘 성경의 본문은 예수님의 공생애 최초의 메시지인데 이것 역시 '하나님 나라'에 관한 메시지입니다. 예수님은 하나님 나라를 선포하시며 당신의 공생애를 시작하셨던 것입니다. 예수님의 공생애 최초의 메시지가 하나님 나라에 관한 것이었다는 사실은 무척 중요합니다. 그 메시지는 예수님의 공생애 사역의 방향을 설정해 주는 메시지이고, 예수님 사역의 핵심이 무엇인지를 가르쳐 주는 메시지이기 때문입니다. '이제 나의 사역과 더불어 하나님 나라가 시작되었으니, 와서 누리고 세상을 이기며 살아가라! 더 이상 세상의 종이 되어 세상에 끌려 다니는 삶을 살지 말라'는 메시지입니다.

여러분! 예수를 믿는 것은 교회 출석만 하고 기도하는데서 끝나는 것이 아닙니다. 예수를 믿는다는 것은 하나님 나라를 맛보고 누리는 것이라고 말할 수 있습니다. 지금 이 순간에도 여러분들이 기도할 때마다, 예배드릴 때마다, 하나님 나라를 경험해야 합니다. 그렇다면 그 하나님 나라를 어떻게 경험할 수 있을까요? 여러 방법이 있지만, 무엇보다 예수님의 공생애 첫 번째 메시지 안에 하나님 나라를 경험할 수 있는 방법이 담겨져 있습니다. 저는 본문을 통해 예수님께서 선포하신 하나님 나라를 예수님 자신은 어떻게 준비하셨는지, 또 구체적으로 어떤 내용인지, 그리고 우리에게 어떻게 적용되어 질 수 있는지 차례대로 살펴보도록 하겠습니다.

2. 본론

1) 예수님의 삶 속에 나타난 하나님 나라의 준비는 무엇입니까?

(1) 성경, 하나님의 말씀대로 철저히 사심

- 요한이 잡힘을 듣고 공생애를 시작하셨습니다.

예수님의 공생애의 삶은 철저하게 하나님 나라를 누리시며 사신 삶이라고 말할 수 있습니다. 그분이 보여주신 기적과 이사, 그리고 많은 초월적인 일들은 그분께서 하나님 나라의 삶을 사시며 보여주신 하나님 나라의 일부였다고 할 수 있습니다. 그리고 이 땅에 사시면서도 죄 없이 사신 모습이 이러한 사실을 입증해 줍니다. 이 땅에서 하나님 나라를 누리며 사시지 않고는 이 세상과 동화되지 않고 세상과 분리되어 살아갈 수 있는 힘이 없기 때문입니다. 또한 자신이 먼저 그 하나님 나라를 경험하지 않고, 하나님 나라의 도래를 선포한다는 일이 의미 없기 때문입니다. 물론 "회개하라! 천국이 가까웠다"는 메시지는 세례 요한이 먼저 외친 메시지(마3:2)의 바톤을 이어받은 것이기는 했지만, 예수님은 자신이 하나님 나라에 합당한 자로서 철저히 준비되어진 모습을 보여줍니다.

공생애 이전에 예수님의 삶에 대해서는 성경이 그분의 삶을 구체적으로 기록하고 있지 않기에 어떻게 사셨는지 잘 알 수 없습니다. 그러나 오늘 본문을 보면, 자신의 공생애 시작을 앞두고 예수님께서 먼저 자신을 준비하신 모습을 보여줍니다. 이 준비를 공생애를 위한 준비라고 할 수 있지만, 공생애라는 것이 개인의 사적인 삶이 아니라 하나님께 끌려 사셨던 하나님의 삶이기에, 그분이 공생애를 시작하며 처음 외치신 하나님 나라와 연관하여 볼 때 하나님 나라에 관한 예수님의 준비였다고 해도 과언은 아닐 것입니다. 그렇다면 과연 예수님은 그분의 행적 안에서 하나님 나라를 어떻게 준비해 오신 것일까요? 그 해답에 대하여 잠시 살펴보도록 하겠습니다.

성경 본문을 보니 12절에 "예수께서 요한이 잡혔음을 들으시고 갈릴리로 물러가셨다가"라고 기록되어 있습니다. 여러분! 잘 보십시오. 저는 이 구절 안에서 예수님의 일상적인 생활의 한 단면이 드러나길 원합니다. 그것은 예수님이 철저하게 말씀 중심의 사람이었다는 것입니다. 예수님은 인간의 몸을 입고 이 땅에 오셨습니다. 그분은 완전한 신인 동시에 인간이셨습니다. 그러나 우리는 예수님께서 우리를 구원하시기 위해 오신 하나님의 아들, 메시아임을 알고 있습니다. 그래서 예수님이 공생애를 시작하셨을 때에 하나님께서 무언가 예수님에게 싸인을 주셨을 것이라고 생각할 수 있습니다. '이제는 네가 나서야 할 때야'라는 음성처럼 말이지요.

그러나 그렇지 않습니다. 오늘 성경본문을 보니, 예수님은 당신이 일을 해야 할 때를 어떻게 아셨는지 말하고 있습니다. 세례요한이 옥에 갇혔다는 소식을 듣고 아셨다는 것입니다. 그러면 예수님이 세례요한이 옥에 갇힌 것을 보시고 왜 이것이 당신의 사역과 직접 연관되었다고 느꼈을까요? 그것은 구약의 성경 말씀 때문입니다. 예수님은 당시 성경이었던 구약의 내용 중 세례 요한에 관한 예언을 알고 계셨던 것입니다. 구약의 이사야 40장과 말라기 3장, 4장에는 메시아가 오셔서 본격적인 구원의 활동을 시작하기 전에 외치는 자의 소리, 즉 메시아의 길을 평탄케 할 세례 요한의 사역에 대해 예언되어 있습니다. 하나님께서는 죄 지은 인간을 향한 구속의 계획을 이미 처음부터 계획하셨고, 그 구속의 역사는 하나님의 계획 속에서 차질 없이 준비되어져 온 것입니다. 우리가 그러한 구속의 하나님을 알든지, 알지 못하든지, 하나님은 놀라운 구속의 계획을 가지고 이 땅을 회복시키기 위해 항상 일하시고 계셨던 것입니다. 예수님은 말씀을 통하여 이 사실을 알고 계셨던 것입니다. 누구의 소리를 들어서가 아닙니다. 하나님의 음성을 들은 것도 아닙니다. 성경을 통하여 하나님이 하시는 일을 바라보고 깨달으며 자신을 준비하셨던 것입니다. 철저히 말씀 중심의 삶을 사셨기에 가능했던 것입니다.

이렇게 볼 때, 예수님께서 직접 우리의 모델이 되실 수 있는 이유 중에 하나는 그분이 하나님의 아들이라는 이유로 하나님과 직접 교통하면서 받은 직통계시를 가지고 나서지 않았기 때문입니다. 우리처럼 우리에게 주어진 말씀을 가지고 하나님의 뜻을 알아가셨다는 것입니다. 만약 예수께서 하나님으로부터 직접 계시를 받아 공생애를 시작하셨다고 할지라도, 그분은 우리의 메시아이기에 충분이 믿음으로 받아들일 수 있겠지만 우리가 따라가야 할 모델과는 거리가 멀 수 있습니다. 왜냐하면 우리 중 어느 누구도 하나님으로부터 그분의 음성을 직접 듣고 직접 계시를 받는다는 것은 매우 어려운 일이고, 또 하나님도 이미 완성된 계시로 성경을 주셨는데도 불구하고, 다시 새롭게 말씀하셔야 할 필요가 없기 때문입니다.

그러나 예수님께서는 무엇보다 하나님의 말씀에 정통하셨습니다. 그 말씀을 한 손에 붙잡고 다른 한 손으로는 시대를 바라볼 수 있는 안목이 있으셨던 것입니다. 그리고 시대를 바라보면서 세례요한이 회개의 세례를 선포했지만 잡혀서 옥에 갇혀 더 이상 하나님의 일을 감당할 수 없었을 때에 예수님께서는 깨달으신 것입니다. "이제 나의 때가 되었구나."라고 말입니다. 하나님 나라를 경험하고 준비한다는 것은 이런 것입니다. 무조건 하나님 나라가 나에게 임하게 해달라고 외치거나 그 하나님 앞에 한두 번 기도해서만 경험되어지는 것이 아닙니다.

우리가 예수님처럼 날마다 나에게 지워진 십자가를 넉넉히 지고 하나님 나라를 경험하길 원한다면 그분의 모습을 온전히 따라가도록 노력해야 합니다. 그분이 철저한 말씀의 사람이었기에, 나 역시 매 순간에 하나님 앞에서 하나님의 말씀을 붙잡고 살겠다고 결단할 수 있어야 합니다. 그 말씀을 붙잡고 말씀대로 살고자하는 노력 없이 하나님의 뜻이, 하나님 나라가 어떻게 우리 안에서 경험되어질 수 있겠습니까? 예수님은 이미 당신이 하나님이셨고 하늘의 보좌를 모두 버리셨음에도 불구하고 구약에 기록된 말씀을 붙잡았습니다. 그리고 그 말씀대로 이 세상이 돌아갈 것을 바라보시며 때를 아셨던 것입니다.

　　하나님 나라는 도깨비 방망이처럼 '뚝딱'한다고 해서 나오는 것이 아닙니다. 하나님 나라를 소망하며 그분의 말씀을 묵상하면서 몸부림치는 시간을 통해 하나님이 임재하시고 찾아오시는 것입니다. 여러분들도 최소한 한 번 이상씩은 그 주님의 임재를 경험하셨을 것입니다. 주님의 임재가 있을 때 어떠셨나요? 내게 당장 돈이 없어도 능력이 없어도 몸이 피곤해도 살 수 있을 것 같지 않습니까? 그리고 이 세상을 다 얻은 것 같지 않습니까? 넉넉히 모든 것을 이겨낼 수 있을 것 같지 않았습니까? 예수님을 믿는 삶은 바로 이런 삶입니다! 이 세상의 문제에 얽매이지 마십시오! 내가 하나님께만 붙어있는 한, 이 세상의 모든 문제는 극복할 수 있는 것입니다. 그렇기에 진정한 문제는 내가 하나님의 자녀답게 살아가는 것입니다. 하나님께 속해서 하나님으로부터 나오는 그 힘으로 이 세상을 넉넉히 살아갈 수 있느냐가 문제인 것입니다.

　　예수님의 공생애 시작을 보면서, 하나님 사람으로, 그리고 하나님 나라를 경험하기 위한 첫 번째 준비가 철저한 말씀의 사람이 되는 것임을 알 수 있습니다. 예수님을 믿는 우리 모두가 말씀을 깊이 묵상하고 말씀대로 순종하며 살아가기를 간절히 소망합니다. 하나님께서는 그러한 과정 가운데 우리들의 삶을 돌아보게 하시고 회복해 가실 것입니다. 하나님께서 당신을 드러내신 완성된 계시로 성경을 주셨는데, 우리가 그 말씀을 읽지도 않고 묵상도 하지 않는다면 어떻게 하나님 나라가 내 삶 가운데 경험되어질 수 있을까요? 말도 안 되는 이야기입니다. 그러므로 간절히 부탁드리고 싶은 것은, 매일마다 우리 각자의 삶에 말씀의 단을 쌓아가길 원합니다. 다시 결단하십시오! 그리고 하나님의 뜻이 이 땅에서 온전히 이루어지기를 소망하십시오! 그 결단이 있을 때, 하나님께서 하나님 나라를 우리들 가운데 맛보게 하실 것입니다.

(2) 세상과 철저히 분리된 삶을 사심
- 나사렛을 떠나 가버나움에 가서 사셨습니다.

본문 말씀을 통해서 볼 때, 예수님께서 두 번째로 준비하신 일은 "나사렛을 떠나서 갈릴리 가버나움"으로 가신 것입니다. '갈릴리 가버나움'은 예수님의 공생애 3년의 기간 동안 사역의 중심지가 된 곳이었습니다. 그렇다면 예수님께서는 왜 갈릴리 가버나움에서 공생애를 시작하셨을까요? 나사렛에서 시작하면 안 되는 것입니까? 나사렛을 떠나셨다는 것은 고향을 떠난 것이기 때문에 아마도 예수님 자신이 무척 힘들었을 것입니다. 왜냐하면 나사렛은 예수님이 조금이라도 힘들고 어려울 때 도움받을 수 있는 친구들과 가족들이 많이 있었던 곳이기 때문입니다. 그런데 만약 예수님께서 그 곳에 남아 어려울 때마다 공생애를 시작하시면서 사람들의 도움을 받았다면 하나님 앞에 더욱 전적으로 매달리기가 힘드셨을 것입니다. 어떤 사람이 나를 긍휼이 여겨줄 때, 하나님의 긍휼을 더디게 느낄 수 있기 때문입니다. 그래서 이왕이면 사람들이 나를 알아주지 못하는 곳으로! 다른 이들과 내가 어떠한 혈연적인 관계도 없는 곳으로 가야 전적으로 하나님을 의지하고 사역할 수 있다고 예수님은 생각하셨던 것 같습니다. 아프고 힘들 때 철저히 하나님께 무릎 꿇을 수 있는 곳 말입니다. 그래야 하나님의 임재를 경험할 수 있고, 또 철저히 하나님 중심의 공생애를 사실 수 있기 때문입니다. 이것이 하나님 나라를 경험하기 위한 예수님의 준비였다고 할 수 있습니다.

영적인 능력은 어디서부터 올까요? 세상과 분리되어지는 데서 옵니다. 권능은 어디서부터 올까요? 그것 역시 세상과 다른 방식으로 살아가는 데서 오는 것입니다. 문자 그대로 예수님의 '공생애'라고 하는 것은 사적인 삶이 아니라 하나님의 능력을 받아서 하나님이 원하시는 데로 살아가는 삶입니다. 그렇기에 예수님은 그 삶을 위해 나사렛을 떠나서 갈릴리 가버나움으로 가시는 위대한 결정을 하신 것입니다.

한번 생각해 보십시오. 얼마나 많이 외로웠을까요? 때로는 고통스럽고, 낯설었을 것입니다. 그러나 예수님은 낯선 만큼, 고독한 만큼, 외로운 만큼, 하나님 앞에 무릎 꿇었을 것입니다. 그리고 하나님 앞에 기도했을 것입니다. 복음서를 읽어보면, 예수님의 삶은 밤늦은 시간까지 사역을 했음에도 불구하고, 새벽 미명에 일어나 조용히 한적한 곳에 가서 하나님 앞에 기도하는 삶을 사셨습니다. 기도하는 거룩한 습관을 놓치지 않으신 것입니다. 예수님은 누구보다 세상과 분리되어 외롭고 고독한 가운데서도 하나님 앞에 매어달리는 훈련을 하신 것입니다.

능력은 세상으로부터 오는 것이 아니라 하나님께로부터 옵니다. 그러므로 우리에게도 예수님과 같은 거룩한 습관이 있어야 합니다. 문제와 어려움이 생길 때, 사람을 찾기보다 하나님 앞에 나아가 무릎을 꿇는 훈련을 하십시오. 그러면 반드시 하나님께서 찾아와 주십니다. 영적인 힘을 얻기 위해서라도 이러한 훈련이 우리에게 필요합니다. 우리의 아이들이 열 나고 아플 때에도 병원부터 데려가기보다, 그 자리에서 무릎 꿇고 머리에 손을 얹으며 기도부터 하십시오. 이러한 행위가 바로 하나님을 의지하며 살아가는 성도의 바람직한 모습입니다. 그때 하나님께서 임재하십니다. 세상적인 습관과 가치관을 끊도록 노력하십시오. 세상과 끊는 것에서부터 하나님의 능력이 나타나기 때문입니다. 하나님 앞에서 우리가 온전히 세상과 끊고 하나님만 바라본다면 그 하나님 나라가 우리가운데 깊이 경험되어 질 수 있을 것입니다.

(3) 하나님이 말씀하신 곳에 빛이 되심

- 스블론 땅과 납달리 땅, 요단강 저편, 해변 길, 갈릴리에 빛이 되셨습니다.

하나님 나라의 준비를 위해 예수님께서 세 번째로 준비하신 내용은 14절부터 16절 말씀에 나와 있습니다.

"이는 선지자 이사야를 통하여 하신 말씀을 이루려 하심이라 일렀으되, 스불론 땅과 납달리 땅과 요단 강 저편 해변 길과 이방의 갈릴리여, 흑암에 앉은 백성이 큰 빛을 보았고 사망의 땅과 그늘에 앉은 자들에게 빛이 비치었도다 하였느니라"

위 구절은 이미 이사야 선지자가 예언하였던 말씀입니다(사 9:1-2 참조). 그런데 마태복음에 다시 언급되었다는 것은 예수님의 공생애 사역으로 그 예언의 말씀이 성취되었다는 것입니다. 여기에 나오는 스불론 땅, 납달리 땅, 요단강 저편 해변 길, 이방의 갈릴리는 이스라엘의 변방 지역들이었습니다. 스블론 땅은 갈릴리 호수 남서쪽으로서 스블론 지파가 거주하던 땅이며, 납달리 땅은 갈릴리 호수 북서쪽의 지역으로서 납달리 지파가 거주하던 땅이었습니다. 그리고 요단강 저편은 갈릴리 해안 동쪽지역을 말합니다. 이 모든 지역은 당시 정치, 경제 종교의 중심지였던 예루살렘에서 멀리 떨어진 곳으로 한마디로 전통적인 유대 사람들에게 소외되고 배척되었던 갈릴리 주변지역을 말합니다.

이 지역들이 유대 사람들에게 소외된 것은 지리적인 이유보다 더 중요한 이유가 있었습니다. 그것은 혈통을 중시한 유대인들의 전통 때문이었습니다. 흔히 변방지대에서는 이방인들과 교류가 잦고 피도 섞일 수도 있지요. 그런데 이스라엘 백성들은 혈통을 매우 중시하였기에 피를 섞고 문화를 섞은 이 변방의 사람들을 무시하였던 것입니다. 그런데 왜 하나님은 피를 섞지 않고 순수하게 혈통을 유지한 정통 유대인들에게 예수님이 가장 먼저 찾아가도록 하지 않으셨을까요? 왜 예수님은 혈통이 불분명하며 멋대로 살아온 변방 민족에게 먼저 찾아가신 것입니까?

한마디로 말하자면 예수님이 필요한 자들이 그들이었기 때문입니다. 그들에게 예수님이 더 필요했다는 것입니다. 비록 그들이 혈통의 순수함을 지키지 못했을지라도, 그래서 오히려 동물처럼 취급을 받으며 인간대우를 받지 못했을지라도, 그들은 오히려 자신들이 분명한 죄를 지었다는 생각에 심령이 무너지고 가난한 상태에 있었던 자들이었습니다. 반면에 보이지 않지만 맘속으로 수많은 죄를 서슬러 놓고도 혈통의 순수함을 지켰단 이유로 죄인임을 전혀 깨닫지 못했던 유대인들과는 분명히 달랐던 것입니다. 그러므로 변방에 있는 자들은 주님이 찾아가시기만 하면 언제든지 주님의 임재를 경험할 수 있는 자들이었습니다.

저는 성경이 말하는 행간의 의미를 알아야 한다고 봅니다. 그것이 무엇입니까? 예수님을 만날 수 있는 사람들은 심령이 가난해진 자들이고, 낮아진 자들이며 예수님 없이는 더 이상의 희망을 발견할 수 없는 자들이라는 것입니다. 예수님은 오늘도 그들을 먼저 찾아가신다는 것입니다. 그러므로 우리는 깨달아야 합니다. 우리가 하나님 앞에 나올 때마다 솔직해져야 한다는 것을요! 지난 일주일동안 내가 하나님의 뜻대로 살지 못했다면, 적어도 주님 앞에 나와 애통하는 마음이 있어야 합니다. 지난 일주일동안 하나님이 원하는 대로 살지 못했다면, 주님 앞에 나와서 머리를 숙여야 합니다. 그러나 주님 앞에 나와서, 마치 내 혈통은 깨끗하기에, 보이지 않는 수많은 악독을 저질러 놓고서도 하나님 앞에 당당하고 떳떳하게 나온 사람들은 하나님 나라를, 하나님의 임재를 경험할 수 없습니다.

결국 예수님은 하나님의 말씀을 이루시기 위하여 어둡고 소외당하며 심령이 가난해진 사람들을 먼저 찾아가셔서 빛을 비추심으로 자신을 준비하셨습니다. 결코 유대의 장로들과 종교인들, 그리고 자신을 알아주고 드러낼만한 곳을 먼저 찾아가지 않으셨습니다. 이것은 앞으로 예수님의 사역이 어떠한 사역이 될 것임을 암시해 주는 것이기도 합니다. 즉, 어두운 곳에 빛을 비추는 사역입니다. 어두움을 드러내시고 다시 밝히시는 사역입니다. 이때 하나님의 임재를 경험할 수 있습니다. 어두움을 드러내는 빛은 내 빛이 아니라, 하나님의 빛이 되어야 하기 때문입니다. 그리고 그 사역을 감당하는 자들을 하나님께서 도우시기 때문입니다. 오늘날 우리도 복음의 빛을 들고 죄로 어둡고 캄캄한 곳을 찾아가 밝히는 일들을 감당한다면, 주님의 지상명령을 준행하며 살아간다면, 그 안에서 주님의 임재를 깊게 경험할 수 있을 것입니다. 하나님 나라는 하나님의 명령에 순종하고 하나님께서 원하시는 일들을 감당할 때 깊게 경험할 수 있기 때문입니다. 예수님은 어두운 곳에 빛을 전하라는 하나님의 말씀에 순종하심으로 자신을 준비하신 것입니다. 이러한 준비는 하나님 나라를 더 깊게 경험하기 위한 준비이기도 하였습니다.

2) 예수님은 어떻게 하나님 나라를 선포하셨습니까?

(1) "전파하여 이르시되"

- 자신의 생각이 아닌 하나님의 메시지를 그대로 전달하셨습니다.

그렇다면 예수님은 어떻게 하나님 나라를 전파하셨습니까? 17절의 말씀을 읽어보겠습니다.

"이 때부터 예수께서 비로소 전파하여 이르시되 회개하라 천국이 가까이 왔느니라 하시더라"

위 말씀에서 첫 번째로 살펴볼 부분은 "전파하다"라고 하는 말씀의 단어입니다. '전파하다'라는 단어는 헬라어 '케루소'라는 단어를 사용하였습니다. 이 단어의 의미는 어떤 사건을 전달함에 있어서 내 생각이나 주장을 말하는 것이 아닙니다. 군대의 용어로 말하자면 '전령'이라고 말할 수 있습니다. 전령은 위에서 말한 것을 그대로 전달하는 자입니다. 만일 전령이 대대장에게 어떤 소식을 받았는데 그것을 바꾸어서 전달한다면 영창을 가게 될 것입니다. 큰 징계를 받게 되는 것이지요. 여기서도 그러한 의미로 이 단어가 쓰여진 것입니다.

예수님이 선포하신 하나님 나라는 하나님께서 이 땅에 있는 하나님의 백성을 위해 준비하신 선물입니다. 그것은 이미 구약시대부터 계획하신 선물이었습니다. 예수님께서 새롭게 만들어낸 개념도 아니며, 예수님의 창작물도 아닙니다. 하나님께서 구약시대부터 선지자들을 통하여 약속하신 선물입니다. 그러므로 하나님께서 이미 약속하신 그것을 자신의 생각을 배제하고 있는 그대로 전달하신 것입니다. 다시 말하자면, 하나님 나라는 갑자기 주어진 선물도 아니고 예수님이 자신의 주장대로 선포하신 것도 아닙니다.

하나님께서 계획하신 것을 있는 그대로 선포하신 것입니다. 그러므로 성경의 핵심되는 개념이라고 말할 수 있습니다. 내 생각과 뜻을 이야기하는 것이 아니라, 이미 하나님께서 하나님의 자녀들을 위해 준비하신 선물을 선포한 것입니다. 이 나라를 경험할 수 있어야 이 세상을 이길 수 있습니다. 이 나라를 경험할 수 있어야 세상 가운데 넉넉히 승리할 수 있는 것입니다. 하나님 나라를 경험하지 못하니 우리가 예수를 믿어도 늘 끌려 다니는 것 아닙니까? 아프면 좌절하고 힘들면 절망하고 낙심하는 것 아닙니까? 정말 진정한 그리스도인이라면, 매순간 하나님의 임재 속에서 이 세상을 넉넉히 이겨나가며 살아갈 수 있어야 합니다.

(2) "회개하라"

- 하나님 나라를 시작할 수 있는 기본 전제를 주셨습니다.

두 번째로 예수님은 하나님 나라를 위하여 "회개하라"고 선포하셨습니다. '회개하라'는 말은 돌이키라는 의미입니다. 헬라어로 "메타노이아"라는 단어로 표현된 이 단어는 '돌이키다'는 의미를 가집니다. 그러면 돌이키는 것이 왜 중요합니까? 하나님 나라와는 어떠한 관계가 있는 것일까요?

회개하는 것은 하나님 나라를 경험할 수 있는 출발점이 됩니다. 우리가 죄 짓고 살아온 삶을 가지고는 하나님의 임재를 경험할 수 없기 때문입니다. 철저하게 죄로부터, 그리고 하나님께서 싫어하시는 것으로부터, 또한 잘못된 생각으로부터 돌이켜야 하나님을 바라볼 수 있습니다. 그리고 그 하나님을 바라보아야 하나님의 임재를 구할 수 있습니다. 하나님께서 임재하셔야 하나님 나라를 경험할 수 있습니다. 그러므로 회개한다고 하는 것은 하나님 나라를 시작할 수 있는 가장 기본이 되는 전제 조건이라고 말할 수 있습니다. 예수님의 본격적인 사역의 시작으로 하나님 나라가 시작되었지만, 그것을 경험하고 누리기 위해서는 죄 된 삶에서 돌이키는 것이 필요했기에 "회개하라"고 외치신 것입니다.

그런데 회개, 즉 '돌이킨다'는 것은 어떻게 하는 것이며 어떠한 삶을 사는 것인지에 대해 본문의 말씀은 세 가지로 설명하고 있습니다. 첫째는 이 세상 속에 살지만 하나님을 바라보며 철저하게 말씀을 붙들고 사는 삶을 의미합니다. 세상 속에 살지만 말씀을 붙잡고 하나님을 바라보는 삶이 돌이키는 삶인 것입니다. 둘째, 이 세상 속에 살지만 세상과 분리되어 하나님만 의존하여 사는 삶입니다. 세상과 동화되지 않고 하나님과 의지하여 은밀한 교제를 하며 사는 삶입니다. 셋째, 어두운 세상에 빛이 되어 빛의 사역을 감당하며 사는 삶입니다. 어두움에서 돌이켜 빛을 경험하고, 그 빛을 가지고 어둠속으로 들어가는 삶입니다. 이렇게 사는 것이 온전한 돌이킴의 삶입니다.

이렇게 볼 때, 예수님께서 "회개하라"고 외치신 것은 다음과 같은 뜻을 함축하고 있다고 할 수 있습니다. 이스라엘 백성들! 너희들은 원래 하나님의 백성인데 왜 이 땅에서 힘들고 어렵게 살아가고 있느냐?는 것입니다. 왜 "마음속에 기쁨과 평안이 없느냐?"는 것입니다. 그것은 결국 너희의 삶을 '돌이키지' 못했기 때문에 그렇다는 것입니다. 어디서부터 돌이키지 못한 것입니까? 말씀을 읽고 하나님을 바라보아야 하는데 그렇지 못했고, 세상과 분리되어 하나님만 의지하며 기도를 해야 하는데 하지 못했으며, 성령께서 지속적으로 감동을 주시는 영혼에게 가서 빛의 사역을 감당해야 하는데 그 일을 감당하지 못했다는 것입니다. 그러므로 잘못된 그곳으로부터 돌이켜야 내안에 성령께서 역사 하시는 데로 반응하여 하나님 나라를 깊게 경험할 수 있습니다.

(3) "천국이 가까이 왔다"
 - 이 땅에서 하나님의 통치, 하나님의 지배를 받으며 살 수 있음을 선포했습니다.

예수님께서 공생에 첫 메시지 가운데 마지막으로 하신 말씀은 왜 돌이켜야 하는지 이유에 관한 말씀이었습니다. 그것은 하나님 나라가 시작되었기 때문입니다. 돌이켜야 진정한 '하나님 나라'를 경험할 있는 것입니다. 그런데 하나님 나라라는 개념은 참 어려운 개념이기도 합니다. 어떤 신학자는 '하나님 나라'라는 주제만으로도 500페이지가 넘는 책을 쓰기도 하였습니다.

그렇다면 하나님 나라를 어떻게 간단히 설명할 수 있을까요? 나라를 구성하는 데는 국민, 영토, 주권의 세 가지 조건이 필요합니다. 이것을 하나님 나라에 적용해 보자면, 하나님 나라는 구원받은 성도들인 국민이 있습니다. 그러나 필요한 요소들이 있는데 그것이 영토와 주권이라는 것입니다. 영토와 관련하여 볼 때, 우리가 살고 있는 이 땅은 다 하나님께서 만드신 것이지만, 우리가 죄 지음으로 지금은 공중권세 잡은 자들이 주도권을 잡고 있는 땅입니다. 그리고 주권도 없습니다. 여기서 말하는 주권은 내 힘이 아닙니다. 내가 가지고 있는 능력이 아닙니다. 하나님의 주권, 하나님의 통치권을 의미합니다. 하나님의 주권이 미치는 곳에 우리의 주권이 마음껏 누려질 수 있는 곳이기 때문에 그렇습니다.

그러면 어떻게 영토를 얻고 주권을 회복할 수 있을까요? 그것은 먼저, 하나님의 백성된 우리들이 하나님의 임재를 경험하며 하나님의 통치를 받고 그 주권 아래 들어가야 합니다. 그렇게 되어질 때, 하나님의 통치가 있는 그 땅이 하나님의 땅이 되어집니다. 영토를 얻는 것이지요. 마귀에게 빼앗긴 땅을 되찾아 오는 것입니다. 그러므로 영토의 문제는 하나님의 사람이 하나님의 통치를 경험하며 그 안에 들어가는 것과 밀접한 관계가 있는 것임을 알아야 합니다. 우리 그리스도인들은 가는 곳마다, 밟는 땅마다 하나님의 땅으로 만들 수 있습니다. 그곳에 하나님의 임재를 통하여 하나님의 통치를 경험하면 되는 것이기 때문에 그렇습니다. 하나님께서 임재하신 땅은 거룩한 땅이 되어 집니다. 하나님께서 통치하시는 땅은 거룩한 땅이 되기 때문에 그렇습니다.

다음으로, 하나님의 통치 안에서 하나님의 주권 안으로 들어갈 때에 하나님의 주권의 영역 안에서 나의 주권이 회복되어지고 누려지기 시작합니다. 하나님의 주권과 나의 주권이 하나가 되어 움직이기 시작하는 것이지요. 그래서 하나님 나라의 주권을 만들어 냅니다. 전적인 주도권은 하나님의 주권에 있는 것이지요.

이렇게 보자면, 하나님 나라는 하나님의 자녀된 우리들이 이 땅에서 하나님의 임재를 경험하고 하나님의 통치안으로 들어간다면 만들어지고 누릴 수 있는 나라라고 말할 수 있습니다. 더 간략히 말하자면, 하나님의 통치, 하나님의 주권이 인정되고 누려지며 그 안에 살아가는 것이 하나님 나라라고 할 수 있습니다.

3. 마무리

예수님을 통해 선포된 하나님 나라는 반드시 우리가 경험해야 할 나라입니다. 하나님 나라를 경험한다면 내가 이 세상에 속한 것을 다 가지지 못했을지라도 다 가진 것과 다름이 없습니다. 내가 이 세상을 넉넉히 살아갈 수 없는 것은 결국 내 힘으로 살려고 하기 때문입니다. 우리들에게는 돈도 필요하고 사람도 필요하지만, 무엇보다 하나님이 주시는 힘이 필요합니다. 하나님이 주시는 힘이 있으면 돈도 따라오고 사람도 따라오게 되어 있습니다. 그 힘이 있으면 모든 것이 뚫어지기 시작합니다. 그런데 그 힘이 없으면 내 힘과 능력으로 세상적인 기준을 따라 금방 실족하고 지칠 수 있는 것입니다.

그러므로 당장 우리에게 닥쳐온 문제만 바라보지 마십시오. 그 문제들은 시간이 지나면 해결될 수 있고 해결되어지기도 하지만, 가장 중요한 것은 영적으로 내가 '하나님께 붙어 있느냐'입니다. 분명히 기억하십시오! 이 땅은 우리가 영원히 살아야 할 종착역이 아닙니다. 우리의 소망은 이 땅에 있지 않습니다. 우리의 소망은 하나님 나라에 있습니다. 그 천국에서 하나님과 영원히 누리며 살아가는 것이 우리의 소망입니다. 그렇기에 예수님은 지금으로부터 2000년 전에 오셔서 간절히 외치셨습니다. "회개하라 천국이 가까이 왔느니라" 이것이 무슨 말씀입니까? 예수님께서 공생애를 시작하신 이유가 바로 하나님 나라를 전파함에 있었다는 것입니다. 그렇기에 다시금 하나님 나라를 기대하며 갈망하시기를 간절히 소원합니다.

마무리를 위해서 다시 생각하고 토의할 문제들

1. 공생애를 위한 예수님의 준비는 하나님 나라와 깊은 관계가 있습니다. 그 준비 속에서 하나님 나라를 선포하셨기 때문이며, 또한 당신이 먼저 하나님 나라를 더 깊게 경험하며 날마다 누리기 위한 준비이기 때문입니다. 다음은 공생애를 위한 예수님께서 자신을 준비하신 것들입니다. 이것이 하나님 나라와 관련해서 왜 중요하며 오늘날 우리에게 어떻게 적용할 수 있을까요?

    1) 요한이 잡히셨음을 들으시고 본격적으로 공생애를 시작하셨음
        - 중요한 이유:
        - 오늘날 적용:
    2) 나사렛을 떠나 갈릴리 가버나움으로 가심
        - 중요한 이유:
        - 오늘날 적용:
    3) 스블론 땅과 납달리 땅, 요단강 저편, 해변 길, 갈릴리에 빛이 되심
        - 중요한 이유:
        - 오늘날 적용:

2. 회개하는 것은 하나님 나라를 경험하는 전제조건이 됩니다. 그런데 예수님의 공생의 준비는 회개의 삶과도 깊은 관련이 있습니다. 어떻게 연결되어지는지 설명해 보시오.

    1) 요한이 잡히셨음을 들으시고 본격적으로 공생애를 시작하셨음
        - 회개의 삶과 연관점:
    2) 나사렛을 떠나 갈릴리 가버나움으로 가심
        - 회개의 삶과 연관점:
    3) 스블론 땅과 납달리 땅, 요단강 저편, 해변 길, 갈릴리에 빛이 되심
        - 회개의 삶과 연관점:

3. 하나님 나라를 어떻게 설명할 수 있을까요? 국민, 영토 주권이라는 측면에서 설명해 보시오.

chapter 03

3. 침노당하는 하나님 나라

◆ 주제를 풀어갈 성경본문 – 마태복음 11:12
"세례요한의 때부터 지금까지 천국은 침노를 당하나니 침노하는 자는 빼앗느니라"

◆ 주제를 풀어 갈 글의 개요
1. 들어가면서 – 본문의 정황과 배경
2. 본론

  1) 왜 세례 요한 때부터 천국은 침노를 당하는 것일까요?
   (1) 세례요한의 때부터라 함은 하나님 나라를 선포하기 시작한 때를 가리킵니다.
   (2) 세례요한부터 천국에 대한 침노의 행위가 있었기 때문입니다.
   (3) 더 이상 율법이 아닌, 새로운 방법으로 하나님 나라를 누릴 때를 말합니다.
   (4) 하나님 나라는 내세뿐 아닌 현재에도 누려야 할 나라이기 때문입니다.

  2) 하나님 나라를 얻는 방법 – 침노하는 것
   (1) 하나님 나라를 누리지 못하도록 하는 방해세력이 있음을 알아야 합니다.
   (2) 세상적인 세계관에서 방향을 전환해야합니다. 이것이 영적 무장입니다.
   (3) 하나님 나라를 갈망하고 간구하는 것이 침노입니다.
   (4) 현재 보이지 않고 바랄 수 없지만, 하나님 나라가 임할 것을 믿는 믿음이 침노입니다.

3) 침노하는 자의 결과는 무엇입니까?
 (1) 하나님 나라를 누린다. - 상황과 환경에 흔들리지 않는 하나님 나라를 경험합니다.
 (2) 더 깊은 영적인 차원을 경험하게 되며 하나님과 친밀감이 형성됩니다.
 (3) 강한 영적인 군사로 서게 됩니다.

3. 마무리 – 요약과 적용

1. 들어가면서

'하나님 나라'는 어떻게 경험하고 누릴 수 있을까요? 이것은 간단하지만 어려운 질문입니다. 하나님 나라는 이 세상에 있는 나라와는 본질적으로 그 성격과 개념이 다른 나라이며, 또한 '죽어서 가는 나라인데 어떻게 이 땅에서 경험하고 누릴 수 있는가'라는 오해가 있기 때문입니다. 그런데 성경 본문은 "세례 요한의 때부터 천국은 침노를 당했다"고 말씀합니다. '침노하는 자'만이 천국을 빼앗을 수 있다는 것이지요. 그렇다면 천국을 '침노한다는 것', '빼앗는다는 것'은 도대체 무슨 뜻일까요? 이것은 너무나 중요한 주제입니다. 그렇기에, "여러분 성경에 기록되어 있듯이, 천국을 침노하십시오! 그러면 빼앗을 수 있습니다."라고 간단하게 말할 수 있는 사안이 아닙니다. 또한 본문의 구절은 난해구절로 분류되기도 합니다. 침노해서 빼앗는 천국의 개념이 그만큼 어려운 것이지요. 그러나 저는 이 본문의 내용 안에 현재적인 하나님 나라를 누릴 수 있는 중요한 방법이 나타나 있다고 생각합니다. 그것을 말하기 전에 먼저 생각해 보아야 할 것이 있습니다.

전통적인 신학과 신앙의 관점 안에서 '하나님 나라'를 얻을 수 있는 방법을 말하라면, 믿음이라고 답할 수 있습니다. 옳습니다! 믿음으로 천국을 선물로 받습니다. 이것을 신학적인 용어로 '이신칭의(以信稱義)'라고 합니다. 그런데 본문의 구절은 침노해야 천국을 얻는다고 말합니다. 하나님 나라를 얻을 수 있는 전통적인 방법인 '이신칭의'와 대치되고 있는 것이지요. 그래서 난해 구절로 인식되기도 합니다. 그렇다면 하나님 나라를 얻는 방법으로서 이 두 가지는 서로 다른 이야기를 하는 것일까요? 양립될 수밖에 없을까요? 관점에 따라 두 가지를 적절하게 해석할 수 있는 방법은 없을까요? 예수님은 왜 이러한 말씀을 하셨을까요?

본문의 성경구절을 이해하기 위해서는 예수님께서 누구에게 이러한 말씀을 하셨는가를 알아야 합니다. 전혀 하나님을 알지 못했던 사람들이 대상이라면 말씀의 관점이 달라져야 하기 때문에 그렇습니다. 그렇다면 예수님의 이 말씀을 들었던 주된 대상은 누구였을까요? 그들은 유대인들이었습니다. 사실, 유대인들은 하나님께만 붙어있다면 다 천국에 갈 수 있는 자들이었습니다. 이미 하나님께서 그들을 하나님의 백성으로 선택해 주셨기 때문입니다. 설령 하나님을 떠났더라도, 다시 돌아오기만 하면 되었습니다. 이미 하나님 나라가 예약된 자들이라고 할 수 있지요. 그런데 예수님께서는 그러한 자들을 향하여 천국을 말씀하고 있습니다. 왜 예수님께서는 그러한 유대인들을 향하여 "세례 요한의 때부터 천국은 침노를 당해 왔다"고 말씀하고 있는 것일까요?

무엇보다도 천국은 죽어서 가는 나라에 관한 이야기가 아니라, 이 땅에서도 누릴 수 있는 나라에 관한 이야기라는 것입니다. 예수님의 사역으로 하나님 나라가 이미 시작되었기 때문입니다. 그런데도 하나님의 백성인 그들은 너무 힘들고 어렵게 살고 있었습니다. 그 모습을 보시며 '그렇게 어렵게 살지 않아도 되는데…고통스럽게 살지 않아도 되는데…더 이상 울지 않고 아파하지 않아도 되는데…'라는 예수님의 마음이 이 말씀 안에 포함되어 있다고 볼 수 있습니다. 그리고는 이미 시작된 하나님 나라를 경험할 수 있는 방법을 가르쳐 주신 것입니다. 그 나라는 세례요한 때부터 침노하는 자들을 통해서 누려지고 경험되는 나라라는 것입니다. 즉, '침노'해야 빼앗을 수 있다는 것입니다. 싸워서 쟁취해야할 하나님 나라라는 것입니다.

이렇게 보자면, 침노해서 빼앗는 하나님 나라의 가르침은 그 대상이 하나님의 백성인 유대인들이었다는 것이 중요합니다. 즉, 오늘날로 적용해 보자면, 이미 구원은 받았지만 현재의 삶 속에서 하나님 나라를 경험하고 누리지 못하고 있는 사람들을 대상으로 하나님 나라를 누리는 방법을 가르쳐 주신 것이라 할 수 있습니다. 물론, 여기에서 천국을 침노한다는 것은 신자들의 회개와 믿음이라는 행위를 포함하는 행위이기에 이신칭의라는 교리와도 어긋나지 않습니다. 즉, 천국을 침노한다는 것은 또다시 하나님 앞에서 결단하고 죄에서 돌이키며 믿음을 구사하여 하나님께로 나아가는 행위가 본질이라는 것입니다. 그러나 그 이상의 의미가 '침노'라는 단어에 포함되어 있습니다. 기존의 신자를 대상으로 하신 말씀이기에, 예수께서는 '침노'라는 단어와 '빼앗는다'는 단어를 사용하심으로 회개와 믿음 이상의 또 다른 의미가 있다는 것을 가르쳐 주시고 싶었다고 생각합니다.

그러므로 본문 말씀을 중심으로 왜 세례 요한 때부터 천국은 침노를 당했는지, 또한 하나님 나라를 현재 누릴 수 있는 방법으로 침노한다는 것이 무엇을 의미하는지, 그리고 왜 꼭 침노하고 빼앗아야 하는지, 그 결과는 무엇인지에 대해서 차례대로 살펴보도록 하겠습니다.

2. 본론

1) 왜 세례 요한 때부터 천국은 침노를 당하는 것일까요?

(1) 세례요한의 때부터라 함은 하나님 나라를 선포하기 시작한 때를 가리킵니다.

먼저, 본문은 "세례요한의 때부터 천국은 침노를 당한다"고 말하고 있습니다. 사실 세례 요한은 참 애매한 인물입니다. 왜냐하면 신약의 시대를 연 사람이기도 하지만 구약을 마무리한 사람도 되기 때문입니다. 그러나 엄격하게 따져 본다면 세례요한 때 까지를 구약으로 볼 수 있습니다. 시기적으로 말하자면, 말라기 선지자 이후 400년의 영적 암흑기가 지나고 예수님의 길을 예비하기 위해 나타난 인물이 바로 세례요한이었습니다. 그는 예수님과 동일한 신약시대의 인물이었지만, 구약과 신약의 기준은 예수님이시기에, 예수님의 공생애를 시작하기 전의 인물인 세례요한을 구약의 인물로 볼 수 있는 것입니다. 누가복음 16장 16절은 다음과 같이 기록하고 있습니다.

> "율법과 선지자는 요한의 때까지요 그 후부터는 하나님 나라의 복음이 전파되어 사람마다 그리로 침입하느니라"

말씀을 보니 '율법과 선지자는 요한의 때' 까지라고 말합니다. 그래서 요한의 때까지가 구약의 때이고 그 이후는 하나님 나라의 복음이 전파되어 사람마다 그리로 침입한다고 기록되어 있습니다. 그런데 예수님은 왜 '세례요한의 때'부터라고 이야기하고 있을까요? 그 이유는 다음과 같습니다.

첫째, 그가 외친 메시지는 "회개하라 천국이 가까이 왔느니라"라는 메시지였습니다. 결국 '하나님 나라'에 관한 사역을 시작한 것입니다. 마태복음 3장 1~2절을 읽어보도록 하겠습니다.

> "그 때에 세례요한이 이르러 유대 광야에서 전파하여 말하되 회개하라 천국이 가까이 왔느니라 하였으니"

세례요한을 구약의 인물로만 볼 수 없다는 시비(是非)가 붙는 이유도 사역의 내용 때문입니다. 그 사역의 핵심 내용이 바로 '하나님 나라'이기 때문입니다. 즉, 그의 사역의 내용은 예수님과 동일하게 '하나님 나라'에 중점을 둔 것이었습니다. 지난 장(場)에서 마태복음 4장 17절의 말씀을 통해 예수님의 공생애 사역이 시작된 것을 보았습니다. 사실 예수님의 최초의 공생애 사역의 내용은 독특한 메시지가 아니었습니다. 이미 하나님께서 세례요한을 통해 먼저 선포케 하신 내용이었습니다. 그리고 세례요한이 더 이상 사역을 감당하지 못할 때 예수님께로 이어진 것입니다.

그러므로 예수님께서 세례요한 때부터 천국이 침노당한다고 말씀하신 것이지요. '하나님 나라'는 예수님으로부터 본격적으로 이루어질 수 있는 것이었으나, 세례요한, 그의 입에서 '하나님 나라'에 대한 메시지가 선포된 이후부터 이미 하나님의 나라는 침노당하고 있었던 것입니다. 그러므로 '세례요한의 때'부터라 함은 하나님 나라를 본격적으로 선포하기 시작한 때부터라고 말할 수 있습니다.

(2) 세례요한부터 천국에 대한 침노의 행위가 있었기 때문입니다.

두 번째 이유는, 세례요한이 하나님 나라를 외친 후부터 하나님 나라는 침노당하기 시작했기 때문입니다. 구약에도 하나님 나라에 관한 주제가 있었지만, 그 나라에 관한 본격적인 외침은 없었을 뿐 아니라, 당장 현재 내 삶에서 하나님 나라를 누리기 위하여 결단하고 노력한 행위도 찾아 볼 수 없습니다. 그러나 세례요한이 '하나님 나라'라는 주제를 본격적으로 외쳤을 때부터 반응하는 사람들이 나타나기 시작했습니다. 비록 세례요한의 외침을 "광야에서 외치는 소리"라고 말하기도 하지만 그의 외침은 공허한 외침이 아니었습니다. 광야에서만 울려 퍼지는, 아무도 반응하지 않는 외로운 외침이 아니었습니다. 그 외침에는 힘이 있었고, 사람들을 죄된 삶에서 돌이키게 하는 능력이 있었으며, 하나님 나라를 향하여 반응하게 만들었습니다. 수많은 사람들이 마음을 움직였고, 또한 결단하였으며, 궁극적으로는 죄 사함의 회개를 받았습니다. 그들은 세례요한의 메시지를 듣고 어찌할 바를 몰라 어찌해야할까를 물었습니다. 그때 세례요한은 참된 죄 사함의 회개를 위하여 그들이 행하여야 할 것들을 가르쳐 주었습니다.

> "무리가 물어 이르되 그러면 우리가 무엇을 하리이까? 대답하여 이르되 옷 두 벌있는 자는 옷 없는 자에게 나눠 줄 것이요. 먹을 것이 있는 자도 그렇게 할 것이니라"(누가복음 3장 11절)

예수님께서는 세례요한의 메시지를 듣고 반응하는 무리들의 반응을 천국을 침노하는 행위로 보신 것입니다. 하나님 나라를 외쳤는데, 그 외침에 반응한 노력과 행위들이 하나님 나라를 얻기 위한 침노의 행위라는 것이지요. 그러므로 예수께서는 분명히 하나님 나라의 메시지에 대한 반응이 있었던 세례요한의 때부터 천국이 침노당했다고 말씀하신 것입니다.

(3) 더 이상 율법이 아닌, 새로운 방법으로 하나님 나라를 누릴 때를 말합니다.

세 번째 이유는, 세례요한의 때부터 구약의 율법이 아닌 신약의 새로운 방법을 말했기 때문입니다. 그는 구약의 사람이었지만 구약에서 말하는 하나님 백성의 거룩한 의무, 즉 율법을 지키는 삶의 방법이 아닌 신약의 새로운 방법을 선포했습니다. 이것은 획기적인 것이었습니다. 그리고 이러한 새로운 방법의 외침은 구약의 율법이 필요 없다는 것을 말하는 것도 아니요, 구약이 잘못되었다는 것을 말하는 것도 아닙니다. 단지 하나님의 때에 하나님께서 계획하신 새로운 방법을 세례요한 때부터 외치기 시작했다는 것입니다. 이제는 예수께서 오셨기에, 모든 사람들이 이 세상에 살면서도 직접 하나님 나라를 누리며 살 수 있다는 것입니다. 그리고 그것을 위해서 회개와 믿음이 필요하다는 것입니다. 구약 시대에는 율법을 지킴으로 의롭다함을 받을 수 있었습니다. 즉, 구약시대에는 하나님께 붙어있으면서 율법을 지킴으로 하나님 백성의 정체성을 유지할 수 있었습니다. 그러나 신약시대는 분명히 달랐습니다. 구약의 율법을 기초로 새로운 하나님의 구원의 방법, 그리고 하나님 나라를 누릴 수 있는 방법이 제시된 것입니다. 오늘 성경의 본문이 특별한 이유는 세례요한의 메시지가 구약의 메시지가 아니라 신약의 메시지라는 것이며, 예수를 통해 완성될 하나님 나라가 이미 세례요한을 통해 전해졌다는데 있습니다. 그러므로 예수께서는 세례요한 때부터 천국이 침노당했다고 말씀하신 것입니다.

(4) 하나님 나라는 내세뿐 아닌 현재에도 누려야 할 나라이기 때문입니다.

네 번째 이유는, 세례요한을 통해 선포된 하나님 나라는 내세에만 누리는 나라가 아니라 현재, 지금 당장 누릴 수 있는 나라라는 것입니다. 이 주장은 이미 앞에서 잠시 언급하기도 하였지만, 본문이 말하려고 하는 핵심 된 내용이라 할 수 있기에, 예수께서 세례요한의 때부터라고 언급하신 이유 중에 하나로 독립적으로 취급하고자 합니다.

하나님 나라는 이미 2000년 전, 세례요한이 외칠 때부터 지금까지 열려져 있는 나라입니다. 그 하나님 나라는 원하는 누구나 누릴 수 있다는 것이지요. 그런데 이렇게 열려있는 하나님 나라가 왜 누려지지 못하는 것일까요? 본문은 우리들이 그 하나님 나라를 현재 경험하지 못하고 있는 안타까움을 표현한 것이라 할 수 있습니다. 이것은 오늘 우리에게 매우 중요한 의미를 일깨워주고 있습니다. 세례요한의 때부터 열려져 있는 하나님 나라를 왜 현재 내 삶에서 경험하지 못하느냐는 것이지요. 현재 내 삶에서 그 하나님 나라를 누리라는 것입니다. 그 방법을 한마디로 '침노'라는 단어로 표현할 수 있습니다. 예수님의 그 한마디에 큰 의미가 담겨져 있는 것입니다.

제가 질문을 하나 드리겠습니다. '침노한다.'라는 어구에서 어떠한 그림이 상상되십니까? 누군가는 지키려고 하고 누군가는 빼앗으려는 그림이 그려지지 않습니까? '침노하는 자'를 헬라어 원어로 살펴보면 '혈기가 왕성해서 그 힘을 가지고 싸우려 드는 자'란 의미를 가지고 있습니다. 어떤 생각이 떠오르십니까? '강성해서 그 힘으로 무엇을 쟁취하려 드는 자'가 떠오르지 않습니까? 침노하는 자는 빼앗는다고 하였습니다. 그렇다면 우리가 이 땅에서 천국을 경험할 수 있는 방법은 이것입니다. 바로 침노하는 것이지요. 저는 이 방법을 다음의 네 가지로 풀어서 설명하도록 하겠습니다.

2) 하나님 나라를 얻는 방법 - 침노하는 것

(1) 하나님 나라를 누리지 못하도록 하는 방해세력이 있음을 알아야 합니다.

하나님 나라를 누리는 방법의 핵심인 '침노한다'라는 어구를 묵상해 보면, 하나님 나라를 누리지 못하도록 하는 방해세력이 있다는 것을 떠올릴 수 있습니다. 즉, 천국은 원하지 않는데 그냥 주어지는 것이 아니라는 것입니다. 여기서 우리가 알 수 있는 것은 하나님께서 이미 우리에게 하나님 나라를 열어 놓으셨지만, 그것을 방해하는 세력이 있다는 것입니다. 사실 우린 이 부분을 무시하거나 너무나 쉽게 생각합니다. 하나님 나라가 너무 쉽게 얻어질 수 있다고 생각하는 것이지요. 또는 너무 어렵게 생각하여 내가 쉽게 누릴 수 없는 나라라고 단정해 버리지요.

그러나 결코 그렇지 않습니다. 우리가 혈기왕성하여 강하게 싸워서 얻어야 하는 것이 바로 '하나님 나라'입니다. 왜 그렇습니까? 이 땅은 이미 공중권세 잡은 자가 실권을 휘두르는 땅입니다. 그런데 그 땅 속에서 하나님 나라가 임하기 위해서는 그 공중권세 잡은 자가 휘두르는 권세와 싸워야 하고 이겨야 하나님 나라를 임하게 할 수 있기 때문에 그렇습니다. 만약 방해가 없다면, 그리고 어떠한 불순의 세력도 없다면, 하나님 나라는 순수하게 우리에게 그저 주어지는 나라일 것입니다. 마치 하나님께서 에덴동산을 아담과 하와에게 거저 주셨던 것처럼 말이지요. 그러나 그렇게 주어질 수 없기에, 최소한의 싸움이(여기서 최소한의 싸움이라 함은 내가 결단하고 싸워야 하지만, 그 싸움은 내가 결단하고 나가는 한 예수께서 이미 이기신 싸움이기 때문에 그렇습니다) 필요합니다. 예수님은 그것을 침노하는 것이라고 표현했습니다.

이렇게 볼 때, 매 순간 우리를 하나님 나라로부터 멀게 하는 방해세력이 우리 가까이에 있다는 사실을 명심해야 합니다. 결국 우리의 신앙생활은 그 세력과의 지속적으로 싸워서 이겨나가는 영적인 전투라는 것도 알아야 합니다. 내가 싫더라도 싸워야 합니다. 그러나 내가 기꺼이 싸우려고만 한다면, 내 의지를 드려 결단만 한다면, 그 싸움은 이미 승리한 싸움입니다. 예수께서 대신 싸우시는 싸움이기 때문에 그리하며, 또한 예수께서 이미 십자가와 부활을 통하여 승리하신 싸움이기 때문에 그렇습니다. 이렇게 볼 때, 하나님 나라는 영적인 전투와 밀접한 관계가 있음을 알 수 있습니다.

(2) 세상적인 세계관에서 방향을 전환해야 합니다. 이것이 영적 무장입니다.

'침노한다'는 것의 의미를 묵상하며 떠올릴 수 있는 두 번째 방법은, 우리가 가지고 있던 세상적인 세계관에서 방향을 전환하는 것을 의미한다고 할 수 있습니다. 강력한 방해 세력을 뚫고 하나님 나라로 침투하기 위해서는 지금까지 지녀 온 세상적인 세계관을 가지고는 불가능한 일입니다. 내가 익숙해 있는 세상적인 세계관은 방해 세력들이 조장한 세계관일 수 있고, 또 방해 세력과 하나 된 세계관일 수 있기 때문입니다. 이러한 세계관을 가지고 이 세상과 본질이 다른 영적인 하나님 나라를 누릴 수 없는 것은 당연합니다. 하나님 나라는 하나님 나라에 걸 맞는 생각과 가치관이 있어야 합니다. 이제까지의 생활과 가치관을 가지고 하나님 나라를 누릴 수 없습니다. 방해세력에 치명타를 날릴 수 있는 힘은 그 세력이 알지 못하는 방법과 힘으로 침노해야 가능합니다. 그러므로 침노해서 빼앗는 것이 싸워 이기는 것이라면, 방해 세력이 알지 못하는 방법과 힘으로 치고 들어가야 합니다. 그것 중에 하나는 지금까지 지녀온 세상적인 세계관에서 방향을 전환하는 일이라는 것입니다. 우리가 가지고 있는 세계관은 우리의 현재적인 삶을 결정지우며, 또한 그 세계관에 의해서 지배받고 살아가게 하기 때문입니다.

이것은 단계적인 의미에서도 해석되어질 수 있습니다. '침노한다'는 어구를 묵상하며 방해 세력이 있다는 것을 발견하고 그것이 '침노하는 것'의 전제라는 것을 밝혔으면 이제는 그 방해세력과 싸울 수 있는 준비가 필요합니다. 그것을 영적인 무장이라고 할 수 있지요. 물론 영적인 무장에 대해서는 나중에 이 책의 여러 장에서 다룰 내용이지만, 중복되지 않는 입장을 가지고 '침노한다' 어구에서 그 의미를 끌어 낼 때 중요한 것 중에 하나가 세계관의 전환이라는 것입니다. 이것이 영적인 무장의 중요한 방편이라는 것입니다.

보통은 우리가 영적으로 싸울 준비를 할 때 흔히 기도하자는 말을 많이 합니다. 또는 말씀을 읽어야 한다고 합니다. 이것이 영적인 무장이지요. 하지만 저는 좀 더 깊은 차원에서 다른 표현으로 설명하고 싶습니다. 즉, 세계관을 가지고 설명하고 싶습니다. 세상적인 세계관이 바뀌지 않으면 기도와 말씀에 한계가 있다는 것입니다. 영적무장이 되지 않는다는 것입니다. 기도하고 나서도 내 뜻대로 결정하고, 말씀 읽고 나서도 내 마음대로 해석하기 때문입니다. 세계관을 바꾼다는 것은 영적인 무장을 위하여 틀을 바꾸고 그릇을 준비하는 일이라고 할 수 있습니다.

왜 많은 사람들이 말씀을 읽어도, 기도를 해도 사단의 공격에 계속 시달릴 수 있을까요? 여러 가지로 대답할 수 있지만, 중요한 대답 중에 하나가 영적인 내용을 담을 수 있는 그릇을 준비하지 않고 기도만하고 말씀만 읽었기 때문입니다. 기도하고 말씀을 읽는다는 것은 궁극적으로 하나님의 뜻을 알고 그 뜻대로 따르기 위함이 아닙니까? 결국 말씀과 기도를 통해 하나님의 뜻이 내 뜻이 되는 것이지요. 그러나 내 안에 있는 세상적인 세계관은 하나님의 뜻에 대해서도 둔감하게 만들고, 발견한 진리조차 주관적인 내 진리 만드는데 방해가 되게 만듭니다. 하나님 나라를 경험하지 못하고 살아온 지금까지의 나의 세계관이 세상적인 세계관이기 때문입니다.

그러나 하나님 나라는 그것을 뛰어 넘는데 있습니다. 세상과는 전적으로 다른 시각으로 세상을 보고 세상을 이겨나가는데 하나님 나라의 특징이 있습니다. 하나님 나라를 경험한다는 것은 전혀 다른 세계, 그리고 전혀 다른 생각, 그리고 세계관을 경험하는 것과 같은 것입니다. 그렇기에 우리가 이 땅에서 하나님 나라를 누리며 살아갈 때, 우리의 세상적인 세계관은 하나님이 원하시는 세계관으로 완전히 바뀌어 갈 수 있습니다. 그러므로 천국을 침노한다고 하는 행위는 처음부터 완전히 바뀌어 지지는 않는다고 할지라도, 세상과는 다른 세계관을 가지고 하나님을 바라보고 천국을 구하는 행위라고 할 수 있다는 것입니다.

세례요한도 그것을 가르쳐 주었습니다. 이미 언급한대로, 하나님 나라를 선포한 뒤, 무리들이 무엇을 해야 하는지를 물었을 때 세상과는 다른 가치관의 행위를 가르쳐 주었습니다. "옷이 두 벌 있는 자는 나누어 주고, 먹을 것이 있는 자도 나누어 주라"고 말한 것입니다. 이것은 세상적인 세계관과 다릅니다. 그 당시는 무척 살기 힘들고 어려운 시기였는데, 세상에서 살아남기 위해서는 내 것을 더 축척해야 하고 또한 더 많이 벌어야 했습니다. 그런데 세례요한은 나누어 주라고 한 것이지요. 세상적인 세계관을 가지고 있는 자들과 하나님의 영적인 세계관을 가지고 있는 자들의 행위가 다름을 분명히 보여준 예입니다. 그런데 예수님께서는 그렇게 반응했던 무리들을 보시고 세례요한 때부터 천국이 침노당했다고 말씀하신 것입니다. 그렇기에 천국을 침노한다는 것은 세상적인 세계관을 바꾸어 하나님의 영적인 세계관을 가지고 행동하며 천국을 갈구하는 행위라고 말할 수 있다는 것입니다.

결국 제가 말씀드리고 싶은 것은, 천국을 침노한다는 행위는 또 다른 방법적인 의미에서 말해보자면, 우리가 가지고 있던 세상적인 고집을 꺾고 세계관을 바꾸어 하나님을 바라보는 행위라고 말할 수 있다는 것입니다. 이것이 방해세력에 대항하기 위한 나의 영적인 무장이고 준비라고 할 수 있습니다. 한순간에 바뀌어지지는 않겠지만, 지금 이 순간 내가 지녀온 세상적인 세계관을 내려놓고 하나님께 초점 맞추며 하나님 나라가 임하길 위해서 바라고 소원한다면 하나님께서는 그러한 우리에게 하나님 나라를 경험케 하시며, 그것이 기초가 되어 하나님 나라에 걸 맞는 세계관과 관점을 가질 수 있도록 해 주실 것입니다.

(3) 하나님 나라를 갈망하고 간구하는 것이 침노입니다.

세 번째는, 하나님 나라를 간절히 갈망하고 간구하는 것이 침노하는 행위라고 볼 수 있습니다. 이제는 하나님 나라를 누리는 것에 대해서 방해하는 세력이 있다는 것을 알았고, 그 세력에 대항하여 침노하기 위해 영적으로 어떠한 준비와 무장이 있어야 한다는 것을 알았기에, 직접 침노하는 행위가 필요한 시점이 되었습니다. 천국을 직접 침노하는 행위 중에 하나는 내 생각과 마음을 드려 하나님 나라를 갈망하고 소원하며 간구하는 것이라 할 수 있습니다.

일반적으로 생각해보자면, 내가 어느 한 곳을 침노하여 원하는 것을 얻으려 할 때, 그곳에는 내가 원하는 것이 있기에, 그리고 꼭 얻어야 할 것이 있기에 침노하는 것이 아니겠습니까? 그 소원함이 없다면 위험을 감수하고 침노할 수 있겠습니까? 오히려 침노하는데 있어서 현실적으로 위험한 요소가 있다고 할지라도, 나의 소원함과 갈망함이 더 크다면 그것 때문에 위험을 감수하고서라도 침노할 수 있는 것 아니겠습니까? 그러므로 하나님 나라에 대한 갈망과 소원, 그리고 간구는 그 자체가 천국을 침노하는 행위라고 할 수 있습니다.

우리가 소원하고 갈망하는 행위는 이미 우리로 하여금 우리의 마음과 생각을 그곳에 가 있게 합니다. 그리고 그 생각들과 마음은 나로 하여금 행동으로 이어지게 하는 것이지요. 마음이 있는 곳에 내가 있는 것입니다. 그렇기에 성경에서도 "무릇 지킬 만한 것 중에서도 더욱 네 마음을 지키라"(잠언 4장 24절)고 말하고 있는 것입니다. 그러므로 현재 내 삶에서 하나님 나라를 누리려 한다면 하나님 나라를 묵상하십시오. 그 하나님 나라를 갈망하십시오. 또한 하나님 나라를 위해서 간구하십시오. 이것이 하나님 나라를 누릴 수 있는 침노하는 행위입니다.

(4) 현재 보이지 않고 바랄 수 없지만, 하나님 나라가 임할 것을 믿는 믿음이 침노입니다.

마지막 네 번째, 천국을 직접 침노하는 행위는 믿음을 구사하는 것이라고 할 수 있습니다. 이 부분에서 보자면, 이 장의 앞 부분에서 언급한, 천국을 얻는 전통적인 방법으로서 이신칭의와 부합되는 내용이라 할 수 있습니다. 그런데 믿음을 구사하여 하나님 나라를 얻는다는 점에서는 일치하지만, 이미 언급한대로 예수님의 말씀은 기존의 유대인들을 대상으로 하기에 믿음의 내용에 있어서는 조금의 차이가 있음을 알아야 합니다. 하나님을 몰랐던 사람이 복음을 듣고 믿음을 구사하여 천국을 얻을 때, 믿음의 내용은 내가 죄인이었다는 사실과 예수께서 내 죄를 위하여 죽으셨으므로 내가 받아들이면 죄 사함을 받고 구원 받을 수 있다는 사실입니다. 그러나 하나님 나라가 현재 임재하기를 원하며 구하는 믿음의 내용은, 현실적으로는 내가 처해있는 상황과 여건 속에서 전혀 불가능하게 보일지라도 하나님께서 완성하신 일이고 현재 누릴 수 있는 것이라고 하셨기에 믿음으로 받아들이고 선포하는 것입니다.

천국을 침노하는 행위가 믿음을 구사하는 것과 같다고 했을 때, 그 믿음은 후자의 믿음입니다. 지금은 보이거나 잡혀지지 않지만, 그리고 도저히 임할 것 같지 않지만, 말씀을 믿고 예수님을 확실하게 신뢰하는 사람이라면 불가능한 현실 속에서도 하나님 나라를 임재를 믿고 선포할 수 있습니다. 그리고 그 믿음의 행위는 하나님 나라를 이 땅에 임재하게 하는 주된 방법이기도 합니다. 믿음을 구사할 때 이미 천국은 침노를 당한 것입니다. 그렇기에 빼앗아 올 수 있습니다. 믿음이 하나님 나라를 누릴 수 있게 하는 것이지요. 이것이 바로 구약과 다른 신약시대의 특징입니다. 구약은 율법의 시대이지만 신약은 믿음으로 '하나님 나라'를 누릴 수 있는 은혜의 시대이기 때문입니다. 이렇게 본다면, 우리의 믿음을 가지고 하나님 나라를 날마다 갈망하고 선포한다면, 더 깊은 하나님의 임재를 누릴 수 있다는 것을 알아야 합니다.

3) 침노하는 자의 결과는 무엇입니까?

(1) 하나님 나라를 누린다. - 상황과 환경에 흔들리지 않는 하나님 나라를 경험합니다.

우리가 천국을 침노했을 때 얻을 수 있는 것이 있습니다. 그것이 바로 '하나님 나라'입니다. 침노하는 자가 결과로 누릴 수 있는 것들을 크게 세 가지로 말하려고 하는데 그 중 첫 번째가 '하나님 나라'입니다. 하나님 나라를 누린다는 것이 참 설명하기 어려운 부분이 있습니다. 보이지 않고 만져지지 않기 때문입니다. 그리고 나타나는 많은 특징적 요소가 있습니다. 하나님 나라의 특징적 요소에 대해서는 이미 2장에서 다루었고, 또 이 장에서의 주된 관심사가 아니기에, 저는 하나님 나라를 누릴 때 나타나는 주된 현상을 삶과 연관지어 설명함으로 이를 대신하고자 합니다.

하나님 나라가 내 삶 속에서 누려질 때 나타나는 주된 현상 가운데 하나는 이 세상을 살아가면서 늘 만나는 문제가 더 이상 문제로 여겨지지 않는다는 것입니다. 예전에는 작은 문제 하나만 생겨도 힘들고 어려워했는데 이제는 문제가 문제로 보이지 않습니다. 문제가 내 삶을 지배하고 영향 미치지 않는다는 것입니다. 왜냐하면 수많은 문제들이 둘러싸고 있어도 그 문제를 뚫고 찾아오시는 주님이 계시기 때문입니다. 절대적인 평강의 왕이요, 소망과 기쁨의 주님이 찾아오셔서 만나주시기에, 내가 가지고 있는 문제들 보다는 주님이 보이고 그 주님이 경험되는 것입니다. 그래서 문제 속에서도 평안을 누리고, 소망을 가지며, 기뻐할 수 있습니다. 다시 말하자면, 나의 상황과 환경이 나에게 영향을 주지 않고 그것을 넘어서서 흔들리지 않는 삶을 살아갈 수 있다는 것입니다. 성경 속의 하나님의 사람들은 모두 그러했습니다. 요동치 않으며 흔들리지 않는 평안이 그들에게 있었던 것입니다.

내가 가지고 있는 문제는 내가 하나님께 붙어있는 한 언제든지 하나님께서 하나님의 시간에 해결될 수 있다는 믿음이 주님의 임재 속에서 가능합니다. 그래서 결국 하나님 나라가 경험되어지면 내가 어떠한 상황에 처해있을지라도 모든 것을 초월하여 살 수 있는 힘이 주어지는 것입니다. 바울을 보십시오! 사십에서 하나 감한 매를 다섯 번이나 맞고, 가는 곳마다 핍박이 있었으며, 감옥에 갇혔어도 그는 평안을 잃지 않았고, 전도를 쉬지 않았으며, 심지어는 감옥에서도 하나님을 예배했습니다. 그 힘이 어디에 있는 것입니까? 날마다 경험하는 하나님의 임재, 즉 하나님 나라에 있는 것입니다. 하나님의 임재가 있는 곳이 하나님 나라이며 그곳에서 이 세상에서 누릴 수 없는 하나님 나라를 누릴 수 있는 것입니다.

(2) 더 깊은 영적인 차원을 경험하며 하나님과 친밀감이 형성됩니다.

두 번째는 내가 더 깊은 영적인 차원을 경험하게 되고 그 결과 하나님과 친밀감을 형성할 수 있다는 것입니다. 하나님 나라를 누린다는 것은 하나님을 경험하고 만난다는 것입니다. '하나님 나라'는 하나님의 주권과 통치를 경험하는 것이거든요. 그렇다면 하나님을 만날 때 어떤 일이 일어날까요? 자연스럽게 하나님과의 친밀감이 생겨나게 됩니다. 자주 만나야 친해지는 것이 아니겠습니까? 그런데 하나님과 친밀감이 생겨나면 어떠한 부분이 좋은 것일까요?

먼저는 친밀감을 통해 하나님의 형상과 모습을 점점 더 회복해 갈 수 있게 됩니다. 하나님을 닮아가는 것이지요. 하나님을 만나면서 하나님께서 창조하신 나의 본 모습이 어떠했는지, 그리고 내가 달려나가야 할 목표가 어디인지 분명히 알아가게 되는 것입니다. 다음으로는 하나님과 친밀감을 가지고 있는 자들에게 하나님은 당신의 계획들을 가르쳐 주십니다. 즉 이 땅에 살지만 저 하늘 위에서 일어나는 일들을 알 수 있으며, 하나님께서 이루어 가시는 일들을 알 수 있는 것이지요. 이것이 가능한 것은 성경은 분명히 하나님과 친밀감을 가지고 있는 자들에게 당신의 일들을 보여주시고 가르쳐 주시겠다고 말씀하셨기 때문입니다. 성경에 보면, 노아, 아브라함, 모세가 그러했습니다. 그들은 하나님과 동행하면서 이 땅에서 일어날 하나님의 일들을 미리 알았고, 또 하나님의 계획을 먼저 들을 수 있는 자였습니다. 우리늘 역시 '하나님 나라'를 누릴 때마다 하나님을 만나며 이런 친밀감이 형성되어 노아와 아브라함, 그리고 모세처럼 사용되어질 수 있습니다.

(3) 강한 영적인 군사로 서게 됩니다.

마지막 세 번째는 천국을 침노하는 영적 전투를 통하여 하나님 나라를 경험함으로 나도 모르는 사이에 강한 영적인 군사로 서게 됩니다. 강한 군사는 전투에 대한 경험이 많아야 합니다. 그런데 천국을 침노하기 위하여 지속적으로 영적인 전투를 해 왔기에, 나도 모르는 사이에 강한 군사로 세워지게 되는 것입니다. 그리고 그러한 나를 통하여 하나님 나라가 확장될 수 있는 것이지요. 하나님께서 나를 통해서 하시고자 하시는 궁극적인 일입니다.

하나님은 나를 통하여 이 땅을 다스리고 있는 사단의 나라가 축소되고 하나님 나라가 확장되기를 원하십니다. 이것이 바로 영적 전투의 승리입니다. 이 승리를 경험하는 군사는 이 승리를 바탕으로 더 큰 싸움도 할 수 있는 사람이 됩니다. 궁극적으로, 하나님 나라를 경험하는 행위는 우리를 강한 영적인 군사로 세워 놓는다는 것을 알아야 합니다. 그러므로 하나님 나라를 침노하는 자로서 모두 강한 영적인 군사로 세워지기를 소망합니다.

3. 마무리

저는 본 장을 마무리 하면서 이렇게 말씀 드리고 싶습니다. 아마도 예수님은 지금도 간절히 외치시고 계실 것입니다. "세례요한의 때부터 지금까지 천국은 침노를 당하노니 침노하는 자는 빼앗느니라!" 이미 하나님 나라는 시작되었고, 하나님의 자녀들인 우리들이 침노만 하면 된다는 것입니다. 부활하신 예수님은 우리에게 이것을 지속적으로 부탁하고 계실 것입니다. 이 땅에서의 승리하는 생활은 이 안에 있기 때문입니다. 천국을 침노할 때 하나님 나라를 경험하게 되며, 그 나라를 경험하고 누리면서 하나님과 친밀감이 형성되고 강한 영적인 군사로 세워지게 됩니다.

디모데후서 2장 1절을 보니 바울은 디모데에게 "은혜 가운데서 강하고"라고 말씀합니다. 성경에서 '강하다'는 것은 누구를 쓰러뜨리는 강함이 아닙니다. 이것은 오해이며 세상적인 관점입니다. 이것은 또한 어떤 강한 은사를 가지라는 이야기도 아닙니다. 강한 자는 하나님의 은혜 아래 있는 자입니다. 그래서 반드시 균형이 필요한 것입니다. 성경은 지속적으로 말합니다. 강한 자는 하나님을 지속적으로 만난 자라고 말입니다. 그리고 지속적으로 하나님의 은혜 아래 머물러야 합니다. 여러분들에게도 하나님 나라를 침노하는 행위를 통하여 그 은혜 아래 지속적으로 머물며 영적인 강한 군사로 세워지는 역사가 있기를 간절히 소망합니다.

마무리를 위해서 다시 생각하고 토의할 문제들

1. 왜 천국은 세례요한 때부터 침노를 당합니까? 먼저 다음의 네 가지 차원에서 말해보세요. 네 가지 외에 더 타당한 주장이 있다면 토의해 봅시다.
    1) 하나님 나라를 선포한 시기와 관련하여 -
    2) 하나님 나라를 침노한 행위와 관련하여 -
    3) 율법이 아닌 새로운 방법이라는 차원에서 -
    4) 현재적으로 누려야 할 '하나님 나라'라는 차원에서 -

2. 세례요한은 구약의 인물입니까? 아니면 신약의 인물입니까? 하나님 나라와 관련하여 세례요한이 가지고 있는 중요성에 대해서 토의해 보세요.

3. '침노'라는 단어를 중심으로 하나님 나라와 영적 전투의 연관성을 토의해 보세요.

4. 영적 전투를 위해서는 영적인 무장이 필요합니다. 우리가 가지고 있던 세상적인 세계관의 전환이 왜 영적전투를 위한 준비이며, 영적무장이라고 할 수 있습니까?

5. 하나님 나라를 향한 갈망과 소원함, 그리고 믿음이 어떻게 천국을 '침노'하는 행위가 될 수 있는지를 토의해 보세요.

6. 천국을 침노하는 자가 얻을 수 있는 결과를 말해보세요.
    1)
    2)
    3)

chapter 04

4. 너희 안에 있는 하나님 나라

◆ 주제를 풀어갈 성경본문 – 누가복음 17:20~21

"바리새인들이 하나님의 나라가 어느 때에 임하나이까 묻거늘 예수께서 대답하여 이르시되 하나님의 나라는 볼 수 있게 임하는 것이 아니요 또 여기 있다 저기 있다고도 못하리니 하나님의 나라는 너희 안에 있느니라"

◆ 주제를 풀어 갈 글의 개요

1. 들어가면서 – 본문의 정황과 배경
2. 본론
    1) 바리새인들이 생각한 하나님 나라는 어떠한 것일까요?
        (1) 눈에 보이는 나라, 세트장처럼 도시가 내려오는 것으로 이해했습니다.
        (2) 특정한 장소에 있다고 오해했습니다.

    2) 하나님 나라에 관해 바리새인들이 질문한 이유는 무엇일까요?
        (1) 예수님을 예언자로 생각하여 하나님 나라에 대한 진실을 알고 있다고 생각했습니다.(긍정적인 의미)
        (2) 예수님을 올무에 빠뜨림으로 더 이상 사람들이 그를 메시아로서 여기지 못하도록 질문을 던졌습니다.(부정적인 의미)

    3) 하나님 나라에 관한 예수님의 대답은 무엇입니까?
        (1) 예수님이 강조하시는 하나님 나라는 특정한 장소에 있는 것이 아닙니다.
        (2) 너희 안에 있는 나라입니다.
3. 마무리 – 요약과 적용

1. 들어가면서

'너희 안에 있는 하나님 나라!' 제목이 조금 이상하지 않습니까? '우리 안에 있는 하나님 나라.'라고 해야 옳지 않을까요? 그런데 굳이 '너희 안에 있는 하나님의 나라'라는 제목을 붙인 이유가 무엇일까요? 저는 먼저 본문의 말씀을 깊이 묵상해 보았습니다. 그리고 나서, '너희 안에 있는 하나님 나라'라고 제목을 정했는데, 그 이유는 무엇보다 본문의 내용을 충실히 전달하기 위함입니다. 본문이 충실히 전달되어질 때 그 핵심이 우리의 삶 속에 적용될 수 있기 때문입니다. 만약 '우리 안에 있는 하나님의 나라'라고 했다면 어떠했을까요? 제목은 멋있어보일지 몰라도, 이 제목은 바로 '적용'을 강조하는 제목이라 할 수 있습니다. 성경의 본문은 '너희 안에 있는 하나님 나라'를 말하고 있기 때문입니다. 그러므로 본문에 있는 '너희 안에 있는 하나님 나라'를 알 때, 우리는 '우리 안에 있는 하나님 나라'를 적용할 수 있다는 것을 알아야 합니다.

사실 하나님 나라에 대해 묵상하면서, 지금까지 복음전도자로서 복음을 전하는 사역을 해왔는데 '참으로 반쪽짜리 복음을 전하지 않았는가?'라는 생각을 해보게 되었습니다. 왜 그러한 생각이 들었을까요? 세상 사람들에게 복음을 전하여 하나님의 자녀로 만드는 것은 말할 나위 없이 무척 중요한 일입니다. 그러나 그 후, 그들이 이 땅에서 넉넉히 세상을 이기며 온전히 성장할 수 있는 방편으로 하나님 나라를 누릴 수 있는 방법도 전해주어야 했는데 저는 후자를 소홀히 했기 때문입니다.

복음의 핵심은 예수 그리스도이십니다. 저는 복음전도자이기에 예수 그리스도를 강조하면서 그분의 보혈로 우리가 죄 사함을 받고 하나님의 자녀가 되는 복음전도의 핵심을 강조해 왔습니다. 그런데 한 가지 풀리지 않는 의문이 있었습니다. 하나님의 자녀가 되었으면 무엇인가 변화도 있어야 하고 기쁨도 있어야 하며 좋아야 하잖아요? 그런데 구원 이후, 우리가 알듯이, 그리스도의 장성한 분량만큼 성장해 가야 하는 것이 목표인데 이것이 어려운 것이지요. 구원을 받아 하나님의 자녀는 되었지만, 이전과 동일한 이 땅에서 살아가며 쉽게 변화되지 않는 나를 바라보며 괴리감을 느끼고 힘들 수 있다는 것입니다. 때때로 내가 정말 구원 받은 것이 맞는가? 하고 생각이 들 때도 있습니다. 무엇인가 세상과 다른 점을 발견하지 못할 때가 많기 때문입니다.

그렇다면 도대체 무엇이 문제일까요? 이것을 답하기 위해서, 먼저 성경의 가장 큰 전제를 알아야 합니다. 그것은 무엇보다 하나님은 우리를 사랑하신다는 것입니다. 이 사랑이 성경을 풀어가는 핵심입니다. 기본적인 중심축이지요. 이렇게 보자면, 우리를 죄에서 구원하시고 회복하기 위해서 십자가에서 죽으시고 부활하신 예수님이 우리를 그냥 이 땅에서 힘들게 살도록 내버려 두셨을까요? 우리들을 향해서 "너희들 세상에서 그냥 살다가 내가 오라고 할 때 와!"라고 말씀하실까요? 이 세상에서 사는 것이 힘든 일이라면, 우리를 구원해 주신 즉시 그냥 나를 하나님 나라로 데려가 주시면 좋잖아요? 얼마나 기쁘겠습니까? 물론, 이 땅에서 가진 것이 많고 높은 권세를 가지고 계신 분들은 조금 아쉬울 것입니다. 그러나 하나님 나라는 이 땅보다 훨씬 더 좋은 곳입니다. 아니, 비교할 수도 없이 좋은 곳이지요.

그런데 괴로움과 슬픔, 죄가 많은 이 땅에서 우리를 살게 하시는 이유가 무엇일까요? 이 땅에 살면서 전도하고 섬기며 성장을 경험해야 하기 때문일까요? 이러한 훈련을 위해 우리를 이 땅에 남기신 것일까요? 물론, 우리가 신앙의 성장을 이루면서 죽어있는 영혼들에게 복음을 전하고 그 영혼들을 살리는 것은 옳습니다. 저도 그렇게 가르쳐 왔고, 또 그렇게 살아 왔는데, 풀리지 않는 문제는 이 땅에서의 삶이 힘든 나날이 많다는 것입니다. 이 땅은 분명히 좌절이 있는 땅이고, 슬픔이 있는 땅이고, 눈물이 있는 땅이고, 사망이 왕 노릇 하는 땅인데 왜 이 땅에 우리를 내버려 두시는 것일까요?

이렇게 접근해 볼 때, 본문에 나오는 바리새인들의 질문을 이해할 수 있습니다. 위에서 우리가 가정한 질문들을 바리새인들이 고스란히 가지고 있었기 때문입니다. 그래서 바리새인들은 예수님께 묻습니다. "도대체 하나님 나라가 언제 이 땅에 임하는 것입니까?" 간절한 마음에서 던진 질문입니다. 하나님 나라가 있다는 것을 아는데, 그래서 그 소망을 가지고 힘든 훈련도 마다하지 않고 달려왔고, 또 율법을 지키며 달려왔는데, 지금 내 삶은 너무 힘들다는 것입니다. 도대체 언제 하나님 나라에 갈 수 있느냐는 것입니다.

보통의 유대인들도 하나님 나라에 대한 갈망이 있었지만, 아마 그들에게는 먹고 사는 문제가 더 힘들었을지 모릅니다. 그래서 하나님 나라를 중요하게 여기면서도 마음속에 있던 것을 감히 묻지 못했을 수 있습니다. 그러나 유대인들 가운데 바리새인들은, 우리가 알고 있듯이, 일주일에 세 번 금식을 하고 하루에 세 번 기도를 하며 율법을 지키려고 노력하고 헌신하는 사람들이었습니다. 그런데 그들의 헌신과 봉사에 하나님의 임재가 없고, 하나님 나라에 대한 경험이 없으니 너무 힘들었던 것입니다.

봉사에 보신 분들은 아시겠지만, 힘들잖아요! 찬양단 봉사를 맡더라도 마찬가지입니다. 주일마다 늘 남아서 찬양 연습을 하고 예배 1시간 전부터 나와서 준비를 합니다. 쉽지 않은 일입니다. 무엇인가 일할 수 있는 힘과 능력이 채워지지 않고는 그 일을 계속한다는 것은 너무 어려운 것입니다. 그렇기에 바리새인들은 어떠한 힘과 능력 없이 하는 자신들의 일에 지쳐 그들의 마음은 더욱 타 들어갔을 거예요. 그래서 그들은 예수님께 질문을 던진 것입니다. 이런 그들의 마음을 아시는 예수님께서는 그들의 질문에 너무나 중요한 대답을 해주십시다. 그러므로 바리새인들의 질문과 예수님의 대답 가운데서 오늘날 우리가 생각하고 있는 잘못된 하나님나라의 개념과 예수님께서 가르쳐 주시고자 했던 올바른 하나님 나라의 개념을 똑바로 볼 수 있게 되기를 바랍니다.

2. 본론

1) 바리새인들이 생각한 하나님 나라는 어떠한 것일까요?

(1) 눈에 보이는 나라, 세트장처럼 도시가 내려오는 것으로 이해했습니다.

먼저 바리새인들에게는 자신들이 오해한 하나님 나라의 모습이 있었습니다. 우리는 성경을 볼 때 성경에 등장하는 바리새인들을 너무나 격하시킬 때가 많습니다. 물론 예수님께서 제자들에게 바리새인들을 주의하라고 하셨기에 색안경을 끼고 바라볼 수 있습니다. 그런데 사실, 성경에 나오는 바리새인들보다 우리의 모습이 더욱 못할 때가 많이 있습니다. 그리고 어느 경우에는, 못난 바리새인들의 생각과 우리의 생각이 닮았다고 생각되어지는 부분들도 있습니다. 본문에 나타나는 바리새인들의 질문을 보면서 우리는 이와 같이 생각했을 수 있습니다. 적어도 하나님 나라에 대한 개념은 우리와 바리새인들과 다를 바 없이 같을 수 있다는 이야기입니다. 그러므로 그러한 입장에서 성경을 본다면, 바리새인들이 우리를 대신해서 예수님께 질문한 것이라고 할 수 있습니다. 그들이 가지고 있었던 하나님 나라에 대한 오해는 무엇이었을까요?

바리새인들이 생각한 하나님 나라에 대한 개념은 눈에 보이는 나라이며 완성된 나라가 세트장처럼 위로부터 우리 눈앞에 내려오는 것이었습니다. 여러분들은 그러한 생각을 안 해 보셨나요? 아이들 같은 경우는, 하나님 나라에는 집도 초콜릿기둥으로 되어있고 사탕이 이곳저곳 들어가 있어서 빼먹으면 다시 쏙 나오는 모양을 생각할 수 있습니다. 다르기는 하지만, 바리새인들도 이러한 개념의 하나님 나라를 생각한 것이지요. 즉, 눈에 보여지는 완성된 나라로서 그 하나님의 나라를 생각했다는 것입니다. 그러므로 그들의 질문은 이 땅에서 누려지는 하나님 나라에 관한 질문이라기보다, 완성된 하나님 나라를 들어가는 날, 즉 세상의 끝이 언제 오느냐에 관한 질문이었다고 할 수 있습니다. 너무 고달프로 힘든데 언제 하나님께서 그 하나님 나라를 가지고 오시느냐는 것이지요. 이것이 예수님께서 말하신 하나님 나라와 그들이 가지고 하나님 나라 개념과의 차이였습니다.

(2) 특정한 장소에 있다고 오해했습니다.

두 번째로 바리새인들은 하나님 나라가 특정한 장소에서만 경험할 수 있다고 생각했습니다. 예를 들면, 예루살렘이 바로 그곳이라고 생각했지요. 예루살렘이라는 특정한 장소에만 하나님 나라가 시작되고 완성

될 것이라고 생각한 것입니다. 그런데 예수님은 이런 바리새인들의 개념을 완전히 무너뜨리셨습니다. 특정한 장소에서만 이뤄지는 나라가 아니라는 것입니다.

　삶이 너무나 힘들 때, 우리 중 일부는 "주님 너무 힘들어요! 그래서 그냥 죽어 하나님 나라에 가고 싶어요."라고 기도하시는 분들이 계시기도 합니다. 이 분들은 아마도 그들의 생각 속에 바리새인들이 오해하고 있는 하나님 나라의 개념이 동일하게 자리 잡고 있는 분들 일 수 있습니다. 즉, 하나님 나라는 저 하늘에만 있다고 생각하는 것이지요. 특정한 장소에 있다고 오해하는 것입니다. 그러므로 죽어야만 저 하늘에 있는 하나님 나라에 갈 수 있다고 생각하는 것입니다. 그런데 예수님은 '그렇지 않다'라고 가르치고 계십니다.

2) 하나님 나라에 관해 바리새인들이 질문한 이유는 무엇일까요?

(1) 예수님을 예언자로 생각하여 하나님 나라에 대한 진실을 알고 있다고 생각했습니다. (긍정적인 의미)

　그렇다면 바리새인들이 예수님께 하나님 나라에 관해 질문을 던진 이유가 무엇이었을까요? 예수님과 바리새인들은 사이가 좋은 관계가 아니었음에도 왜 그들은 예수님께 이러한 질문을 던졌을까요? 거기에는 긍정적인 차원과 부정적인 차원이 있습니다. 먼저는, 긍정적인 차원에서 바리새인들의 질문의 의도를 살펴보겠습니다. 사실, 성경의 역사를 보아도 바리새인만큼 하나님의 율법을 지키려고 노력했던 사람들은 거의 없었습니다. 그들만큼 하나님 앞에 기도하고 열심을 낸 사람 역시 없었습니다. 이러한 노력 안에서 그들은 자신들을 스스로 정통 유대인이라고 자부하였던 사람들이었기에 유대인의 관습과 성경에 대해서도 누구보다 더 잘 알고 있었던 자들이었습니다. 그런데 유대인의 관습에는, 인간이 할 수 없는 초월적인 일을 행하는 자들은 하나님께서 보내신 하나님의 사람이라는 관습이 있었습니다. 이러한 관습 안에서 예수님을 보니, 예수님이 행하시는 기적과 기사를 보면서 그분을 하나님이 보내신 사람으로 인정한 부류가 있었다는 것입니다.

요한복음 3장에 등장하는 니고데모가 한 예입니다. 그는 바리새인임에도 불구하고 밤중에 예수님을 찾아가 "당신은 하나님께로부터 오신 선생인줄 아나이다 하나님이 함께 하시지 아니하시면 당신이 행하시는 이 표적을 아무도 할 수 없음이니이다(요3:2)"라고 고백하는 것을 볼 수 있습니다. 결국, 니고데모가 예수님을 찾아간 이유 역시 '400년 동안의 영적인 암흑기를 뚫고 하나님이 보내신 사람이 왔다'라는 기쁨 안에서 예수님을 찾아간 것이었습니다. 유대인의 관습이 니고데모로 하여금 예수님을 하나님이 보내신 사람으로 인식하게 만든 것입니다. 마찬가지로, 예수님 당시의 바리새인들은 분명히 예수님의 소문을 들었을 것입니다. 죽은 자가 살아나고 그 가운데 숱한 기적이 일어나는 것을 반드시 알았을 것입니다. 그렇다면 그들이 예수님을 메시아라고까지 생각지 못했을지라도, 하나님이 보낸 예언자 정도로는 생각했을 수 있습니다.

바리새인들은 그 당시 무척 힘든 나날을 보내고 있었습니다. 왜냐하면 하나님의 임재 없이 봉사만 하고, 하나님의 임재 없이 헌신만 하고, 금식하고, 기도한다는 것이 너무 힘들었던 것이지요. 하나님 나라가 빨리 오면 하나님 나라의 가장 좋은 자리에 들어갈 자신이 있었거든요! 그래서 그렇게 하나님 나라를 갈망하던 중, 예수님의 소문을 들은 것입니다. 그리고 예수께서 정말 예언자라고 한다면 하나님 나라가 언제 도래할 것인지 말해 줄 수 있다고 생각한 것이지요. 그래서 하나님 나라에 대한 갈망을 가지고 예수님을 향해 질문을 던진 것입니다.

"예수여! 도대체 하나님 나라가 언제 이 땅에 임하는 것입니까?"

(2) 예수님을 올무에 빠뜨림으로 더 이상 사람들이 그를 메시아로서 여기지 못하도록 질문을 던졌습니다. (부정적인 의미)

그런데 바리새인들이 던진 질문은 부정적인 의미로 볼 수도 있습니다. 즉, 사람들이 예수님을 메시아라고 하는데 정말 메시아가 아니면 답할 수 없는 질문을 던짐으로 피해갈 수 없도록 만들기 위함입니다. 한마디로 말하자면, 올무에 빠트리기 위한 질문이었다는 것입니다. 이 주장이 옳다면, 하나님의 임재가 없는 열심과 헌신은 결국 바리새인들처럼 자신을 주인으로 내세우게 됩니다. 자신의 '의'를 주장하게 만드는 것이지요. 자신들이 삶의 주인이 되고 자기 의를 내세우는 바리새인들의 눈에 비친 예수님은 비록, 율법적으로 보자면, 그리고 유대인의 관습에서 볼 때에도, 그는 메시아이고 하나님이 보내신 선지자였지만 인정할 수 없었던 것입니다. 예수께서 분명히 하나님이 보내신 사람이 맞다면 그를 찾아가 하나님 나라에 대하여 공손하게 물어보아야 하지만, 그것보다는 아무런 뿌리와 노력, 그리고 근거 없이 나타난 목수의 아들 예수를 자신들도 인정하기 싫고, 또 수없이 많은 무리들이 몸을 용신할 수 없을 정도로 추종하는 것도 더욱 싫었던 것입니다.

이제까지는 우리가 최고라고 생각해 왔는데, 이스라엘 땅에서 자신들처럼 종교적으로 열심히 있는 자가 없었기에 존경을 받고 추앙을 받는다고 여겼는데, 예수께서 오셔서 그 도식을 깨뜨려 버렸다는 것입니다.

그래서 그들이 예수님에게 물었던 것입니다. 가장 대답하기 힘든 '하나님 나라'에 관한 질문을 던짐으로 이 자가 과연 어떻게 대답하는지 지켜보자는 것이었지요. 그리고 그것을 올무삼아 예수를 곤경에 빠뜨리기 위해 던진 질문일 수 있다는 것입니다.

이처럼 바리새인들은 긍정과 부정의 양면을 가지고 예수님께 질문을 던집니다. "하나님 나라가 어느 때 임하나이까?" 그런데 그들의 질문이 긍정적이든, 부정적이든 이 질문은 굉장히 중요하다고 생각합니다. 왜냐하면 그들 안에 '하나님 나라'에 대한 소망이 있었기 때문입니다. 그와 같은 갈망이 있었기에 예수님께 그런 질문을 던질 수 있었던 것이지요. 그 때 예수님께서 그들을 향해 말씀해 주십니다.

3) 하나님 나라에 관한 예수님의 대답은 무엇입니까?

(1) 예수님이 강조하시는 하나님 나라는 특정한 장소에 있는 것이 아닙니다.

본문 말씀 중 17장 21절의 말씀을 함께 읽어보도록 하겠습니다.

"또 여기 있다 저기 있다고도 못하리니 하나님의 나라는 너희 안에 있느니라."

예수님이 결국 어떻게 대답하셨습니까? 하나님 나라는 볼 수 있게 임하는 것이 아니라고 하셨습니다. 그리고 '여기 있다 저기 있다고도' 말할 수 없는데 그 이유는 '하나님 나라'가 바로 너희 안에 있기 때문이라는 것입니다. 분명하고도 뚜렷하게 말씀해 주셨습니다. 그분이 메시아이기 때문입니다.

성경 복음서를 보면, 예수님이 선포하신 메시지 가운데 하나님 나라의 주제가 강조되지 않는 곳이 거의 없습니다. 예수님 메시지의 핵심 내용이 '하나님 나라'이기 때문입니다. 그런데 하나님 나라는 예수님이 이미 이 땅에 오심으로 말미암아 시작된 나라입니다. 누구나 누릴 수 있는 나라입니다. 제가 서두에 언급했던 '반쪽짜리 복음'이라는 극단적인 표현을 쓴 것은 이유가 있습니다. 그것은 전도자들이 예수를 모르는 자에게 복음을 전해서 구원 받게 하는 것에서 전도를 끝내서는 안 된다는 것입니다. 구원받은 그 사람들에게는 이 땅에서 시작된 '하나님 나라'를 누리게 해줘야 하는 것이지요. 그래야 이 땅에서 힘 있고 능력 있게 살아갈 수 있는 것 아닙니까? 이 땅은 공중권세 잡은 자가 좌지우지 하는 땅이고, 슬픔이 있는 땅이고, 낙망이 있는 땅이며, 아픔과 질병과 죽음이 있는 땅이기에 세상 사람들을 구원시켜 세상과 분리시켜 놓고 하나님 자녀라는 자격만 주어서는 안 됩니다. 그 힘든 세상을 이겨갈 수 있도록 해주어야 한다는 것입니다. 그것이 하나님 나라를 누리게 해주는 것입니다.

그런데 우리가 '하나님 나라'를 말할 때에는 반드시 구분지어 말할 필요가 있습니다. 많은 신자들이 '하나님 나라'를 이야기하면서 중요하다고 말하지만, 그 '하나님 나라'가 죽어서 가는 완벽한 나라를 의미하는 것인지, 아니면 이 땅에서도 누릴 수 있는 나라를 의미하는 것인지 분간을 못하는 경우가 있기 때문입니다. 물론 이 둘은 딱 갈라서 구분할 수 있는 것은 아닙니다. 이 땅에서 누리는 하나님 나라와 죽어서 갈 수 있는 하나님 나라는 연결이 되어 있습니다. 그러나 그것을 구분해서 설명하고자 하는 것은 '하나님 나라'라 하면 많은 사람들이 죽어서 가는 천국을 생각하기 때문입니다.

여러분! 하나님 나라, 즉 '천국'은 죽어서만 가는 나라가 아니라, 오늘 이 땅에서도 누릴 수 있는 나라입니다. '하나님 나라의 현재성'을 강조하는 것입니다. 그렇다면 왜 바리새인들은 죽어서 가는 하나님 나라를 갈망하는데, 반면에 예수님께서는 하나님 나라의 현재성을 이야기하고 있는 것일까요? 여기에 하나님 나라의 비밀이 담겨져 있습니다.

첫째, 하나님 나라는 볼 수 있게 임하는 나라가 아니기 때문입니다. 하나님 나라는 눈으로 볼 수 있는, 그리고 너희들이 생각하는 세트장처럼 완벽하게 내려오는 나라가 아니라는 것입니다. 적어도, 이 땅에서 누려지는 하나님 나라는, 꼭 눈으로 볼 수 있는, 그리고 우리가 생각하는 완벽한 하나님 나라가 아니라는 것입니다.

그리고 특정 장소에 있는 것만도 아닙니다. 여러분 절대로 현혹되지 마십시오. "여기에 하나님 나라가 있습니다. 저기에 하나님 나라가 있습니다."라고 외치는 사람들은 다 잘못된 사람들 입니다. 왜냐하면 몰라서 하는 소리이기도 하지만, 분명이 예수님은 '여기 있다 저기 있다' 하지 말라고 했기 때문입니다. 이것은 특정 장소에 하나님 나라가 있는 것이 아니라는 것입니다. 그렇다면 하나님의 나라는 어디 있는 것입니까? 예수님은 '하나님 나라'가 바로 '너희 안에 있다'고 말씀하십니다.

(2) 너희 안에 있는 나라입니다.

신약성경은 헬라어로 쓰여 졌는데, 헬라어 어원을 보면 "- 안에" 라는 말이 '엔토스'라는 단어로 사용되어졌습니다. 이 단어에는 두 가지의 의미가 있습니다. "among"과 "with in"의 의미지요. 첫 번째 'among'은 '~사이에 있다'는 것입니다. 하나님 나라는 '너희 사이에 있다'라는 것이지요. '하나님 나라'라고 했을 때 이 '나라'라는 말은 '바실레이아'라는 단어로 되어 있습니다. 이것은 눈에 보이는 건물을 의미하지 않습니다. 이 단어는 하나님의 주권과 통치를 의미합니다. 그렇다면 성경에서 '하나님 나라'를 지속적으로 말하고 있을 때 그 하나님 나라는 다름 아닌 하나님의 주권이 미치는 곳, 하나님의 통치가 미치는 곳을 의미한다고 볼 수 있습니다. 그러면 이 땅에서 누릴 수 있는 하나님 나라는 무엇입니까? 하나님의 주권 아래에, 통치 아래에 깊숙이 들어가서 느끼는 나라를 말합니다.

그렇다면 우리에게 그와 같은 개념의 하나님 나라만 있는 것일까요? 아닙니다. 죽음 이후에 경험할 수 있는 완벽한 하나님 나라도 있습니다. 실제적으로 눈으로 보고 듣고 만질 수 있는 나라가 있는 것이지요. 이것을 요한계시록이 가르쳐 주고 있지 않습니까? 그러나 그것은 우리가 죽음 이후 누릴 수 있는 것입니다. 그러나 이 땅에서 하나님의 나라를 지속적으로 누리다보면 더 깊이 하나님 나라 안으로 들어갈 수 있고, 죽음 이후 자연스럽게 성경이 말하는 하나님 준비하신 그 도성 안으로 들어갈 수 있는 것입니다. 그래서 지금 예수님께서 이야기하고 있는 것이지요. '하나님 나라는 볼 수 있는 것이 아니고, 또 여기 있다 저기 있다고 말할 수도 없는 것이야'라고 말이지요. 그리고 "하나님 나라는 너희 안에 있어"라고 말씀해 주시는 것입니다.

많은 분들이 예수님의 이 말씀을 두고 힘들어 하기도 합니다. 내 마음 안에는 '하나님 나라가 있어'라고 말할 수 있지만, 죄 밖에 드러나지 않는 내 모습을 볼 때면 참 힘들어지는 것입니다. 저희 교회에서는 1부 예배 때 한명씩 나와서 특송을 합니다. 그런데 언젠가 한 집사님이 특송을 하시는데 이런 가사를 고백을 했습니다. "보소서 주님. 나의 마음은 선한 것 하나 없습니다." 이 고백이 맘속에 깊이 다가왔습니다. 내 안에 선한 것이 없고 죄만 있다는 것입니다. 이처럼 많은 분들이 마음 안에 그 죄가 있다고 생각하는데 "하나님 나라가 너희 안에 있다"라고 하신 예수님의 말씀의 의미는 어떻게 적용되어질 수 있을까요? 도움이 될 만할 성경 한 구절을 찾아봅시다. 마태복음 12장 28절입니다.

"그러나 내가 하나님의 성령을 힘입어 귀신을 쫓아내는 것이면 하나님의 나라가 이미 너희에게 임하였느니라."

이 구절을 오해하시는 분들이 있습니다. 귀신이 쫓겨 나가야만 하나님 나라가 임한다는 것이지요. 그렇지 않습니다. 이 구절이 강조하는 것은 하나님의 성령의 주권입니다. 하나님의 주권 아래서 귀신이 쫓겨나갈 수 있습니다. 그러므로 하나님의 주권이 선포되어진 곳에 이미 하나님 나라가 임한 것입니다. 하나님의 주권이 선포되어지고 그 주권의 영향력이 미칠 때 귀신이 더 이상 발붙일 수 없음을 믿으십니까? 하나님의 주권과 통치가 있는 곳에 더 이상 슬픔이, 좌절이 없다는 것입니다. 귀신이 나간 것은 단편적인 예일 뿐입니다. 하나님 나라는 이미 하나님의 주권이 선포되어지는 그곳에 임했다는 것입니다. 이미 하나님 나라를 경험했다는 것입니다.

이 '나라'는 보이는 건물이 아니라 하나님의 임재가 있는 곳이며 하나님의 통치가 있는 곳입니다. 귀신과 슬픔과 절망은 떠나가고 기쁨과 평강과 생명의 정서만이 남는다는 것입니다. 예수님은 지금 바리새인들을 향해서 이와 같은 말씀을 하시고 계신 것입니다. "하나님 나라가 너희 안에 있다"라는 것입니다. 왜 그렇습니까? 예수님이 하신 이 말씀은 적어도 예수님을 중심으로 그 말을 물어본 바리새인들 여러 명이 들었을 것입니다. 그런데 '너희안에 있다'는 것은 곧 너희 사이에 있다는 것입니다. 왜 그렇습니까? 예수님 당신이 하나님의 주권자이시며 통치권자이시기 때문입니다. 예수님의 말씀은 곧 이런 것입니다. "지금 내가 너희들에게 이야기를 하고 있는데, 내가 하나님 나라의 주권이고 통치자이기에 이 이야기를 듣고 그것을 받아들이는 그곳에 하나님 나라가 있다"는 것입니다. 이것은 굉장히 중요한 의미입니다. 적용해 보자면, 예수님이 바리새인들 앞에 있고 그들 사이에 있다는 것입니다. 그리고 '내 말을 듣고 나를 따라오면 너희들은 하나님 나라 안에 있는 것과 같다'는 의미인 것이지요.

그렇다면 오늘날 우리가 이 땅을 살아가면서 하나님 나라를 경험한다는 것은 무엇을 하는 것일까요? 우리가 육신을 입고 이 땅에 계신 예수님을 만날 수는 없습니다. 그러므로 만져지고 볼 수 있는 예수님을 만날 수는 없어도, 하나님의 온전한 주권이시며 통치권이신 그 주님의 임재가 우리 가운데 경험되어져야 한다는 것입니다. 이것이 바로 하나님 나라가 '우리 가운데 경험되어지는 것'이고 '우리 가운데 임했다'라는 것입니다. 그래서 하나님 나라를 경험한다고 했을 때 그것은 바로 우리 안에서 경험하는 것입니다. 그러므로 "너희 안에 있다"는 주님의 말씀이 옳은 것입니다. "주님! 주님이 나에게 임재하셨습니다. 주님! 내가 너무나 감사해요." 이것이 바로 무엇을 말하는 것입니까? 우리 안에 하나님 나라가 경험되었다는 것입니다. 그래서 하나님 나라가 "우리 안에 있다"라고 했을 때, 이것은 그냥 우리 안에 있는 것이 아닙니다. 우리가 하나님의 통치하심과 주권 아래 있다는 것입니다. 찬송가 중에는 다음과 같은 가사도 있습니다.

"높은 산이 거친 들이 초막이나 궁궐이나 내 주 예수 모신 곳이 그 어디나 하늘나라 할렐루야 찬양하세 내 모든 죄 사함 받고 주 예수와 동행하니 그 어디나 하늘나라"

이미 하나님 나라를 경험했던 사람이 이 찬양을 지은 것이라 생각됩니다. 그런데 우리도 이 찬양을 부르면서 동의할 때가 있습니다. 언제입니까? 주님의 통치가 내 안에서 나를 지배할 때입니다. 제가 본 장의 제목을 '너희 안에 있는 하나님 나라'라고 붙인 이유가 있다면, '하나님 나라'를 말할 때에 예수 그리스도의 주권과 통치권을 강조하기 위함이었습니다. 무조건 우리 안에서 하나님 나라가 이루어지는 것이 아니라 그 영원한 주권자이신 통치권자이신 예수께 순종하고 그 예수님을 받아들이고 예수님과 함께 있을 때, 그 주권 안에 있을 때 우리 안에 진정한 '하나님 나라'가 경험되어지는 것입니다.

주님은 오늘 우리에게 다음과 같이 말씀하실 수 있습니다. '그렇게 힘들게 살지 않아도 돼!' 라고 말이지요. 그렇게 어렵게 살지 않아도 된다는 거예요. 이제 하나님 나라가 시작되었기에 회개하기 죄에서 돌이켜 그 예수 앞에 나와 그분의 통치권 아래 지배받기만 하면 누구나 하나님 나라를 경험하며 살 수 있다는 것입니다. 분명히 기억하십시오. 사망의 정서는 불안과 좌절과 낙망과 아픔과 고통입니다. 그러나 생명의 정서는 기쁨과 소망과 평안과 우리 맘속의 안정입니다. 우리가 주님의 임재 아래 있을 때 우리 안의 모든 사망의 정서는 생명의 정서로 바뀌어 질 수 있습니다.

성경을 읽으며 잘 이해되지 않았던 부분들 가운데 다음의 한 가지가 있었습니다. 그것은 예수님께서 제자들을 부르실 때 "나를 따라오너라. 내가 너희를 사람낚는 어부가 되게 하리라"고 말씀하셨는데, 그들이 벌떡 일어나서 예수님을 따라갔다는 것입니다. 마태는 세리였는데 얼마나 많은 사람들로부터 질타와 멸시를 받았겠습니까? 그런 사람도 어느날 예수께서 그 자리를 지나가시다가, "나를 따라오너라. 내가 너희를 사람 낚는 어부가 되게 하리라"고 했을 때 아무것도 묻지 않고 따랐습니다. 저는 이것을 도대체 어떻게 이해해야 할 지 고민되었습니다. 이해가 되십니까? 우린 보통 억지로 이해하기도 하지요. 또 고기 잡는데는 베테랑인 제자들이 밤새 고기를 잡는데 잡히지가 않습니다. 베테랑인데도 말입니다. 이 정도 되면 짜증나거든요. 무엇을 하는데 일도 안 되고 전혀 소득이 없을 때 말이지요. 그런데 전혀 낯선 사람이 와서는 "배 오른편에 그물을 던져봐라" 해서 던졌더니 고기가 가득 잡힌 것입니다. 어떻게 이해해야 할까요? 저는 이 부분이 하나님 나라를 깊게 묵상하면서 조금 이해되어졌습니다. 예수님! 바로 그분이 하나님의 주권자이시고 통치자이시기에 위의 사건들을 예수님께서 하나님의 주권을 선포하신 사건이고 통치권을 발휘하신 사건으로 이해한다면 누구든지 그 강력한 주권과 통치권 앞에서 굴복할 수밖에 없었을 것입니다.

예수님은 하나님 나라의 주권, 통치권을 가진 분입니다. 그분이 하나님 나라의 주권을 선포하실 때 인간이 감히 거부할 수 없었을 것입니다. 그리고 주권을 선포하신 그 곳에 순종이 있다면 그곳은 이미 하나님 나라가 이미 시작된 것입니다. 이것을 우리에게 적용하자면, 구원 받은 우리 안에 거주하시는 성령님의 음성에 순종하고 굴복한다면 하나님 나라가 임하고 누려지는 것입니다.

3. 마무리

우리가 교회에 출석하며 형식적으로 예배만 참석하고 봉사한다고 하나님 나라를 경험할 수 있는 것이 아닙니다. 하나님의 주권 아래, 그분의 통치권에 순복할 때 하나님 나라가 우리가운데 경험되어 질 수 있는 것이지요.

"너희 안에 하나님 나라가 있다"라는 말은 지금 예수 그리스도가 계신 그 주변, 그리고 그 예수 그리스도의 주권을 받아들이는 사람들 안에 하나님 나라가 있다는 것을 뜻합니다. 주님의 임재를 경험할 때 하나님 나라를 경험할 수 있는 것이지요. 이것을 경험한 사람은 하나님의 통치권과 주권이 얼마나 중요한 것인지 깨닫게 됩니다. 그리고 갈망합니다.

"주님! 나를 다스려 주옵소서! 주님! 나를 통치하여 주옵소서!" 구약성경에서도 "하나님이 그들을 다스리느니라!"는 구절이 얼마나 중요한지 아십니까? 왜냐하면 하나님이 그들을 다스린다는 것은 하나님의 주권 안으로 들어가는 것이기 때문입니다. 바로 그 안에서 하나님의 통치를 받게 되며 하나님 나라를 누리는 것입니다.

그러므로 하나님 나라를 경험하고 누리기 원한다면 다음과 같이 기도하십시오! "하나님, 나를 다스려 주옵소서! 나를 통치하여 주옵소서! 하나님의 주권이 내 삶 가운데 온전히 선포되어지고 순종하도록 도와주옵소서!" 이것을 날마다 경험하는 사람은 한 차원 더 깊은 주님의 임재와 나라를 경험하게 될 것입니다.

마무리를 위해서 다시 생각하고 토의할 문제들

1. 우리가 흔히 하나님 나라에 대해서 할 수 있는 오해들을 바리새인들이 가지고 있었습니다. 그들이 가지고 있었던 하나님 나라에 관한 오해는 무엇이었을까요? 혹시, 나는 이와 다르지만, 하나님 나라에 관한 오해를 가지고 있었습니까? 꺼내어 토의해 봅시다. 무엇이 잘못된 오해일까요?

   1) 바리새인들의 오해
      (1) 눈에 보이는 것과 관련하여 -
      (2) 특정한 장소와 관련하여 -
   2) 내가 가지고 있던 하나님 나라에 관한 오해

2. 예수님과 관계가 좋지 않았던 바리새인들이었지만 그들은 예수님께 하나님 나라에 관한 질문을 던졌습니다. 그들이 하나님 나라에 관하여 질문한 의도를 긍정적인 차원과 부정적인 차원에서 말해 보세요.

   1) 긍정적인 차원에서 -
   2) 부정적인 차원에서 -

3. 바리새인들의 질문에 답하신 내용에 나타난 하나님 나라의 특징은 무엇입니까?

4. '너희 안에 있는 하나님 나라'는 어떻게 설명할 수 있습니까? 무엇이 강조되고 있습니까?

chapter 05

5. 하나님 나라와 능력

◆주제를 풀어갈 성경본문 – 고린도전서 4:20

"하나님의 나라는 말에 있지 아니하고 오직 능력에 있음이라"

◆주제를 풀어 갈 글의 개요

1. 들어가면서 – 고린도 교회가 처한 공동체 안의 어려운 상황들
   1) 직분의 타락, 즉 교권화 되어짐.
   2) 경건의 능력 없는 말의 교만함.

2. 본론
   1) 고린도 교회가 처한 어려운 상황속에서 드러난 문제들은 무엇일까요?
      (1) 복음의 능력이 상실되었습니다.
      (2) 많은 말들이 생겨났습니다.
      (3) 공허함과 상처, 그리고 거짓 판이 되었습니다.
      (4) 능력을 나타내지 못하는 위선자들이 나타났습니다.

   2) '하나님 나라'라는 주제가 왜 고린도 교회 문제의 해결책이 됩니까?
      (1) 하나님의 주권과 통치가 고린도교회에 영향 끼쳐야 하기 때문입니다.
      (2) 고린도 교회의 가장 큰 문제는 하나님 나라를 누리지 못하는데 있었기 때문입니다.
      (3) 고린도 교회가 필요한 것이 '의와 평강과 희락'이라는 하나님 나라의 요소들이기 때문입니다.

   3) 하나님 나라가 능력에 있다는 것은 무엇을 의미합니까?
      (1) 말만 있고 능력이 없는 곳에는 하나님의 나라가 임재하지 않는 것

입니다.
(2) 하나님 나라는 하나님의 능력 드러나는 곳에서 경험되어지고 누릴 수 있는 실체라는 것입니다.
(3) 하나님 나라는 사람을 변화시키는 능력이 있다는 것입니다.

3. 마무리 – 요약과 적용

1. 들어가면서

우리가 신앙생활을 지속하다보면 생길 수 있는 여러 가지 문제들이 있습니다. 그 가운데 하나는 신앙의 연수가 오래되더라도 새롭게 시작한 사람들과 차이가 없을 수 있다는 것입니다. 혹시 여러분들은 신앙생활을 시작한지 몇 년이 되셨습니까? 1년, 혹은 3년, 5년 이상 되시는 분들도 계시고 모태신앙인 분들도 계실 겁니다. 그런데 1년 신앙생활을 하신 분과 5년 신앙생활을 하신 분 사이에 분명한 차이가 없을 수 있습니다. 적어도 10년 이상 예수를 믿었다면 무언가 달라야 되지 않겠습니까? 그런데 1년이 되었든지, 10년이 되었든지, 크게 다를 것이 없다는 점이 문제라는 것입니다.

우리가 처음 예수를 믿었을 때 놀라운 감격과 기쁨이 있었습니다. 그러나 어느덧 그것이 사라지고 정기적으로 교회만 출석하는 사람이 돼 버린 분들도 많이 계실 겁니다. 이는 누구나 경험할 수 있는 문제입니다. 한 번 더 주님 앞에 나와 예배를 드린다는 것, 이것이 은혜인데 예배를 통해 그 은혜를 경험하지 못한 것이지요. 예수님을 만나면 우리의 삶이 바뀌어져야 됩니다. 그리고 날이 갈수록 하나님의 창조하신 목적대로 변화되어져야 합니다. 만약 예배는 드리는데, 그리고 신앙의 행위는 있는데도 우리에게 변화가 없다면 이는 심각한 문제입니다. 그러나 더 중요한 것은 그것을 문제로 여기지 못하는 것이 더 큰 문제입니다.

고린도 교회가 처한 공동체안의 어려운 상황들

본문에 나타나 있는 고린도 교회에 바로 이와 같은 일들이 생겨나기 시작했습니다. 이 교회는 바울이 복음을 전해서 세운 교회입니다. 그런데 고린도 교회에도 그 공동체를 무너뜨릴 수 있는 어려운 상황들이 생겨난 것이지요. 그리고 그 어려운 상황들 때문에 많은 문제들이 발생하였습니다. 그래서 그 교회의 문제를 해결하기 위하여 바울이 쓴 글이 고린도서신서이고, 본문이 그 한 부분을 차지하고 있습니다. 왜 교회는 세워지기만 하면 문제가 생기는 것일까요? 물론 예수를 믿기 이전에 모두 죄인들이었고, 또 아직 성숙하지 못하였기에, 함께 모여 성장하는 과정에서 문제들이 생겨날 수 있지요. 그런데 고린도 교회가 가지고 있던 문제는 조금 달랐습니다. 고린도 교회의 문제는 교회가 연륜이 쌓여져 가면서 무언가 정체되어져 생긴 현상이었습니다. 교회가 시간이 흘러가면서 교회답지 못한 현상들이 일어나기 시작한 것이지요. 그것들이 구체적으로 무엇일까요?

1) 직분의 타락, 즉 교권화 되어짐.

교회가 정체되어 나타난 현상 중 첫 번째는 직분의 타락, 즉 교권화된 교회의 모습이었습니다. 바울이 세운 어느 교회도 마찬가지이겠지만, 고린도 교회는 바울이 목숨을 걸고 지켜온 교회였습니다. 왜냐하면 자신이 복음을 전해서 영혼을 살리고 목숨을 바쳐 세운 교회이기 때문입니다. 심각한 향락과 음란이 판치는 세속화된 고린도 도시에 복음을 전했더니, 그 복음에 반응하는 사람들이 모여들었고, 이제는 감격과 기쁨과 눈물 안에서 세상의 향락을 누리지 않기로 결단하고 세워진 교회가 고린도 교회였습니다. 그런데 이러한 고린도 교회도 시간이 지나가면서 교회답지 못한 상황들이 발생되어지기 시작했습니다. 가장 주목할만한 것은 직분의 문제였습니다. 직분이 타락하기 시작한 것입니다. 교권화되기 시작한 것이지요.

교회서 직분을 주는 이유가 무엇일까요? 직분은 벼슬이 아닙니다. 직분은 교회도 공동체이기에, 교회가 잘 운영되어지고 잘 진행되어져 갈 수 있도록 헌신할 기회를 주는 것이고 하나님 나라를 위해 봉사할 수 있는 기회를 주는 것입니다. 직분을 받을 때, 모두 다 '제가 하나님 나라를 위하여 한번 섬겨 보겠습니다!'라는 자발적인 마음으로 시작한 것 아닙니까? 그런데 시간이 지나면서 이 첫 마음이 많이 식어집니다.

고린도 교회도 마찬가지였습니다. 직분을 벼슬처럼, 계급처럼 생각하게 된 것입니다. 목사면 더욱 목사답게, 그리고 장로면 더욱 장로답게, 하나님을 더 깊게 만나고 그 안에서 하나님의 영적인 권위와 능력을 갖추어야 하지 않겠습니까? 다른 직분들도 모두 마찬가지입니다. 건강한 교회의 특징 중 하나는, 그 교회의 직분자들이 직분이 높을수록 더욱 섬김의 자리로 간다는 것입니다. 반면에, 건강하지 않은 교회의 특징 중 하나는 직분을 가지고 영혼들을 휘어잡는다는 것이지요. 이 직분은 결코 계급이 아니기에 직분자들은 영혼들을 섬기며 또한 영혼들을 사랑할 수 있어야 합니다. 그런데 점차 고린도교회는 그렇게 하지 못했습니다.

2) 경건의 능력 없는 말의 교만함.

고린도 교회가 가지고 있던 공동체를 무너뜨리는 또 다른 상황은, 경건의 능력은 사라지고 말이 많아졌다는 것입니다. 잠시 생각해 보십시오! 언제 말이 많아집니까? 왜 말이 많아질까요? 무엇인가 위급하거나 조급하고, 또 아무도 나를 인정해주지 않는다고 생각할 때 말이 많아지는 것 아니겠습니까? 믿는 것이 무너지고 지탱할 힘이 없을 때 말이 많아지기도 합니다. 그런데 고린도교회가 그러했습니다.

교회는 하나님의 능력 가운데 있는 공동체입니다. 이 공동체 안에 들어오면 진정으로 하나님의 능력이 그 공동체를 휘감고 있어야 합니다. 그래서 그곳에 있는 자마다 능력과 변화를 경험하고 하나님의 역사를 경험할 수 있어야 합니다. 그런데 교회가 경건의 능력을 잃어버리고 말이 많아지기 시작했다는 것은 그 자체가 심각한 문제입니다.

성경의 가르침 중에 하나는, 우리에게 어려운 일이 생겼을 때 먼저 사람을 찾아가지 말고 '가만히 있으라'는 것입니다. 하나님을 바라보라는 것이지요. "너희는 가만히 있어 주가 하나님 됨을 알지어다."라고 성경이 말씀하고 있습니다. 하나님과 동행하는 사람들의 특징 중 하나가 무엇인지 아십니까? 말이 앞장서지 않고 문제가 와도 먼저 하나님을 바라보며 흔들리지 않는다는 것입니다. 즉, 사람들이 나를 억울하게 취급한다고 하더라도, 내가 정당하게 대우받지 못한다고 할지라도, 내 마음속에 분노가 있고 이것을 사람들이 알아주지 않는다고 할지라도, 나를 알고 계시는 하나님을 온전히 신뢰하고 바라보는 자를 말합니다. 하나님이 나와 함께 하시면 모든 문제들이 해결되어지고, 또 이 세상을 이겨갈 힘이 그 안에서 나오기 때문입니다. 그는 세상에서 궁극적인 해결을 찾지 못한다는 것을 압니다.

그런데 이러한 것들이 느껴지지 않으니까 조바심이 생기는 것이지요. 그리고 성급함이 생겨서 자꾸 말부터 하게 되는 것입니다. 그것도 불평과 불안과 분노의 말들 말입니다. 이러한 말들은 공동체 안에 또 다른 사람들에게 상처를 주고 또 다른 문제를 일으킵니다. 이것이 고린도교회가 처한 어려운 상황이었습니다. 옛 속담 중 "사공이 많으면 배가 산으로 간다."고 하였습니다. 교회 역시 말이 많아지면 하나님의 인도하시는 방향대로 가지 못하는 것입니다.

2. 본론

1) 고린도 교회가 처한 어려운 상황 속에서 드러난 문제들은 무엇일까요?

(1) 복음의 능력이 상실되었습니다.

앞서 살펴본 내용들이 고린도교회가 처해 있던 어려운 상황들이었다고 한다면, 그 상황들 안에서 실제로 어떠한 심각한 문제들이 도출되었을까요? 먼저는 복음의 능력이 상실되어 갔습니다. 고린도 교회는 바울이 세운 교회이기에 처음부터 복음의 기초 위에 세워진 교회였으며, 적어도 복음의 능력을 경험하고 누려온 교회였습니다. 그러나 시간이 흐르며 그 복음의 능력이 상실되어 간 것입니다. 왜 그럴까요?

신앙의 연륜이 깊어질수록 하나님에 대한 더 깊이 있는 앎과 능력이 경험되어져야 합니다. 그러나 고린도 교회는 신앙과 연륜과는 반비례적으로 하나님을 만나고 회복되어지는 일들이 더디어져 갔습니다. 이때 교회 안에서 가장 먼저 생겨날 수 있는 문제가 바로 '복음의 능력'의 상실입니다. 복음을 한 마디로 말씀드리면 예수 그리스도이십니다. 우리가 예수를 구주와 주님으로 영접했을 때 예수를 만난 기쁨 때문에 눈물이 있었고, 예수를 만난 그 기쁨과 감동때문에 그 경험을 기반으로 교회가 생겨난 것 아닙니까? 고린도 교회가 그렇게 세워졌습니다. 그런데 시간이 지남에 따라 교회의 성장과 조직을 위하여 어느덧 프로그램이 도입되어지고 조직이 갖추어지고 행정이 갖추어 집니다. 그런데 이러한 과정중에 사라져 가는 것이 있습니다. 예수님이 사라져 가는 것입니다. 이것은 고린도 교회만의 문제가 아니라 오늘날 한국 교회와 세계 교회의 가장 심각한 문제라 할 수 있습니다.

올해 초 미국 교회의 목사님들이 팀을 이루어 한국교회를 방문하셨다고 합니다. 그런데 미국으로 돌아가시기 전, 기자회견을 통하여 한국 교회를 향하여 쓴 소리를 한마디 하셨다는 기사를 기독교 잡지에서 읽어 보았습니다. 그런데 그 쓴 소리는 현재 한국 교회가 가지고 있는 가장 큰 치부였으며, 또 가장 적나라한 현재모습이었습니다. 그 말의 핵심은 다음과 같습니다. "한국교회도 유럽교회처럼 쇠퇴할 것입니다. 왜냐하면 강단에서 더 이상 예수그리스도가 선포되지 않기 때문입니다."라고 말이지요. 교회 안에 다양한 프로그램도 있고, 여러 가지 치유과정도 있으며, 훈련방법들도 있지만 예수가 사라져가고 있다는 것입니다. 그것이 가장 큰 문제라는 것입니다. 그런데 고린도 교회가 그러한 심각한 문제를 앓고 있었던 것입니다. 즉, 고린도 교회가 가지고 있던 가장 큰 문제는 바로 예수 때문에 생명을 얻었고, 구원을 누리고 소망이 있고 기쁨이 있었는데, 그 예수에 대한 열정과 사랑이 사라져 가는 것이었습니다.

(2) 많은 말들이 생겨났습니다.

고린도 교회 가운데 예수가 사라져 가면서 그 자리를 대신한 것이 있었습니다. 그것이 바로 '말'이었습니다. 넘쳐나는 말들 즉, 교회 안에 말이 많아지게 된 것이지요. 말들이 많아질 때 우리는 조심해야 합니다.

이것은 기질과도 상관이 있지만, 여기서는 일반적인 것을 뜻합니다. 원래부터 말이 많은 분들은 할 수 없지요. 중요한 것은 예수가 없는 말, 그 말은 모두 능력이 없는 공수표가 될 수 있다는 것입니다. 고린도 교회가 처한 위기가 여기에 있는 것입니다.

    제가 전도를 할 때 느끼는 것이 있습니다. 제가 초인종을 눌러서 "저 교회에서 왔는데요." 하면 세상 사람들은 주로 심한 거부반응을 보입니다. 왜일까요? 세상 사람들의 뇌리에 꽉 박혀 있는 것 하나가 있기 때문입니다. 가슴 아프지만, 교회에 다니는 사람들은 말이 너무나 많다는 것입니다. 여기서 전도의 원리를 한 가지 말씀드리면, 전도는 상대방의 심리를 잘 활용할 수 있어야 효과적으로 할 수 있습니다. 일반적으로 사람들은 상대방의 말을 들어주기보다는 자신의 말을 더 하기 원하잖아요. 그렇기에 전도자들은 먼저 상대방의 말을 들어주는 훈련을 해야 합니다. 그 때 공감대가 형성되고, 또 나에게도 말할 기회가 생기는 것이지요. 이것이 인격적인 전도이고 효율적인 전도입니다. 물론 "예수천당 불신지옥"만을 외쳐도 영혼이 돌아오기는 하지만, 그 정도로 외쳐서 영혼들이 돌아오기 위해서는 왜 예수가 천당이고 불신이 왜 지옥인지 확실한 경험이 나에게 있어져야 그 말에 능력이 나타날 수 있습니다. 중요한 것은 고린도 교회 안에 이와 같은 복음의 능력이 사라지며 넘쳐흐르는 '말' 들로 가득 차게 되었다는 겁니다.

(3) 공허함과 상처, 그리고 거짓 판이 되었습니다.

    또 하나의 특징은 교회 안에 공허함과 상처, 거짓이 판치기 시작했다는 것입니다. 여기에서 주목해야 할 것은, 중요한 한 가지가 빠지고 나니 나머지 것들이 우르르 모여들었는데, 그 모여든 것이 바로 이 한 가지 때문에 생겨났다는 것입니다. 그 중요한 한 가지가 경건의 능력이라는 것입니다. 경건의 능력이 사라지니까 나머지 것들이 벌떼처럼 모여들기 시작한 것입니다. 말이 많아지고, 복음의 능력이 상실되고, 공허함과 상실감 그리고 거짓이 판치게 된 것이지요. 하나님의 임재가 없을 때, 성도들의 마음은 반드시 공허해지게 되어 있습니다. 그리고 그 공허함 때문에 공동체는 서로를 상처입히는 결과도 생겨납니다. 말 많음과 함께 거짓 판이 되어가는 것입니다.

(4) 능력을 나타내지 못하는 위선자들이 나타났습니다.

마지막으로, 서서히 교회를 다니는 사람들이 위선자들로 변하기 시작한 것입니다. 우리 주변에서 이와 비슷한 일들을 많이 보지 않으십니까? 인터넷을 보니 기독교를 심각하게 비난하고, 예수 믿는 자들을 '위선자'라고 하는 말들이 많습니다. 저는 이 부분이 '어느 정도 옳다'라고 생각합니다. 예수를 믿고 구원받은 사람 안에는 감동이 있고 감격이 있고 소망이 있었습니다. 그런데 그 예수에 관한 능력이 내 안에서 사라져 갈 때, 그 마음의 공허함을 채우고자 할 때, 말이 많아지고, 그 말 많아짐은 항상 공수표의 결과를 낳는 것입니다. 그러다 보니 결국 거짓이 판치게 되는 것 아닙니까? 그러한 과정 가운데 나 역시 서서히 위선자가 되고 마는 것이지요.

본문을 묵상하실 때, 고린도전서 4장 1절부터 쭉 읽어보십시오. 여기에서 고린도 교회 성도들이 바울에 관해서 말하고 있는 부분을 볼 수 있는데, 그들은 바울이 이제 다시는 우리 교회에 오지 않을 것이고, 그가 진짜 선지자인지 의심스럽다는 이야기를 포함하여 무수히 많은 말들을 쏟아내고 있습니다. 실제로 고린도 교회는 바울의 헌신 때문에, 그의 수 고와 복음에 대한 열정 때문에, 교회가 세워져 성장해 오지 않았습니까? 그런데 어느 한 순간 말들이 바뀌기 시작한 것입니다. 그리고 근거 없는 말들이 판치기 시작하면서 위선자들이 생겨나기 시작한 것이지요. 여러분, 거짓선지자라고해서 본인의 얼굴에 써 놓고 다니는 사람은 없습니다. 그래서 반드시 분별이 필요합니다. 거짓 선지자들이란, 처음에는 근거 없는 말들을 해대며 그 말이 사실인 것처럼 그것으로 사람들을 설득시키는 자들입니다. 그러한 자들이 점차 시간이 지나며 거짓 선지자가 되어가는 것이지요. 이것이 고린도 교회의 심각한 문제 중 하나였습니다.

2) '하나님 나라'라는 주제가 왜 고린도 교회 문제의 해결책이 됩니까?

(1) 하나님의 주권과 통치가 고린도교회에 영향 끼쳐야 하기 때문입니다.

이와 같은 고린도교회의 문제들을 보면서 바울의 마음은 얼마나 아팠을까요? 바울의 심정은 얼마나 안타까웠을까요? 바울은 아프고 안타까운 마음 안에서 고린도 교회의 문제를 해결하기 위해 구체적으로 글을 써 내려가다가, 4장 20절의 말씀을 통해 문제 해결을 위한 큰 지침을 넌져 주었습니다. 4장 20절 말씀을 봅시다.

"하나님의 나라는 말에 있지 아니하고 오직 능력에 있음이라"

바울은 고린도 교회의 모든 문제들을 들어 알고 있었습니다. 이제는 그 문제들을 하나씩 해결해 주어야 합니다. 그런데 바울은 하나의 지침 안에서 이 모든 문제들의 궁극적인 해결을 말하고 있습니다. 즉, 고린도 교회 교인들이 더 이상 거짓말을 하지 않고, 위선자가 되지 않기 위해서, 또 그들 안에 있는 공허감을 해소하고 상처를 치유하기 위해서 구체적인 지침을 주어야 하는데, 그 모든 문제들의 해결지침을 한마디로 표현한 것입니다. 이상하지 않습니까? 갑자기 하나님 나라라는 주제가 나온 것도 낯설지만, 한마디로 너희의 문제는 하나님의 능력을 경험하지 못하는 데 있다고 확신있게 주장하고 있는 부분도 쉽게 알 수 없는 부분입니다. 그러나 바울이 이렇게 확실하게 말하는 데에는, 그가 현재 고린도 교회의 문제를 정확히 파악하고 있으며, 또 그 문제에 관한 확실한 해결을 가지고 있다는 것을 나타내 줍니다. 이것이 정답이라고 확신하고 있는 것이지요. 그것이 바로 '하나님 나라'의 경험이라는 것입니다. 그리고 그 하나님 나라는 하나님의 주권과 통치 안에서 하나님의 능력이 나타날 때 경험할 수 있다는 것이라는 것입니다.

　우리는 종종 다음과 같은 찬양을 부르며 은혜를 경험합니다. "예수로 나의 구주삼고 성령과 피로서 거듭나니, 이 세상에서 내 영혼이 하늘의 영광 누리도다." 다 아시는 찬양이지요? 우리가 잘 불렀던 찬양입니다. 이 찬양의 가사가 무엇을 말하고 있습니까? 예수를 나의 구주로 삼고 성령과 피로서 거듭난 하나님의 사람들은 바로 그 순간부터 하늘의 영광을 이 땅에서도 누릴 수 있다는 것입니다. 하나님의 나라는 미래적인 것이나 종말론적인 것만이 아니라는 것입니다. 하나님 나라는 예수를 믿고 구원받은 다음, 현재 이 순간에도 누릴 수 있는 '나라'라는 것이지요. 그러면 그 '누린다'는 것이 무엇을 의미할까요? 하나님의 주권이 있는 곳 통치가 있는 곳에 내가 거하는 것을 말합니다. 지금 고린도 교회는 이것이 필요하다고 바울은 판단했습니다.

(2) 고린도 교회의 가장 큰 문제는 하나님 나라를 누리지 못하는데 있었기 때문입니다.

이상에서 볼 때, 바울이 파악한 고린도 교회의 가장 큰 문제는 무엇이었습니까? 신앙의 연륜이 깊어지면서, 예수를 믿는 연도가 늘어나면서도 더 깊게 하나님을 만나지 못하고 그 능력을 경험하지 못하는데 문제가 있었던 것입니다.

하나님 나라를 누리기 위해서 하나님의 통치와 주권 안에 들어가야 하는데 결국 하나님의 주권과 통치를 경험하지 못하는데서 모든 문제가 발생하게 된 것입니다. 바울은, "고린도 교회 성도들아! 너희 교회가 그 도시에 세워진 데에는 하나님의 뜻과 계획이 있는데, 왜 도시 안에서 세속과 음란 가운데 점점 젖어드느냐! 깨어서 하나님의 통치 안으로, 주권 안으로 돌아오라!"고 외치고 있는 것입니다. 교회는 직분의 타락으로 교권화되기 시작했고, 경건의 능력은 사라져 말의 교만함만 난무하는 그곳에는 더 이상 하나님의 임재가 없었던 것입니다. 오히려 그곳은 복음의 능력이 상실되었으며, 하나님의 임재가 있어야 할 곳에 공허한 말과 거짓이 대신 채워지고 위선자로 채워진 것이지요. 하나님의 교회에, 하나님의 성도들에게, 하나님의 통치와 주권이 영향을 끼치지 못하고 있다는 것입니다. 그렇기에 바울이 간절히 외친 것입니다.

"하나님의 나라는 말에 있지 아니하고 오직 능력에 있음이라"

한번 생각해 보십시오! 우리가 예수를 믿었습니다. 우리가 영접기도 할 때도 예수님이 내 삶의 구주와 주님이 되어 주실 것을 믿음으로 고백했습니다. 그렇다면 '구주'란 무엇입니까? 나를 이 어려운 상황에서 구원해 주실 분이라는 뜻입니다. '주님'이란 무슨 뜻입니까? 이제 내 삶의 주인 되셔서 내 삶을 끝까지 끌어가실 분이라는 고백입니다. 우리가 구원 받았을 때 분명히 이처럼 고백했는데, 우리의 삶이 따라가지 못하면 고린도 교회처럼 되어버립니다. 결국 고린도 교회는 초심을 잃어버리고, 자신의 삶을 온전히 하나님의 통치 아래 맡겨드리지 못한 데에서 기인한 문제입니다. 이것이 고린도교회의 가장 본질적인 문제였다는 것입니다. 그러므로 그들의 삶 속에서 하나님 나라를 누려지지 못했을 것입니다.

(3) 고린도 교회가 필요한 것이 '의와 평강과 희락'이라는 하나님 나라의 요소들이기 때문입니다.

그렇다면 구체적으로 고린도 교회가 이 땅에서 하나님의 나라를 누릴 수 없다는 것은 무엇을 뜻합니까? 그것은 그들의 삶 속에서 더 이상 '의와 평강과 희락'을 누리지 못했다는 것을 뜻합니다. 이미 앞 장에서 살펴보았지만, 여기서 '의'는 하나님과의 올바른 관계를 통하여 그분을 닮아가는 삶을 뜻합니다. 그렇지 못하다면, 고린도 교회의 경우처럼, 온전했던 하나님과의 관계가 결국 허물어지게 되지요. '평강'은 하나님과의 올바른 관계를 통하여 얻어지는 내적인 표징이라 할 수 있습니다. 그런데 하나님과의 관계가 허물어지면서 고린도 교회 성도들은 결국 이 평강 역시 더 이상 누릴 수 없게 되어버린 것이지요. '희락'은 '하나님과 평강' 즉, 내적인 표징이 지속적으로 유지될 때에 자연스럽게 드러나는 외적인 표징이라 할 수 있습니다. 하나님과의 올바른 관계가 무너진 고린도교회 성도들은 결국 이 모든 것을 놓쳐버리게 된 것입니다.

결국 교회가 올바른 교회로 성장하기 위해서는 하나님이 원하시는 방향대로 민감하게 반응할 수 있어야 합니다. 그래서 날마다 하나님과 올바른 관계가 유지되고 지속되어져야 합니다. 그런데 그 하나님의 나라는 '말'에 있지 않습니다. 하나님의 나라는 우리의 생각에 있지 않다는 겁니다. 내가 단순히 성경의 지식을 깨닫는 데 있지 않고, 내가 이제까지 오랫동안 신앙생활 해왔기 때문에 단순히 다른 사람들을 가르치는 것에만 있지 않다는 것입니다.

3) 하나님 나라가 능력에 있다는 것은 무엇을 의미합니까?

(1) 말만 있고 능력이 없는 곳에는 하나님 나라가 임재하지 않는 것입니다.

바울은 자신도 사람이기 때문에, 우리 안에 있는 연약함과 죄들로 날마다 하나님의 임재에 사로잡히지 못할 수도 있다는 것을 알고 있을 것입니다. 그러나 바울은 복음을 전하며 난관에 부딪힐 때 마다, 그 복음의 근본이 되시는 예수 그리스도를 붙잡았고, 그때마다 주님이 임재하시는 능력을 자신의 삶 속에서 지속적으로 체험한 사람이었습니다. 그가 선포한 말씀은 하나님의 임재 속에서 경험되어진 말로써 많은 사람들에게 능력있게 선포되었습니다. 내가 성령 안에서 먼저 체험한 말씀이기에 선포되어지는 곳에 하나님의 능력이 나타난 것이지요.

그런데 우리 주변을 보면, 꼭 목사가 아니더라고 세상적으로 강연을 잘하는 사람들이 많습니다. 그 사람들은 말을 참 잘합니다. 지식도 풍부하지요. 꼭 성령의 능력과 관계가 없어도 사람을 휘어잡는 능력이 있고 영향도 크게 끼칩니다. 세상적인 사람이기에 하나님 나라와는 상관이 없는데도 말입니다. 그래서 성경은, "육체의 연습은 약간의 유익이 있다"라고 했습니다. 육체의 연습도 유익이 있다는 것입니다. 그들은 육체의 연습을 통하여 사람들에게 영향을 끼치고 사람들을 휘어잡는 것입니다.

그런데 교회에도 이와 같은 사람들이 있습니다. 즉, 말씀을 많이 전하시는 목사님들이 아마도 이와 비슷한 경험들을 많이 하셨을 것입니다. 어떤 목사님은 참 말씀은 잘 전합니다. 사람들에게 인기도 있습니다. 그러나 성령의 능력 가운데 말씀을 하시는 것인지에 대해서는 고개를 갸우뚱거릴 수 있습니다. 그 말씀을 듣는 사람들에게 변화가 없고, 어떠한 영향력도 없기 때문입니다. 재미는 있는데, 유익하기도 한데, 성령의 능력 가운데 있어지는 일인가?에 대해서는 혼란스러울 때가 있는 것입니다. 그러므로 말씀을 많이 전하시는 목사님들은 자신들이 착각하지 말아야 합니다. 이것은 꼭 목사님들만이 아니라, 교회 안에서 말을 많이 하는 모든 분들에게 해당되는 말입니다. 청중들이 좋아한다고, 인기가 있다고 다 성령의 능력 안에서 말해지는 것이 아닐 수 있다는 것을 알아야 합니다. 그러므로 민감하게 자신을 하나님 앞에 놓고 살펴야 합니다. 기도하지 않았어도, 그리고 하나님과 깊은 교제가 없었어도 설교를 잘할 수 있고, 또 사람들의 관심을 끌 수 있기 때문입니다. 왜냐하면 지금까지 설교하면서 투자한 시간과 노력이 있잖아요! 이것이 '육체의 연습'이 된 것이지요. 그러므로 때가 되면 하나님의 임재가 없어도, 일반적인 수준에서 사람들을 이해시키고 사람들을 감동시킬 수도 있다는 것입니다. 하지만 그 말씀을 전하는 본인은 알고 있습니다. 말씀을 전하는 그 순간에 성령의 '임재가 없다'라는 것을요. 이것은 굉장히 중요한 사실입니다. 그래서 바울이 말보다는 능력 안에 하나님 나라가 있다고 하는 것입니다. 아무리 좋은 말을 하더라도, 설령 하나님 말씀을 전한다고 할지라도, 그 말 안에 능력이 나타나지 않기 때문입니다.

바울이 이 사실을 분명히 알았습니다. 말만 있고 능력이 드러나지 않는 곳에는 하나님 나라가 임하지 않는다는 것입니다. 그러므로 우리는 이 부분을 중요하게 명심해야 합니다. 내가 주일학교 교사이기에 공과공부 책을 가져와서 그냥 전할 수도 있지요. 그러나 내가 전한 그 말에 능력이 없을 때, 그때를 위급한 순간이라고 생각해야 합니다. 내 힘과 내 능력으로 말하고 있는 것이기 때문입니다. 그렇다면 하나님의 '능력'은 무엇입니까? 그것은 사람을 변화시키는 것, 죄 용서가 있는 것, 감동이 있고 눈물이 있는 것입니다. 내가 예수를 말할 때, 내 아이를 품고 기도할 때, 눈물이 있고 감동이 있고 평안이 있어야 된다는 것입니다. 그것 없이 말만 계속하게 될 때에는 그 말 때문에 공동체가 무너져 가고 사람들이 상처를 받고 공허해져 갑니다. 그래서 바울사도가 말 때문에 문제에 처한 고린도교회를 향해 말하는 것입니다. "하나님의 나라는 말에 있지 아니하고 능력에 있습니다."

(2) 하나님 나라는 하나님의 능력 드러나는 곳에서 경험되어지고 누릴 수 있는 실체라는 것입니다.

이 책에서 지속적으로 외치고 있는 하나님 나라는 하나님의 주권을 뜻합니다. 하나님의 통치를 뜻합니다. 그 하나님의 주권과 통치가 있는 영역이 모두 하나님의 나라인 것이지요. 그 하나님은 전능한 분이십니다. 능력이 있는 분이십니다. 그래서 능력 있는 하나님의 통치 아래 들어가면 반드시 그 능력을 경험하게 되어 있습니다. 그런데 말은 하나님의 주권을 이야기하고 하나님의 통치를 말하지만, 내 삶이 그 능력 안에 들어가 그 능력을 경험하지 못하면 말 뿐일 수밖에 없다는 것입니다. 그래서 결국 공수표의 말들이 생겨나고, 과장된 말들이 생겨나며, 삶이 따라가지 못한 말들이 생겨나서 교회를 교회답게 만들지 못합니다.

결국 그 하나님 나라의 능력은 우리 성도들 삶 가운데 반드시 경험되어져야 합니다. 우리들의 마음이 공허하고 아프고 힘들고 거짓이 판치고 위선되었다라고 한다면, 그 모든 문제들은 바로 우리들의 삶 속에서 하나님의 능력을 경험하지 못했기 때문입니다.

하나님 나라를 경험하고 있다는 증거가 무엇입니까? 그 대표적인 것이 바로 능력입니다. 그 능력을 경험할 때 내가 그 하나님 나라를 경험하고 있다는 증거가 되는 것이지요. 내 삶을 통해 하나님 나라가 실제적으로 경험되는 것입니다. 이것은 굉장히 중요한 증표입니다. 물론 하나님 나라가 우리가운데 임할 때 나타나는 여러 가지 증표가 있겠지만, 바울 사도는 가장 중요한 증표로 '능력'을 말하고 있는 것입니다. 그러므로 우리의 삶에서 예수를 말한 만큼, 그 능력이 나타날 수 있기를 기도합시다.

(3) 하나님 나라는 사람을 변화시키는 능력이 있다는 것입니다.

그러나 한 가지 부탁할 것이 있습니다. 그것은 하나님의 임재의 증거가 곧 '능력'이라고 해서 우리의 삶과 사역이 능력 지상주의로 흘러가서는 안 된다는 것입니다. 하나님의 능력이라는 것은 사람이 쓰러지고 방언이 터져야만 되는 것이 아닙니다. 그 모든 것을 아울러 감동이 있고 눈물의 회개가 있으며, 삶의 변화가 뒤따를 때 이 모든 것을 능력의 결과라 볼 수 있는 것입니다.

사람을 변화시키는 것보다 더 큰 능력은 없습니다. 사람의 마음에 눈물과 감동이 느껴지고, 기쁨과 평안이 누려지는 것만큼 놀라운 변화가 어디에 있겠습니까? 더 나아가 그 사람 안에 소망이 생기는 것 그 자체가 능력입니다. 그러므로 우리의 삶을 돌이켜 봅시다! 나에게는 고린도 교회와 같은 모습들이 없는지, 나에게도 이런 교권화 된 삶의 영역들이 없었는지 돌아보십시오. 그리고 경건의 능력이 사라져 말이 난무하는 모습들은 없었는지, 그래서 거짓이 판치고 위선이 판치는 그런 모습들이 내 안에 없었는지 한번 돌아보십시오. 왜 예수를 믿는 년수가 1년, 2년, 3년, 5년이 지나는데도 더 큰 하나님의 임재, 하나님 나라가 경험되어지지 못하는 것입니까?

3. 마무리

'하나님의 나라는 말에 있지 아니하고 능력에 있다'는 말씀이 우리의 신앙에 큰 지침이 되었으면 좋겠습니다. 말만 하지 맙시다. 말이 중요하지 않다는 것이 아닙니다. 말을 할 때 그 말에 능력이 있느냐 없느냐가 지침이 되어야 한다는 것입니다. 말은 많고, 행위는 많은데, 무언가 사람을 변화시킬 수 있는 능력이 드러나지 않는다고 한다면, 나는 바리새인과 같은 사람들일 것입니다.

오늘날 교회의 가장 큰 문제점이 여기에 있다고 생각합니다. 진정으로 내 삶 안에 하나님의 능력이 있는가 보시기 바랍니다. 이 능력은 커다란 결과를 보여주는 것만이 능력이 아닙니다. 사람을 변화시킬 수 있는 것이 가장 큰 능력입니다. 내 안에 기쁨과 평안이, 회개와 소망이 있는지 보십시오. 이러한 것들이 있을 때, 나는 하나님의 통치 아래 있는 자들입니다. 이것들은 생명 안에 포함되어 있는 요소들로서 하나님께 속해 있을 때 깊이 경험되어지는 것들이기 때문에 그렇습니다. 바울은 4장 21절에서 다음과 같이 말합니다.

"너희가 무엇을 원하느냐 내가 매를 가지고 너희에게 나아가랴 사랑과 온유한 마음으로 나아가랴"

왜 바울이 왜 '20절' 뒤에 이 말씀을 기록하고 있을까요? 너희가 무엇을 원하느냐? 내가 매를 가지고 나아가랴 사랑과 온유함으로 나아가랴? 이 말씀이 무슨 뜻입니까? 하나님 나라가 너희 안에 경험되지 위해서라면 나는 매를 가지고 나아갈 수도 있고 사랑과 온유함을 가지고 나아갈 수도 있는 것입니다. 매를 가지고 나아간다고 했을 때는 바울 안에 부담감이 있었을 것입니다. 그러나 설령 부담감이 있다고 할지라도, 매를 때려서라도 너희들이 그 하나님의 나라를 경험할 수 있다면 내가 매를 가지고 나아가겠다는 것이지요. 만약 너희들이 사랑과 온유 안에서 하나님 나라를 경험할 수 있다면 내가 그 사랑과 온유함을 가지고 나아가겠다는 것입니다.

무엇을 원하느냐? 원하는 대로 해줄 수 있다는 것이지요. 바울의 이러한 태도 속에서 우리가 결론적으로 우리 자신을 다시 한 번 돌아봅시다. 정말 말이 난무하는 이 세상 속에서 나도 말만 하는 신앙인이 된 것은 아닙니까? 지난 한 주간을 살아가면서 과연 하나님의 능력을 얼마나 경험해 보셨습니까? 지난 한 주간을 살아가면서 하나님 때문에, 예수님 때문에 얼마나 많이 울어 보셨습니까? 아니 울지는 않아도 눈물지어 본 적은 있으십니까? 감동이 있으셨습니까? 기쁨과 소망이 있으셨습니까? 그렇지 못했다라고 한다면, 나는 고린도 교회의 교인들처럼 교권화 되어가는 사람일 수 있음을 기억하십시오.

계속 강조하고 싶습니다. 한 번 더 하나님 앞에 나왔을 때, 한 번 더 하나님을 만났을 때 우리의 삶은 변화되어져야 합니다. 왜냐하면 하나님은 능력의 하나님이시기 때문입니다. 그 하나님은 우리를 창조하신 분이시기 때문입니다. 하나님을 만나며 진정한 변화가, 그 능력의 경험이 우리에게 있기를 소원합니다.

마무리를 위해서 다시 생각하고 토의할 문제들

1. 신앙의 년 수가 늘어나며, 고린도 교회가 처하게 된 어려운 상황들은 어떠한 것들이 있었나요? 다음의 주제들을 가지고 토론해 보시오. 또 나에게는 그러한 경우가 없었습니까?
   1) 교권화
   2) 경건의 능력이 없는 말의 교만함

2. 위와 같은 상황 때문에 고린도 교회에서 생겨난 문제들을 다음과 같습니다. 왜 다음과 같은 문제들이 생겨났을까요? 토의해 봅시다.
   1) 복음의 능력의 상실
   2) 많은 말들이 난무함.
   3) 공허함과 상처, 그리고 거짓 판.
   4) 능력을 나타내지 못하는 위선자들의 출현

3. 바울이 이와 같은 고린도 교회의 문제의 핵심이 어디에 있다고 생각했습니까?

4. 그 이유를 구체적으로 설명해 보시오.

5. 하나님 나라가 능력에 있다는 것은 무엇을 강조하고 있는 말일까요? 토의해 보시오.

6. 말을 많이 하는 교회 안의 직분 자들이 바울의 권고에 비추어 꼭 주의해야 할 부분은 무엇입니까? 왜 그렇습니까? 토의해 보시오.

7. 고린도전서 4장 21절의 말씀을 20절과 연관시켜 볼때 나타나는 바울의 간절한 마음은 어떠한 것이었을까요?

chapter 06

6. 하나님 나라와 영적전쟁

◆ 주제를 풀어갈 성경본문 – 마태복음 12:22~33

"그 때에 귀신 들려 눈멀고 말 못하는 사람을 데리고 왔거늘 예수께서 고쳐 주시매 그 말 못하는 사람이 말하며 보게 된지라 무리가 다 놀라 이르되 이는 다윗의 자손이 아니냐 하니 바리새인들은 듣고 이르되 이가 귀신의 왕 바알세불을 힘입지 않고는 귀신을 쫓아내지 못하느니라 하거늘 예수께서 그들의 생각을 아시고 이르시되 스스로 분쟁하는 나라마다 황폐하여질 것이요 스스로 분쟁하는 동네나 집마다 서지 못하리라 만일 사탄이 사탄을 쫓아내면 스스로 분쟁하는 것이니 그리하고야 어떻게 그의 나라가 서겠느냐 또 내가 바알세불을 힘입어 귀신을 쫓아내면 너희의 아들들은 누구를 힘입어 쫓아내느냐 그러므로 그들이 너희의 재판관이 되리라 그러나 내가 하나님의 성령을 힘입어 귀신을 쫓아내는 것이면 하나님의 나라가 이미 너희에게 임하였느니라 사람이 먼저 강한 자를 결박하지 않고서야 어떻게 그 강한 자의 집에 들어가 그 세간을 강탈하겠느냐 결박한 후에야 그 집을 강탈하리라 나와 함께 아니하는 자는 나를 반대하는 자요 나와 함께 모으지 아니하는 자는 헤치는 자니라 그러므로 내가 너희에게 이르노니 사람에 대한 모든 죄와 모독은 사하심을 얻되 성령을 모독하는 것은 사하심을 얻지 못하겠고 또 누구든지 말로 인자를 거역하면 사하심을 얻되 누구든지 말로 성령을 거역하면 이 세상과 오는 세상에서도 사하심을 얻지 못하리라 나무도 좋고 열매도 좋다 하든지 나무도 좋지 않고 열매도 좋지 않다 하든지 하라 그 열매로 나무를 아느니라"

◆ 주제를 풀어 갈 글의 개요

1. 들어가면서 – 본문의 정황과 배경
2. 본론

   1) 하나님 나라의 현재성 – 지금 바로 경험할 수 있는 하나님 나라는 어디에 있습니까?
      (1) 하나님의 통치가 현재 미치는 곳, 그 곳에 하나님 나라가 있습니다.
      (2) 현재적 하나님 나라는 성령의 도우심으로 그 능력과 역사가 일어나는 곳에 있습니다.

   2) 하나님 나라에 대한 반응들 – 예수님의 사역에 관한 반응들은 어떠했나요?
      (1) 다윗의 자손으로서 메시아임을 칭송하는 무리들이 있었습니다(23절).
      (2) 사단의 도움으로 귀신을 쫓아냈다고 의심하는 바리새인들이 있었습니다(24절).

   3) 하나님 나라와 반대되는 개념의 사단의 나라는 어떤 나라입니까?
      (1) 사단의 나라는 실존하며 분란과 분열이 있는 허약한 나라가 아닙니다(25-26절).
      (2) 사단은 강한 존재이며, 이미 일정한 영역에서 통치하고 있는 세력입니다(29절).

   4) 하나님 나라와 영적전쟁 – 왜 하나님 나라를 위해 영적전쟁이 필요할까요?
      (1) 성령의 힘을 의지하여 기존의 통치세력을 쫓아내야 하기 때문입니다(28절).
      (2) 강한 자를 결박해야만 강한 자가 가지고 있는 것을 가질 수 있기

때문입니다(29절).

5) 하나님 나라와 사람들 – 하나님 나라를 위해 어떻게 살아가야 합니까?
   (1) 예수님과 마음을 함께하지 않는 자는 반대하는 자요, 헤치는 자입니다(30절).
   (2) 성령을 거역하거나 훼방하는 사람은 사하심을 받지 못합니다(31-32절).
   (3) 현재 경험된 것을 통해 하나님 나라의 실체를 알아야 합니다(33절).

3. 마무리 – 요약과 적용

1. 들어가면서

성경 안에는 하나님 나라에 대한 여러 가지 비유와 이야기들이 있습니다. 그리고 하나님 나라와 영적인 전투에 관한 이야기도 나옵니다. 그런데 이 장에서는 현재적 하나님 나라가 영적인 전투와 어떤 관계를 가지고 있냐를 주제로 삼아 이야기를 풀어가려 합니다. 왜 이 둘의 관계가 밀접하고 "중요한가 하는 문제입니다."

현재 이곳에서 경험할 수 있는 하나님 나라가 영적인 전투와 어떤 관계가 있는 것일까요? 예수님의 공생애 사역의 내용은 여러 가지가 있을 수 있으나 그 핵심은 하나님 나라입니다. 이것에 대해서는 이미 앞장에서 말씀드렸습니다. 즉, 예수님은 공생애 시작부터 하나님 나라가 이 땅에 도래했음을 가르쳐 주셨고, 또 그 나라를 어떻게 이 땅에서 누릴 수 있는지를 말씀해 주셨습니다.

그렇다면 예수님께서 말씀하신 하나님 나라는 어디에서 어떻게 경험할 수 있으며, 또 어떻게 지속적으로 누릴 수 있는 것일까요? 하나님 나라를 누리기 위하여 영적전투는 꼭 필요한 것일까요? 값없이 주시는 하나님의 선물인 하나님 나라를 왜 영적전투라는 매개를 통하여 경험하고 누릴 수 있습니까? 본론을 통하여서 그에 따른 답을 차례대로 살펴보도록 하겠습니다.

2. 본론

1) 하나님 나라의 현재성 – 지금 바로 경험할 수 있는 하나님 나라는 어디에 있습니까?

(1) 하나님의 통치가 현재 미치는 곳, 그 곳에 하나님 나라가 있습니다.

이미 우리가 살펴보았듯이, 예수님의 공생애 사역의 첫 번째 메시지는 "회개하라 천국이 가까이 왔느니라"라는 것이었습니다. 하나님의 나라가 가까 왔다는 것은 원어적인 의미 안에서 볼 때, '이제 시작되었다'라는 의미를 가지고 있습니다. 누구든지 이 땅에 살면서 하나님을 신앙하고 믿으면 이제 더 이상 이 땅에서 힘들게 살지 않아도 된다는 기쁜 소식이었습니다. 나의 한계와 약점이 있어도 하나님 나라를 누리며 살아갈 수 있기 때문입니다. 예수님의 3년의 공생애를 제자훈련에 초점을 맞추어볼 때, 예수님의 공생애는 열 두 제자를 당신을 꼭 닮은 사람으로 다듬는 시간이기도 하셨지만, 하나님 나라 사역의 관점에서 볼 때에는 어떻게 하면 시작된 하나님 나라를 경험하게 해주고 그 경험한 자들이 또 다른 사람들에게 전하여 '지속적으로 영향을 끼칠 수 있는가'에 초점이 맞추어져 있다고 해도 과언은 아닐 것입니다.

본문의 말씀도 하나님 나라에 관한 사역에 초점이 맞추어져 있습니다. 하나님 나라에 관한 예수님의 사역에 대해서 유대인들이 의문을 표시했고, 예수께서는 그에 관해서 답하시며 하나님 나라와 영적인 전투가 어떻게 관련되어 있는지를 설명하고 계신 것입니다. 저는 이 땅에 '세 나라가 존재한다'고 생각 합니다. 첫째는 하나님 나라입니다. 둘째는 사단의 나라입니다. 그리고 셋째는 그냥 우리가 발을 내딛고 있는 세상적인 나라입니다. 우리가 대한민국에 속해있듯이 말입니다. 물론, 이 세 나라는 크게 본다면, 영적인 하나님 나라와 사단의 나라, 두 나라로 구분될 수 있습니다. 그런데 예수님이 공생애 사역을 통해 하신 주된 일이 바로 사단의 나라에 속해 있는 자들, 그리고 하나님의 자녀이면서도 하나님 나라를 경험하지 못하고 살아가는 이들에게 하나님 나라의 실제를 가르쳐 주시고 그 나라가 어떤 것인지를 깨우쳐 주시는 사역이었습니다.

그래서 공관복음의 가장 중요한 주제 중 하나가 바로 '하나님 나라'입니다. 예수님이 오셔서 하나님 나라에 대하여 선포하기 전까지는 많은 사람들의 오해가 있었습니다. 마치 하늘에서 어떤 새로운 나라가 이 땅에 도래하는 것처럼 그리고 그것은 죽어서 얻을 수 있는 나라처럼 말이지요. 그러나 예수님은 그렇게 말씀하시지 않았습니다. 물론 하나님 나라의 실체가 있지만 이 땅에서 누구든지 원하고 결단하기만 하면 그 '하나님 나라'를 누릴 수 있는 것이라고 말씀하셨습니다. 하나님의 통치가 있는 곳, 그 안에 있으면 하나님 나라를 경험할 수 있기 때문입니다.

(2) 현재적 하나님 나라는 성령의 도우심으로 그 능력과 역사가 일어나는 곳에 있습니다.

본문 말씀 22절에 "그 때에 귀신들려 눈멀고 말 못하는 사람을 데리고 왔거늘 예수께서 고쳐주심에 그 말 못하는 사람이 말하며 보게 되지라."라고 기록되어 있습니다. 유대인들이 예수 앞에 데리고 온 사람이 누구입니까? 바로 사단의 통치와 지배 아래서 심각하게 말도 하지 못하고 보지도 못하는 자였습니다. 예수님은 그러한 자들을 그저 내버려 두지 않았습니다. 왜냐하면 예수님이 이 땅에 오신 궁극적인 목적이 그 사단의 나라를 무너뜨리시고 그 사단을 쫓아내며 그곳에 하나님 나라가 시작되고 확장되게 하는 것이기 때문입니다. 즉, 예수께서는 당신이 이 땅에 오시기 전에 이 땅을 지배하고 임금노릇을 하고 있었던 사단의 나라를 무너뜨리고 하나님의 나라를 풍성하게 확장시켜 가는 것이 당신의 사역임을 다시 한 번 확인시켜 준 것입니다.

성경을 보면, 유독히 귀신을 쫓고 회복시킨 사건들이 하나님 나라와 관계가 있다는 사실을 알 수 있습니다. 28절을 보니 "내가 하나님의 성령을 힘입어 귀신을 쫓아내는 것이면 하나님의 나라가 이미 너희 가운데 임하였느니라"고 말씀하십니다. 이는 예수님께서 단지 귀신을 내어 쫓고 회복시키는 것을 넘어서서 성령의 능력을 힘입어 그들이 깨닫지 못하는 하나님 나라의 실체를 이루어 가심을 볼 수 있습니다.

'하나님 나라'라고 하는 것, 이것은 어떻게 보면 참 어려운 개념입니다. 어떤 신학자가 '하나님 나라'라는 주제를 가지고 책을 섰는데 500페이지가 넘더라고요. 참 재밌게 읽었습니다. 그런데 책을 덮고 나서 하나님 나라가 무엇인지 정리하려고 하니까 말하기가 힘들었습니다. 이렇게 본다면 하나님 나라가 우리 가운데 '경험된다', 또 '임한다'라는 표현 역시 어렵습니다.

그런데 예수님은 본문을 통하여 '성령 안에서 귀신들이 쫓겨 나가고 회복되어지는 일, 그 가운데 하나님 나라가 이미 임하였다'고 말씀하셨습니다. 이러한 관점에서 하나님 나라를 경험하고 누리는 것을 한마디로 말하자면, 이 땅을 지배하던 어둠의 세력이 떠나가고, 그 대신 '하나님의 통치'와 '하나님의 주권'이 임하는 그 안에 내가 거하는 것이라고 말씀드릴 수 있습니다. 내가 이 땅에 살면서도 하나님의 통치 아래, 주권 아래 있으면 나는 하나님 나라를 누리는 자라는 것입니다. 그런데 반대로, 하나님의 통치 아래 있지 않고 사단의 주권과 통치 아래 있는 사람은 사단의 지배를 받으면 끌려 다니는 자라고 할 수 있습니다.

2) 하나님 나라와 반응들 – 예수님의 사역에 관한 반응들은 어떠했나요?

(1) 다윗의 자손으로서 메시아임을 칭송하는 무리들이 있었습니다(23절).

본문에서 예수님 앞에 나온 사람은 사단의 주권과 통치 아래서 말하지 못하고 보지 못하는 자였습니다. 예수님은 그것을 안타깝게 여기셨습니다. 왜냐하면 하나님이 인간을 창조하셨을 때 그렇게 살아가도록 만들지 않으셨기 때문입니다. 예수님이 이 땅에 오신 궁극적인 목적은 바로 우리가 창조의 목적대로 회복되는 것이었습니다. 그래서 하나님의 통치를 받으며, 그분께 영광을 올려드리고, 그 하나님께 온전히 예배하도록 함이 목적이었습니다. 그런데 사단의 통치와 지배 아래서 고통스러워하는 자를 보았을 때 얼마나 마음이 아프셨겠습니까? 그래서 예수님께서는 귀신을 쫓아내시고 보게 하시고 말하게 하는 것입니다. 이것이 바로 하나님 나라를 경험시키는 일이고 하나님 나라를 도래케 하는 일이었기 때문입니다. 그런데 오늘 본문 말씀에 하나님 나라가 도래하고 확장되어지는 일 가운데 두 가지 상반된 반응이 일어나고 있었습니다.

첫 번째는 바로 그 사역을 바라보면서 메시아이신 예수를 찬양하는 무리들이 있었습니다. 23절에는 "무리가 다 놀라 이르되 이는 다윗의 자손이 아니냐."라고 기록되어 있습니다. 이 놀라운 사건을 보면서 인간의 힘으로는 이 일이 일어날 수 없기에 무리들이 모두 놀라서 외친 것입니다. 인간의 능력만으로는 어찌 보지 못하고 말하지 못하는 자가 그렇게 보고 말할 수 있겠습니까? 그러므로 하나님 나라가 도래하는 모습을 바라보면서, 인간의 힘을 초월해서 일하는 예수님을 향해 '다윗의 자손'이라 하는 칭송이 나온 것입니다. 여기서 다윗의 자손이라는 것은 하나님께서 성경을 통해 약속하신 다윗의 후세에서 나온 메시아를 의미합니다. 인간의 힘으로 할 수 없는 일을 행하신 분은 하나님이 보내신 메시아밖에 없다는 것이지요. 그들이 명확히 알아서 표현을 했든지, 그렇지 못했든지, 하나님 나라가 도래한 이 사건을 바라보면서 무리들의 한편에서는 예수가 메시아임을 칭송한 것입니다.

(2) 사단의 도움으로 귀신을 쫓아냈다고 의심하는 바리새인들이 있었습니다(24절).

그러나 또 다른 한편에서는 전혀 다른 반응이 나왔습니다. 우리 24절을 같이 보도록 하겠습니다.

> "바리새인들은 듣고 이르되 이가 귀신의 왕 바알세불을 힘입지 않고는 귀신을 쫓아내지 못하느니라."

이 말씀을 보면 귀신의 왕이 바알세불이라고 나와 있습니다. 유대의 문헌들에 의하면 귀신의 왕초를 표현하는 단어가 여러 가지가 있었는데 그 가운데 흔히 알려지고 사용된 단어 중 하나가 바로 바알세불이라고 하는 것입니다. 그래서 바리새인들은 하나님의 나라가 이 땅에 도래하는 모습을 보면서, 분명히 초월적인 일이고 인간의 힘으로는 할 수 없는 것을 알기에 예수가 귀신보다 더 강력한 귀신의 왕초의 힘을 힘입어 내어 쫓는다고 여긴 것입니다. 하나님이 하시는 일들을 이렇게 폄하했던 것입니다. 한 쪽에서는 하나님이 보내신 메시아를 통해서 하나님의 역사가 일어난다고 소리를 내었으며, 또 다른 한편에서는, 이것은 하나님의 역사라기 보다 더 큰 귀신의 힘을 힘입어 이 일들이 일어난다고 보는 쪽이었습니다. 이렇게 두 의견이 팽팽히 맞서게 되었을 때 예수님께서 다음과 같이 말씀하십니다.

3) 하나님 나라와 반대되는 개념의 사단의 나라는 어떤 나라입니까?

(1) 사단의 나라는 실존하며 분란과 분열이 있는 허약한 나라가 아닙니다(25-26절).

예수님께서 가장 먼저 말씀하신 것은 바로 '사단의 나라'였습니다. 많은 사람들이 하나님 나라의 도래는 원하지만, 사단의 나라에 대해서는 잘 알지 못하는 것이 사실입니다. 성경은 분명히 '사단의 나라'가 있다고 말하고 있습니다. 26절을 다함께 읽어보도록 하겠습니다.

> "만일 사단이 사단을 쫓아내면 스스로 분쟁하는 것이니 그리하고야 어떻게 그의 나라가 서겠느냐."

사단의 나라가 있다는 것입니까? 없다는 것입니까? 사단의 나라는 분명히 있다는 말씀입니다. 그래서 예수님께서는 "너희들이 참으로 잘못 알고 있구나."라고 말씀하신 것입니다. '사단의 나라'라고 하는 것이 있는데, 이 '사단의 나라'가 어떤 나라인지, 그리고 어떤 속성을 갖고 있는지를 먼저 말씀해주고 계신 것입니다. 그것이 본문 25절과 26절에 나와 있습니다.

> "예수께서 그들의 생각을 아시고 이르시되 스스로 분쟁하는 나라마다 황폐하여질 것이요 스스로 분쟁하는 동네나 집마다 서지 못하리라 만일 사단이 사단을 좇아내면 스스로 분쟁하는 것이니 그리하고야 어떻게 그의 나라가 서겠느냐."

위 말씀을 보면 예수께서 첫째로 강조하신 것이 있습니다. 사단의 나라는 실존하며, 그 나라는 너희들이 생각하는 것처럼 분열이 있고 분란이 있는 허술한 나라가 아니라는 것입니다. 분명히 기억하십시오! 이 장에서 꼭 말씀드리고 싶은 핵심이 여기에 있습니다. '하나님 나라'가 이 땅에 오기 위해서는 이 땅의 권세를 장악하고 있는 공중권세 잡은 사단을 물리쳐야 한다는 것입니다. 이미 이 땅에서 임금노릇을 하고 있던 사단의 나라를 하나님 나라의 영토로 전환하기 위해서 맞서 싸워야 한다는 것입니다. 그러나 그 전투에서 사단이 쉽게 자신의 통치권을 내어주겠습니까? 그렇지 않습니다. 그러므로 치열한 영적인 전투가 전제됩니다. 하나님 나라가 이 땅에 임하기 위해, 하나님 나라가 내 삶속에서 누려지기 위해 필연적으로 있어야 될 것이 '영적인 전투'라는 것입니다.

그렇다면 누구와 싸우는 것입니까? 사단의 나라와 싸우는 것입니다. 그런데 이런 사단의 나라에 대해서 너무나 모르고 있는 것이 문제입니다. 바리새인들은 자신들의 입장을 신중하게 이야기 했는지도 모릅니다. 우리는 일주일에 몇 번씩 금식을 하고 성경을 읽고 암송을 하고 많은 종교적인 행위를 행하는데, 그렇게 살아오며 수없이 많은 이단들도 보아 왔다는 것입니다. 그런데 어느 날 전혀 주목받지 못한 목수의 아들이라는 사람이 나타나 이적을 행할 때, 가장 먼저 그 사람을 이단의 일종으로 보고 싶었던 것일 수 있습니다. 예수를 인정하고 싶지 않으니, 예수께 나타나는 역사를 마귀의 역사라고 폄하하고 싶었던 것입니다. 그런데 예수님은 그러한 자들에게 분명히 말씀하신 것입니다. "자 사단의 나라가 있는데 그 사단의 나라는 너희들이 생각하는 분열이 있거나 분란이 있는 허술한 나라가 아니다."라고 말입니다.

이것을 오늘날로 적용한다면, 우리의 기도 내용에 "하나님의 임재가 있게 해 주십시오. 하나님의 임재를 경험하게 해 주십시오"라고만 간구만 해서는 안 된다는 것입니다. 하나님 나라가 임하였다는 것은, 내가 행한 영적인 전투를 통해서 임한다는 사실을 기억해야 합니다. 이미 앞장에서 언급했지만, 그 표현을 빌리자면, '침노'해야 한다는 것입니다. 사단의 나라는 강한 나라입니다. 바리새인들이 생각하듯이, 바알세불이라고 하는 귀신의 왕이 자기 졸개들을 물리쳐서 예수를 영웅시 만들어 분란과 분열을 일으키는 나라가 아니라는 것입니다. 그들이 얼마나 똘똘 뭉쳐져 있는지 너희들이 알고 있지 못하다는 것입니다. 그렇기 때문에 우리가 하나님 나라를 우리의 삶 속에 경험하기 위해서 필요한 것은 싸워야 할 대상을 분명히 알아야 하는 것입니다.

이것에 도움이 되는 성경을 봅시다. 사도행전 19장 13절부터 16절까지 입니다.

> "이에 돌아다니며 마술하는 어떤 유대인들이 시험 삼아 악귀 들린 자들에게 주 예수의 이름을 불러 말하되 내가 바울이 전파하는 예수를 의지하여 너희에게 명하노라 하더라 유대의 한 제사장 스게와의 일곱 아들도 이 일

을 행하더니 악귀가 대답하여 이르되 내가 예수도 알고 바울도 알거니와 너희는 누구냐 하며 악귀 들린 사람이 그들에게 뛰어올라 눌러 이기니 그들이 상하여 벗은 몸으로 그 집에서 도망하는지라(행19:13~16)."

이 말씀에 의하면, 누구든지 예수의 이름만 말한다고 귀신들이 도망가는 것이 아니라는 것을 일깨워 줍니다. 그리고 바울 이름만 말한다고 귀신이 도망가는 것도 아닙니다. 사단의 나라는 얼마나 견고한 나라인줄 모릅니다. 예수님께서 직접 이 땅에 오셔서 나 대신 사단과 싸워 이기셨기 때문에 그 나라는 예수의 이름 앞에서 힘없이 무너졌을 뿐입니다. 예수님의 죽음과 부활의 의미가 무엇인줄 아십니까? '부활하셨다'라는 것은 그 사단의 권세를 '이기셨다'는 것을 뜻합니다. 그래서 승리하신 예수를 붙잡기만 하면 사단이 힘없이 무너지는 것입니다. 그러나 이렇게 예수 이름 앞에 사단의 권세가 힘없이 무너지는 것들을 많이 보아왔다 하더라도 그 사단의 세력에 대해서 허술하게 생각해서는 안 되는 것입니다. 본문을 통해 분명히 깨닫는 것은 그 나라는 우리가 생각하는 것처럼 힘없고 스스로 분열하는 나라가 아니라는 것입니다.

(2) 사단은 강한 존재이며, 이미 일정한 영역에서 통치하고 있는 세력입니다(29절).

두 번째로 사단은 강한 존재의 나라이며 이미 일정한 영역에서 통치하고 있는 세력이라는 것입니다. 29절 말씀을 다같이 읽어보도록 하겠습니다.

"사람이 먼저 강한 자를 결박하지 않고서야 어떻게 그 강한 자의 집에 들어가 그 세간을 강탈하겠느냐 결박한 후에야 그 집을 강탈하리라."

이 말씀은 비유로 말해졌기 때문에 어려울 수 있지만, 또한 비유이기 때문에 오늘 이 시대에는 더욱 알맞게 적용이 가능한 말씀입니다. 이 본문을 자세히 보면, '강한 자'가 집 안에 있는 '세간'을 통치하고 있다고 말합니다. 그렇기에 그 집안에 있는 세간을 늑탈하기 위해서는 그 '강한 자'를 묶어 결박하고 이기지 않고는 그 집에 들어가서 '세간'을 가져올 수 없다는 것입니다. 여기서 '강한 자'는 사단을 의미하고 그 '집'은 세상을 의미합니다. 그리고 그 집에 있는 '세간'들은 영혼들을 의미한다고 볼 수 있습니다. 잘 보십시오. 이미 사단이 이 세상에서 영혼들의 주인노릇을 하고 있습니다. 왜 그렇습니까? 인간의 죄 때문입니다. 바로 그 죄 때문에 인간이 사단의 종노릇을 하고 있는 것입니다. 그렇기에 그 강한 자가 붙잡고 있는 세간들을 끌어오기 위해서는 그 강한 자를 반드시 물리쳐야 한다는 것입니다.

여기서 적용을 해 봅시다. 우리가 이 땅에서 하나님 나라를 경험하는데 방해가 되는 많은 부분들이 있을 수 있습니다. 그것은 내 경제적인 부분일 수 있고, 내 습관, 관계의 부분일 수도 있습니다. 이 부분들이 우리의 아킬레스건이 되어서 번번히 넘어지게 만들 수 있다는 것입니다. 그렇다면 어떻게 이것들을 이기고 하나님 나라가 누려지게 할 수 있을까요?

먼저, 기도하셔야 합니다. 그냥 기도하는 것이 아니라, 성경을 통해서 구체적으로 그 부분을 통치하고 그 부분을 지배하고 있는 그 '강한 자'를 예수의 이름으로 결박하는 기도를 하셔야 합니다. 그냥 막연한 일들도 기도하면 주님이 해결해 주실 수 있지만, 구체적으로 기도한다면 더욱 구체적으로 역사하시는 하나님을 경험할 수 있기 때문입니다. 우리 삶의 모든 것을 마귀와 연관지을 수는 없지만, 하나님이 원하시는 것을 못하게 하는 방해 세력들이 있고, 이미 나의 일부분의 습관들을 점령하고 있었던 세력들이 있다는 것을 가정해 볼 때에, 이와 같이 구체적인 전략을 가지고 기도함으로 나의 삶 속에서 하나님 나라가 도래할 수 있고 누려질 수 있기 위해 영적전투를 하라는 것입니다.

어떤 사람들은 예수를 믿어도 부부싸움을 할 때만큼은 옛날 기질이 올라와 세상 사람들보다 더 심하게 다투는 경우도 있다고 합니다. 또는 재정적으로 어려워지기만 하면 옛날로 돌아가서 예수 믿는 사람인지 아닌지 분간이 안 가도록 생활하는 사람도 있을 수 있습니다. 또 어떤 사람들은 자식과 남편의 관계에서 문제만 생기기만 하면 무너져 버리는 이들도 있습니다. 그런데 하나님 나라는 이 모든 것을 뛰어넘어 우리 삶의 모든 영역에서 경험할 수 있습니다. 그런데 우리 삶 가운데 이미 다스리고 있던 사단의 세력을 점령하지 않고서는, 온전히 하나님 나라를 경험할 수가 없다는 것을 본문의 말씀이 가르쳐 주고 있는 것입니다. 하지만 세간을 늑탈하는 것은 내 힘으로 하는 것이 아닙니다. 오직 성령의 능력으로 행하지 않고는 그 세간을 늑탈할 수 없다고 예수님께서 분명히 말씀하고 계십니다.

4) 하나님 나라와 영적전쟁 - 왜 하나님 나라를 위해 영적전쟁이 필요할까요?

(1) 성령의 힘을 의지하여 기존의 통치세력을 쫓아내야 하기 때문입니다(28절).

바리새인들에게 사단의 나라에 대해서 가르침을 주신 예수님께서는 하나님 나라와 영적인 전쟁에 대해서 이야기를 이어가고 계십니다. 왜 하나님 나라를 위해서 영적인 전쟁이 필요한 것일까요? 이미 앞에서 언급한 부분도 있지만, 본문 28절을 함께 읽어보도록 하겠습니다.

"그러나 내가 하나님의 성령을 힘입어 귀신을 쫓아내는 것이면 하나님의 나라가 이미 너희에게 임하였느니라."

하나님 나라가 이 땅에 임하는 것이 하나님의 뜻입니다. 그래서 예수님이 기도를 가르쳐 주실 때도 '주님의 나라가 이 땅에 임하시오며' 라고 가르쳐 주셨습니다. 그런데 하나님 나라가 이 땅에 임할 때에 그냥 뚝 떨어지는 게 아닙니다. 이 땅은 이미 이 땅을 점령하고 통치하고 있는 세력이 있기에, 그 세력을 결박하고 무너뜨려야 그곳에 하나님이 원하시는 새로운 나라가 시작되어질 수 있습니다. 영적인 눈을 뜨고 보십시오. 구원받지 못한 자들이 이 땅에 얼마나 많이 있습니까? 그들은 모두 다 죽음에 매여서 결국은 죽음을 향해 달려가는 자들 아닙니까? 우리가 전도해야 되는 이유가 바로 여기에 있는 것입니다. 교회의 부흥을 위해 전도하는 것이 아니며, 숫자를 채우기 위해 전도하는 것이 아닙니다. 사단의 나라에 사로잡혀 죽어가는 영혼들을 살리고 하나님 나라를 확장하기 위함인 것입니다.

하나님 나라가 이 땅에서 시작된다고 했을 때, 여기서 '이 땅'은 땅 자체를 말하기도 하고 세상의 원칙을 말하기도 하지만, 또한 '이 땅'은 이 땅에 사는 사람들을 지칭하기도 합니다. 그렇기에 하나님의 형상과 모습대로 지어진 사람들을 회복하기 위해서 하나님 나라가 이 땅에 시작되어져야 합니다. 이를 위해 강한 자를 묶고, 그 나라가 무너지는 일들이 있어야 합니다. 그런데 이 일은 내 힘과 능력으로 할 수 없습니다. 왜냐하면 강한 자가 이미 점령하고 있기 때문입니다.

그래서 예수님께서는 내가 성령의 능력을 힘입어 이 일을 행하면 그곳은 벌써 '하나님의 나라가 임했다'고 하신 것입니다. 내 힘과 능력으로 싸우는 것이 아니라, 성령이 그곳을 지배하기 시작했기 때문입니다. 저는 이 구절을 묵상 하면서 더욱 포괄적인 성령의 사역에 대해서 깨닫게 되었습니다.

한번은 예수께서 제자들에게 이렇게 말씀하셨습니다. "내가 하나님께로 올라가는 것이 너희에게 유익이다". 왜냐하면 보혜사 성령을 너희에게 보내줄 것이기 때문입니다. 그렇다면 성령이 오시는 것이 왜 유익일까요? 물론, 성령이 이 땅에 오심으로 말미암아 여러 가지 많은 일들을 하실 수 있습니다. 그런데 성령이 이 땅에 오심으로 가장 큰 유익이 있다면, 그것은 이미 선점하고 있는 사단과 그의 나라를 물리칠 수 있는 힘이 바로 성령 안에 있기 때문입니다. 사단과 그의 나라를 무너뜨리고 그곳에 하나님 나라를 오게 할 수 있는 힘이 바로 성령 안에 있다는 것입니다.

저는 제가 개척하였던 부천안디옥교회를 위해서 지금도 간절히 기도하곤 합니다. 지금은 학교에 들어와 교수 일에 전념하고 있지만, 제 생명을 걸고 시작한 일이었고, 또 생명을 걸고 일한 열매들이 교회 안에 고스란히 있기 때문입니다. 그런데 돌아보면, 개척했던 처음 일 년이 가장 힘들었지만 행복했던 시간이었습니다. 왜 그럴까요? 사실은 행복한 조건은 하나도 없었습니다. 교인도 없지요, 건물도 없지요, 아무것도 없는데 어떻게 행복할 수 있겠습니까? 제가 제정신으로는 개척을 못하겠더라고요. 그래서 매일 하나님 앞에 나가 기도했습니다. "주님 내 힘으로는 안 됩니다. 내 힘으로는 할 수도 없고요, 하고 싶지도 않아요. 주님 날마다 임재 해 주십시오." 그것이 매일의 기도제목이었습니다. 돈도 하나도 없었습니다. 왜냐하면 저희 교회는 개척부터 자립이었거든요. 큰 교회 다니면서 손 벌리고 싶지 않았습니다. 하나님의 일을 하면 돈은 따라온다고 믿었습니다. 그래서 기도했습니다. "하나님, 하나님 나라가 나에게, 또 우리 가족에게 경험되어지지 않으면 저는 이 일 못합니다." 그런데 가장 행복했다라고 말할 수 있는 것은 거의 매일 하나님이 저에게 임재해 주셨기 때문입니다. 그때마다 저를 얼마나 깊게 만나주셨는지 모릅니다. 돈으로 살려고 해도 살수 없는 경험이었습니다. 지금도 그때와 같이 깊이 있는 임재를 소망해 보지만, 상황과 여건이 달라져서 그런지 그때만큼은 아닌 것 같습니다. 아니면 그때의 경험이 너무 크게 보여서 그럴 수 있습니다. 물론 지금도 상황에 따라서 그때보다 더 깊이 있게 만나주시는 부분도 있습니다. 그런데 그 1년이 얼마나 행복했는지 모릅니다. 방해도 만만치 않았습니다. 분명히 방해도 있고 악한 세력도 있지만, 하나님이 울타리를 치시고 나를 지키고 있다는 것을 느낄 수 있었던 시간이었습니다. 그리고 날마다 저를 찾아오셨습니다.

　잘 때마다 기도했습니다. 십자가 앞에 나아가서, 오늘도 알게 모르게 지은 모든 죄를 예수의 보혈로 깨끗이 씻어주시고 주님이 나에게 임재해 달라고 기도했더니 주님이 날마다 찾아오셨습니다. 건물이 없어도, 교인들이 많지 않아도 제 마음 속에 얼마나 큰 기쁨이 되었는지 모릅니다. 그런데 그것이 내 힘과 능력으로 되는 것이 아니었습니다. 저는 세상적으로는 돈도, 권력도, 건물을 살만한 힘도 없던 자였지만, 성령의 힘으로 이미 나를 선점하고 있었던 부분까지도 주님께서 성령 안에서 다 무너뜨리시고, 또 가지 치듯이 치시고, 정결케 하시면서 주님의 임재가 있었던 것입니다. 이해되시지요? 그래서 오늘 예수님께서 말씀하십니다.

'하나님 나라'라고 하는 것은 엄청난 개념이 아니라 성령으로 말미암아 하나님의 역사가 일어나고 통치하시는 그곳에 이미 하나님 나라가 임했다는 것입니다. 성령으로 말미암아 역사가 있는 그곳에 하나님 나라가 임하고 있는 것입니다.

(2) 강한 자를 결박해야만 강한 자가 가지고 있는 것을 가질 수 있기 때문입니다(29절).

이미 앞서 살펴보았듯이, 사단의 나라는 강력하기에 그 강한 자를 결박하지 않고서는 세상에 속해 있는 영혼들을 구원할 수 없습니다. 사단의 나라는 우리가 생각하는 만큼 시시한 나라가 아닙니다. 그렇기에 우리는 성령의 능력을 힘입어 강한 자를 결박해야만 합니다. 예수님은 29절 말씀을 통하여, 사단을 '강한 자'라고 표현하였습니다. 그들이 이미 그 집과 세상을 통치하고 있다는 것입니다. 그렇기 때문에 더 강한 자가 그 강한 자를 묶지 않고서는 그 세간을 가져올 수 없는 것입니다. 강한 자를 결박하기 위해서 필요한 것이 더 강한 존재이고, 그 힘을 빌어 싸워 이기는 영적전투가 필요한 것입니다. 여기에서 사단보다 더 강한 존재가 바로 성령인 것입니다.

결국 하나님 나라가 누려지고 경험할 수 있기 위해서는 이미 선점한 세력과의 싸움이 있어야 한다는 것을 알 수 있습니다. 이미 선점한 세력과 반드시 전투가 필요한 것입니다. 그러나 그것은 내 힘으로 할 수 있는 것이 아닌, 성령의 능력으로 할 수 있는 것입니다. 사단이 강한 존재이기에, 더 강한 세력인 성령의 힘이 절실히 필요한 것입니다. 성령을 힘입지 않고는 강한 사단과 싸울 수도 없고, 또한 싸우더라도 이길 수 없습니다.

5) 하나님 나라와 사람들 – 하나님 나라를 위해 어떻게 살아가야 합니까?

(1) 예수님과 마음을 함께 하지 않는 자는 반대하는 자요, 헤치는 자입니다(30절).

예수께서는 영적전투의 필요성에 대해 말씀하신 후, 하나님 나라에 대한 당신의 뜻을 밝히셨습니다. 30절 말씀을 보겠습니다.

"나와 함께 아니하는 자는 나를 반대하는 자요 나와 함께 모으지 아니하는 자는 헤치는 자니라."

이 말씀의 의미는 다음과 같습니다. 하나님 나라를 이 땅에 도래하게 만들고 확장시켜 가는 것을 예수님과 함께 하지 아니하는 자는 반대하는 자요 헤치는 자라는 것입니다. 이는 아무리 하나님의 이름을 불러도 하나님의 나라를 도래케 하며 확장시키시는 예수님의 사역과 함께하지 못하는 바리새인들을 은유적으로 지적한 말씀입니다. 또한 오늘날 적용해 본다면, 바리새인들처럼 열성적인 신앙생활을 유지하고 경건의 모습이 있다 할지라도, 하나님 나라에 관한 예수님의 사역과 마음이 함께 하지 않는 자는 반대하는 자고 헤치는 자임을 가르쳐 주는 말씀입니다.

(2) 성령을 거역하거나 훼방하는 사람은 사하심을 받지 못합니다 (31-32절).

이어서 예수님은 다음과 같이 말씀하십니다. 31절부터 33절의 말씀을 보도록 하겠습니다.

"그러므로 내가 너희에게 이르노니 사람에 대한 모든 죄와 모독은 사하심을 얻되 성령을 모독하는 것은 사하심을 얻지 못하겠고 또 누구든지 말로 인자를 거역하면 사하심을 얻되 누구든지 말로 성령을 거역하면 이 세상과 오는 세상에서도 사하심을 얻지 못하리라 나무도 좋고 열매도 좋다 하든지 나무도 좋지 않고 열매도 좋지 않다 하든지 하라 그 열매로 나무를 아느니라."

이 구절은 매우 중요한 내용인데 많이 곡해되어진 부분이 있습니다. 그 부분은 바로 "성령을 훼방하는 자는 사하심을 얻지 못한다"는 부분입니다. 여기에 관한 많은 오해들은 이 말씀이 기록된 하나님 나라라는 정황과 관련지어 해석할 때 해소될 수 있습니다. 본문의 말씀을 통해 보면, 성령은 하나님 나라를 도래하게 하는 능력으로 간주되고 있습니다. 왜냐하면 하나님의 나라가 이 땅에 도래하기 위해서는 이미 선점하고 있는 사단과 그의 나라가 무너져야 하기 때문입니다. 또한 사단의 나라를 무너뜨리는 힘은 나에게는 없고 성령에게 있기 때문입니다. 그런데 그러한 성령이 하시는 일을 훼방하는 자는 사하심을 받지 못한다는 것입니다. 많은 사람들이 이 구절을 일회적인 사건으로 보며, 내가 순간적으로 성령을 훼방하면 사하심을 받지 못하는 것으로 오해하기도 합니다.

사실, 사하심을 받지 못한다는 말은 함부로 해서는 안 됩니다. 왜냐하면 사하심을 받지 못했다는 것은 구원받지 못했다는 뜻이기 때문입니다. 그러면 한번 잘못하면 구원에서 떨어지는 것일까요? 그렇지 않습니다. 여기서 성령의 훼방이라고 하는 것은 다른 의미를 가지고 있습니다. 원어의 의미에서 본다면, '훼방'은 상대방을 모독하고, 욕하며 계획적으로 반대한다는 의미를 지닙니다. 그러므로 성령을 훼방한다는 것은 성령이 하시는 일을 모독하고 계획적으로 반대한다는 것을 의미합니다. 그렇다면 이것은 귀신이 쫓겨나간 사실을 받아들이지 못한다든지, 또는 특정한 하나님의 역사를 의심하는 경우에 적용되는 것이 아님을 알 수 있습니다. 제가 여러 자료를 찾아보아도, 많은 신학자들이 이 구절을 단편적으로 귀신이 쫓겨나가고 성령의 능력을 받아들이지 못하는 것에 국한시키고 있지 않습니다. 성령이 하시는 궁극적인 일은 무엇입니까? 죄인된 우리로 하여금 회개케 하고 깨닫고 뉘우치게 만드는 일입니다. 그런데 성령을 훼방한다고 하는 것은 성령을 인정하지 않는다는 것과 같습니다.

성령으로 인한 죄 사함이나 뉘우침과 깨달음도 없고, 고의적으로 성령을 방해하면서 성령과 별개의 길로 가는 것을 의미합니다. 그러면 결국 죽고 심판받아 지옥에 갈 수 밖에 없다는 것입니다. 아예 처음부터 성령을 인정하지 않고 성령의 사역에 동의하지 않으며 따라가지 않는다는 것이지요. 성령의 역사에 순응하지 못하여 깨달음도 없고, 죄사함도 없으며, 하나님의 임재도 경험하지 못하는데 어떻게 하나님 나라의 백성이 될 수 있겠습니까? 그러므로 여기서 성령을 훼방한다고 하는 것은 이렇게 지속적으로 성령의 하시는 일을 받아들이지 못하는 사람들을 향해서 던진 말이지, 하나의 단편적인 사건으로 통해서 그것을 의심하고 인정하지 않는 사람들에게 너는 "지옥행이야!"라는 것을 의미하지 않습니다. 그러므로 예수님은 바리새인들을 향해서 이렇게 경고하고 계신다고 볼 수 있습니다. 너희들이 성령이 하시는 일들을 정면으로 모독하고 훼방하고 방해한다면, 결국 너희들은 그렇게 굳어질 수밖에 없다는 것입니다.

바울 사도를 보십시오! 그는 다메섹에서 회심하기 전에 예수를 모독했습니다. 성령이 하시는 모든 사역을 무시하고 오히려 예수 믿는 자들을 잡아 죽였습니다. 만약 성령을 훼방하는 것이 일회적인 사건에 해당

되는 것이라면, 바울 사도 역시 구원받지 못해야 합니다. 그런데 그는 예수님을 만남으로 변화되고 하나님의 위대한 사도가 된 것을 볼 수 있습니다. 모르기 때문에 한두 번은 성령의 사역을 훼방할 수도 있습니다. 그런데 분명히 하나님이 하시는 일을 알면서도, 내 목숨을 걸고 훼방을 놓고 끝까지 성령과 하나 되지 않아 딴 길을 걸어간다면 용서 받을 수 없습니다. 이런 자의 죄는 성령님을 인정하지 못하기 때문에 뉘우침과 죄 용서함도 없이 결국 사함을 받지 못한다는 이야기입니다.

(3) 현재 경험된 것을 통해 하나님 나라의 실체를 알아야 합니다(33절).

마지막으로는 예수께서는 현재 경험한 하나님 나라를 통해서 그 실체를 알아야 한다는 것을 강조하십니다. 33절을 보십시오.

> "나무도 좋고 열매도 좋다든지, 나무도 좋지 않고 열매도 좋지 않다든지 하라. 그 나무로 열매로 아느니라."

왜 갑자기 하나님 나라와 영적전쟁을 이야기하다가 나무가 나온 것일까요? 도대체 이것은 무슨 말입니까? 우리가 이 땅에서 누리는 하나님 나라는 나무의 열매와 같다는 것입니다. 나무와 같은 하나님 나라의 완전한 실체는 죽은 후에 천국에 가서 누릴 수 있습니다. 그러나 중요한 것은 성령이 임하셔서 그 능력이 경험되어질 때에는 눈물을 흘리고 감동과 기쁨이 있고 소망과 평안이 있습니다. 그 하나님 나라의 일부를 지금 경험하는 증거인 것입니다. 그래서 그 열매를 보고 나무를 유추할 수 있듯이, 지금 경험하는 하나님 나라를 보면서 하나님 나라의 실체를 기대하고 갈망할 수 있다는 것입니다.

지금 이 땅에서 누려진 이 한 부분을 가지고도 내 마음 속에 소망과 기쁨이 있다면, 그리고 어느 것도 흔들 수 없는 절대적인 평안이 있다면, 내가 그 완전한 나라에 가서 실체를 누릴 때는 얼마나 더 큰 것을 누릴 수 있겠습니까? 이것을 소망하며 사는 사람들이 이 땅에서 살아가는 그리스도인들 입니다.

3. 마무리

말씀을 정리하면서 강조하고 싶은 것이 있습니다. '하나님 나라'는 예수님께서 이 땅에서 외치신 가장 중요한 주제 가운데 하나입니다. 예수님이 이 땅에 오신 궁극적인 목적 중에 하나가 하나님 나라가 우리 가운데 경험되어질 수 있도록 하는 것이기 때문입니다. 그런데 그 하나님 나라는 막연하게 오는 것이 아닙니다. 내가 기도를 몇 번했다고 오는 것이 아닙니다. 물론 기도를 통해서 경험할 수 있지만, 그 기도가 영적인 전투라는 것을 모르면 더 깊이 있는 하나님 나라를 경험할 수 없기 때문입니다.

본문 말씀에서 예수님께서는 다음과 같은 부분을 분명히 말씀하고 계십니다. 즉, 성령을 통해서 이미 강하게 선점하고 있는 자를 묶고 결박한 후에야 그 세간을 가지고 올 수 있다고 말입니다. 이 말씀은 강한 자가 이미 선점하고 있는 집이라도, 우리들이 분명히 세간을 얻을 수 있다는 것을 가르쳐 줍니다. 또 싸움이 있어야 하겠지만, 이길 수 있는 방법이 있으며 그 방법을 가르쳐 주신 것과 같습니다. 그러므로 저는 우리 모두가 하나님 나라에 대한 올바른 개념을 갖고 마음 속에 소원함과 갈망함이 있기를 원합니다. 그리고 궁극적으로 그 하나님 나라를 방해하는 사단의 세력이 분명히 있다는 사실도 깨달으시길 바랍니다. 그러나 성령이 함께하시고, 그 능력을 힘입는다면 쉽게 무너뜨릴 수 있음도 명심해야합니다. 영적인 전투를 두려워해서는 안 됩니다.

예수를 믿으면서도 하나님 나라를 경험하지 못하는 것만큼 불쌍한 사람들도 없는 것 같습니다. 단도직입적으로 말하자면, 그 사람들은 구약시대의 이스라엘 백성들과 마찬가지입니다. 이것은 이스라엘 백성들을 폄하하는 것이 아닙니다. 하나님은 이스라엘 백성들을 향해서도 제도적인 장치를 마련해 놓으셨습니다. 하나님의 사람들을 보내시고 선지자들을 통해서 지속적으로 하나님의 공급이 있게 하셨습니다. 그러나 성령의 역사가 특별한 자들에게만 전해졌기에 그들이 공통적으로 그 땅에서 하나님 나라를 온전히 누릴 수 없었습니다. 바로 이러한 부분을 말하고자 함입니다.

그러나 오늘날 우리의 상황은 분명히 다릅니다. 우리는 언제든지 그 성령의 능력을 경험하고 더 깊이 체험할 수 있기에, 이제는 마음껏 그 하나님 나라를 모든 영역에서 누릴 수가 있게 되었습니다. 그러므로 여러분의 직장과 가정, 모든 삶의 영역에서 하나님 나라가 경험되어지기를 간절히 소망합니다.

마무리를 위해서 다시 생각하고 토의할 문제들

1. 예수께서 귀신들린 사람에게 귀신을 쫓아내시며 하나님 나라를 선포하시자 사람들의 반응들은 어떠했습니까? 이러한 반응들이 나오게 된 이유를 토의해 보고, 하나님 나라를 도래케 하는 사역에 어떠한 반응이 있을 수 있다는 것을 예측할 수 있을까요?
   1) 긍정적인 반응
   2) 부정적인 반응

2. 예수님이 말씀하신 사단의 나라의 실체에 대해서 말해보시오. 사단의 나라는 어떠한 나라입니까?

3. 하나님 나라를 이 땅에 도래케 하기 위하여 영적전투가 왜 필요한지를 예수님의 비유를 통해서 말해보시오.

4. 하나님 나라를 위한 영적인 전투는 강한 사단을 이기기 위하여 어떻게 싸워야 합니까? 예수님께서 말씀하신 방법을 말해보시오.

5. 하나님 나라의 도래를 위하여 성령이 하시는 일에 대해서 토의해 보시오.

6. 하나님 나라를 위해서 어떻게 살아가야 합니까? 다음의 주제를 가지고 토론해 보시오.
   1) 무엇이 하나님 나라를 반대하고 헤치는 행위일까요?
   2) 성령을 거역하고 훼방한다는 것은 하나님 나라와 어떤 관계가 있습니까?

7. 다음의 구절은 하나님 나라와 관련지어 어떻게 해석할 수 있습니까? 토의해 보시오.

   "나무도 좋고 열매도 좋다든지, 나무도 좋지 않고 열매도 좋지 않다든지 하라. 그 나무로 열매로 아느니라."

chapter 07

7. 영적 군사로 서라!

◆ 주제를 풀어갈 성경본문 – 에베소서 6:10~11

"끝으로 너희가 주 안에서와 그 힘의 능력으로 강건하여지고 마귀의 간계를 능히 대적하기 위하여 하나님의 전신갑주를 입으라"

◆ 주제를 풀어 갈 글의 개요

1. 들어가면서 – 본문의 정황과 배경
2. 본론

  1) 영적인 전투의 두 가지 의미는 무엇입니까?
    (1) 소극적인 의미 - 주님께 붙어 있어 주님이 대신 싸워주시는 것입니다.
    (2) 적극적인 의미 - 무장하고 직접 싸워 마귀의 공격을 멸하는 것입니다.

  2) 영적 군사로서 전투를 해야 할 이유 – 소극적 의미
    (1) 나의 연약함으로 늘 주님께 붙어 있지 못하기 때문입니다.
    (2) 마귀의 궤계를 근본적으로 멸하여 나의 구원, 생명을 지키기 위함입니다.

  3) 영적 군사로서 전투를 해야 할 이유 – 적극적 의미
    (1) 영적 승리를 맛보며 장성한 분량까지 성장하기 위함입니다. 이것 없이 성장은 없습니다(요일 2:12-14 참조).
    (2) 영적 전투를 통하여 이 땅에 하나님 나라를 확장하기 위함입니다.

  4) 영적 군사로 서기 위한 전제조건은 무엇입니까?
    (1) 내적으로 - 주 안에서 평안을 누리며 그 은혜를 누리는 것입니다.
    (2) 외적으로 - 주 안에서 하나님의 힘과 능력을 경험하는 것입니다.

3. 마무리 – 요약과 적용

1. 들어가면서

하나님께서는 당신의 백성들이 반드시 '영적 군사'로 서기를 원하십니다. 이 책에서 '하나님 나라'에 관하여 말씀을 나눈 후, 영적전쟁에 대하여 이어서 전하는 이유는 하나님 나라의 도래가 영적전투와 연관되어 있고, 또 하나님은 우리 성도들이 하나님의 강한 군사로 서기 원하시기 때문입니다. 영적인 전투에 관한 성경의 구절들은 많지만, 저는 특별히 에베소서 6장에 나와 있는 전신갑주에 대해서 이야기를 나누며 영적인 전투를 풀어가려고 합니다. 이 장은 에베소서 6장에 나타나 있는 영적전투를 풀어 가는데 있어서 서론적인 장이 될 것입니다.

사실상 영적인 전투는 우리가 예수님을 믿고 구원받은 다음부터 시작이 되었습니다. 우리가 느끼고 있든지 느끼고 있지 못하든지, 혹은 "마귀가 나는 건들지 않는 것 같아, 나는 귀신이 없는 것 같아"라고 생각하시든지 간에, 사단은 지금 이 순간에도 나를 넘어뜨리기 위해서 공격하고 있음을 분명히 알아야 합니다. 그런데 이렇게 중요한 영적인 군사에 관한 말씀이 왜 예수 믿은 처음부터 선포되어지지 않을까요? 바울도 에베소 교회를 세우자마자 이것을 말한 것이 아니었습니다. 나중에 편지를 쓰면서, 그것도 마지막 장에 가서야 비로소 영적군사로 서야 될 필요성을 말하고 있습니다. 왜 그럴까요? 이유가 있습니다. 그 이유는 모든 사람이 다 싸울 수 있는 것이 아니기 때문입니다.

어린 아이가 태어났는데, 그 아이를 무조건 자기 힘대로 자라가라고 이야기 할 수 없듯이, 영적인 아이는 보호하고 지키고 보살펴 주어야 합니다. 그리고 어느 정도 성장을 하고 나면 하나님께서는 어린 아이의 티를 벗기를 원하시고, 청년의 때로 들어가시기를 원하십니다. 사도 요한에 따르면, 신앙의 단계를 크게 3단계로 나누어 볼 수 있습니다. 첫 번째는 자녀들 즉 아이의 단계, 두 번째는 청년의 단계, 세 번째는 아비의 단계입니다. 그러나 이것은 나이와 비례하지 않습니다. 신앙의 연륜과 비례하지 않습니다. 아무리 오랫동안 예수를 믿었다고 할지라도 어떤 사람은 영적인 자녀의 단계에 머무를 수 있고 또는 청년의 단계에 머무를 수 있습니다. 그러나 나이가 젊더라도 이 모든 과정을 거친 사람은 영적인 아비의 단계로 들어갈 수 있는 것입니다.

교회의 성도들은 이처럼 신앙의 다양한 단계에 속해있습니다. 아직 아이인 자도 있고, 청년된 자도 있으며 아비가 된 자도 있습니다. 그러나 성경이 영적인 군사가 되라고 선포하는 이유는, 성도들이 신앙의 어떠한 단계에 있더라도, 교회를 위해 가정을 위해 우리가 속한 공동체를 위해 영적전쟁을 선포하며 살아가야 하는 자들이기 때문입니다. 아이들도 알아야할 문제입니다. 알아야 싸우는 자들을 위해서 도울 수 있습니다. 우리는 영적인 전투에서 싸워서 당당히 이겨야 할 존재들입니다. 더 이상 방어만하지 말고, 더 이상 피하지만 말고, 이제는 당당히 싸워서 이기라는 것입니다. 왜냐하면 '그 이길 힘이 너희 안에 충분히 있다'라고 성경이 이야기하고 있기 때문입니다. 그렇다면 우리가 싸워야 할 영적전투의 의미는 무엇인지, 또한 영적전투를 싸워야 할 이유와 영적군사로 서기 위한 조건들은 무엇인지 차례대로 살펴보도록 하겠습니다.

2. 본론

1) 영적인 전투의 두 가지 의미는 무엇입니까?

(1) 소극적인 의미 – 주님께 붙어 있어 주님이 대신 싸워주시는 것입니다.

많은 이들이 영적인 전쟁에 대해서 오해하고 있는 한 가지는, 영적전쟁이란 은사가 있는 사람들만 잘 할 수 있는 것으로 여긴다는 것입니다. 그렇지 않다고 봅니다. 왜냐하면 영적인 전투는 모든 사람들이 신앙의 일정한 수준이 되면 싸워야 될 전투이기 때문입니다. 그러므로 영적전투를 성경적인 바탕 안에서 제대로 알지 못하면 한쪽으로만 편협해 질 수 있다는 것을 알아야 합니다.

영적인 전투는 크게 두 가지 의미의 전투로 나눌 수 있습니다. 첫 번째는 소극적인 의미의 영적인 전투이고 두 번째는 적극적인 의미의 영적인 전투입니다. 소극적인 의미의 영적인 전투는 주님께 온전히 붙어 있어서 주님이 나대신 싸워주는 전투를 의미합니다. 적극적인 의미의 영적인 전투는 오늘 성경에 나와 있듯이 우리가 무장해서 직접 싸워서 마귀의 공격을 멸하는 전투를 의미합니다. 그런데 많은 사람들이 영적전투를 이야기할 때 에베소서 6장의 전신갑주를 예로 들면서, 직접 싸우는 적극적인 의미의 영적인 전투만을 이야기합니다. 그렇기 때문에 영적인 전투를 이해할 때는 반드시 양쪽 모두를 이해할 수 있는 균형이 필요한 것입니다.

구약성경을 보면 나타나는 것이 있습니다. 구약의 이스라엘백성은 군사적인 차원에서 보자면 오합지졸과 같았습니다. 그들은 싸울 힘도 없고 능력도 무기도 없으며 훈련되어 있지도 않았습니다. 그러나 주변의 강대국들은 이스라엘을 건들지 못했습니다. 그들이 하나님께만 붙어있으면 하나님이 그들을 대신해서 싸우셨기 때문입니다. 그리고 하나님은 하나님의 방법으로 싸워서 이기셨습니다. 구약에 나타난 대표적인 영적 전쟁에 관한 말씀이 시편 46장 10절부터 11절에 나와 있습니다. "너희는 가만히 있어 주가 너희 하나님 됨을 알지어다." 이스라엘 백성들을 향해 잠잠히 있으라는 것입니다. 잠잠히 하나님께만 붙어 있으면 하나님께서 너희를 대신하여 싸워 이기시겠다는 것입니다.

자주 불리는 복음 성가 가운데는 "주를 찬양 손을 들고 찬양 전쟁은 나에게 속한 것 아니니, 주를 찬양 손을 들고 찬양 전쟁은 하나님께 속한 것이니"라는 가사도 있습니다. 이 가사가 영석선두의 소극적인 의미를 강조한 찬양입니다. 그리고 신앙생활을 하다보면, 우리의 대장되신 예수님께 직접 싸워 달라고 고백할 때도 많이 있습니다.

(2) 적극적인 의미 - 무장하고 직접 싸워 마귀의 공격을 멸하는 것입니다.

그런데 성경에는 직접 우리가 싸워야 한다는 구절도 많이 있습니다. 소극적인 의미와 상반된 것입니다. 우리는 다음과 같이 생각할 수 있습니다. '분명히 내가 알고 있는 전투는, 내가 하나님께만 속해 있으면, 내가 하나님께만 붙어 있으면 하나님이 대신 싸워 주신다고 했는데, 성경의 또 다른 구절에서는 직접 싸우라고도 말씀하시는 것일까?'

그래서 우리가 영적인 전투를 싸워야 한다고 할 때에는 반드시 두 가지 의미를 분명히 알아야 합니다. 소극적인 의미의 영적인 전투는 내가 하나님께만 붙어 있으면 되는 것입니다. 그러면 하나님이 나 대신 싸워 주시는 것입니다. 하지만 또 다른 차원의 적극적인 의미의 영적인 전투는 내가 무장해서 직접 싸우는 것을 의미합니다. 하나님께 붙어있을 뿐 아니라, 직접 전쟁터에서 싸우는 영적 군사가 되라는 것입니다. 이처럼 영적인 전투에는 두 차원이 있다는 것을 미리 염두해 두시기를 바랍니다.

2) 영적 군사로서 전투를 해야 할 이유 - 소극적 의미

(1) 나의 연약함으로 늘 주님께 붙어 있지 못하기 때문입니다.

그런데 왜 바울이 오늘 말씀에서 영적인 전투를 직접 싸우라는 것일까요? 성경에서 바울만큼 영적인 전투를 직접 해 본 사람은 많지 않습니다. 바울은 신약의 위대한 복음 전도자였습니다. 복음 전도자라는 것은 늘 영적인 전투의 최전방에서 싸우는 사람을 말합니다. 바울은 평생을 영적전투의 현장에 있었기에, 실제적으로 영적인 전투에 '도'가 난 사람입니다. 그렇기 때문에 성경에서 바울이 쓴 글은 복음전도자의 입장에서 풀어야 그 깊이를 더할 수 있습니다.

본문말씀인 에베소서는 에베소에 있는 교인들에게 쓴 것입니다. 에베소 교인들의 믿음을 단단하게 하며 성장하게 하고 온전하게 하기 위해서 쓴 글입니다. 그런데 에베소서 1장에서 6장까지를 볼 때, 1장부터 교회론이 두드러지게 나타나고 있습니다. 교회라고 하는 것이 무엇인지, 그리고 공동체의 하나됨에 대해서, 또한 개개인의 신앙이 성장하기 위해 그리스도 안에서 어떻게 뿌리를 내려야 하는지 분명히 나와 있습니다.

그러나 이러한 주제를 다 다루었다고 끝난 것이 아닙니다. 본문 말씀을 보니, '끝으로' 라는 단어로 시작하고 있습니다. 너희가 그리스도 안에서 뿌리를 내리고 믿음이 성장해 가면 좋은데 그것만이 전부가 아니라는 것입니다. 이제는 "너희가 마지막으로 해야 할 일이 있어"라는 의미 안에서, 바울 사도가 '끝으로'라는 단어를 필두로 또 다른 이야기를 시작하고 있는 것입니다. "끝으로 너희가 주안에서와 그 힘의 능력으로 강건하여져라." 이 말씀을 묵상해 보면, 영적인 전투는 결코 아무 때나 나서 싸우는 것이 아니라는 것을 알 수 있습니다. 물론, 내가 구원받은 다음부터 영적인 전투는 이미 시작되었습니다. 여러분이 의식하든지, 의식하지 못하든지, 여러분이 하나님의 자녀가 되었다는 것은 이 세상 속에서 내가 분리되었고 내가 하나님 나라로 정체성을 옮겼다는 것을 의미합니다.

그렇기에 영적인 눈을 뜨고 보면 얼마나 사단이 나를 공격하고 있는지 모릅니다. 내가 하나님의 자녀가 되어 사단의 공격이 많았음에도 불구하고 이제까지 살아올 수 있었던 것은 하나님이 나를 보호하고 있었기 때문입니다. 그런데 그렇게 보호해 오셨어도, 내가 그 품을 떠나고 박차버리면 어떻게 됩니까? 예수를 믿어도 힘들고 어려울 수 있는 상황이 올 수 있는 것입니다. 그러므로 바울이 결국 에베소 교인들에게 마지막으로 부탁하고 있는 것이 적극적인 전투입니다.

영적인 전투를 할 때, 먼저는 우리가 하나님께만 붙어 있어 그분이 대신 싸워주시는 것을 경험하는 것이 중요합니다. 예를 들어 우리 자녀들이 학교에서 맞고 왔다고 치면 내가 나서야 합니다. 왜 그렇습니까? 내가 부모이기 때문입니다. 하나님의 자녀도 마찬가지입니다. 하나님의 자녀가 어디에 가서 맞고 힘들면 하나님께서 대신 나서서 보호해 주시는 것입니다. 이처럼 나는 하나님께만 붙어 있으면 됩니다. 이것이 원칙입니다. 그런데 우리는 원칙대로 살아갈 힘이 없습니다. 여러분은 원칙대로 다 살아가십니까? 한 가지 묻고 싶습니다. 여러분들은 예수 믿고 구원받은 뒤부터 이제까지 하나님께 계속 붙어 있었던 사람입니까? 이것이 말처럼 쉬운 것은 아닙니다. '내가 주님께 붙어 있어야지! 붙어 있어야지!' 하다가도 간혹 내 힘이 다해서 놓아 버릴 때가 있잖아요!

그런데 문제는 무엇이냐 하면 그때도 사단은 쉬지 않는다는 것입니다. 내가 구원받은 그 순간부터 나를 넘어뜨리기 위해 나를 표적삼아 우는 사자같이 공격하려 하기에, 내가 하나님께 붙어 있지 못하는 순간에 달려드는 것입니다. 저는 사단이 참 유치하다고 생각됩니다. 쉴 때 좀 같이 쉬어줘야 하잖아요! 권투경기를 보세요. 3분 동안 싸우고 1분을 쉬잖아요. 쉴 때 가서 싸우는 건 반칙입니다. 그런데 영적인 전쟁에서 쉰다는 것은 없습니다. 그러므로 명심해야 합니다. 내가 힘들어서 내려놓으면 그때를 틈타는 게 사단입니다. 그러나 원칙은 하나님께만 붙어 있으면 하나님이 나 대신 싸워 주시는 것입니다. 하나님만 붙잡고 의지하면 하나님이 나 대신 그 일을 하게 하신다는 것입니다.

(2) 마귀의 궤계를 근본적으로 멸하여 나의 구원, 생명을 지키기 위함입니다.

우리가 영적 군사로서 전투를 해야 할 또 다른 이유는, 마귀의 궤계를 근본적으로 멸하기 위함입니다. 이는 사단의 공격을 그냥 막지만 말라는 것입니다. 공격이 들어올 때 "하나님 막아주세요"라고 기도하며 막는 데에서 끝내지 말고, 직접 나가 싸워서 그 모든 근원을 멸절하라는 것입니다. 저는 여름철에 모기가 있으면 잠을 제대로 못잡니다. 그 모기가 나를 공격해 올 때 제가 소극적으로 대처하는 방법이 있습니다. 그것은 이불을 덮고 있는 것입니다. 그런데 어느 정도 지나면 더워서 짜증이 나 잖아요. 그 다음엔 전쟁을 선포하고 방의 불을 다 켭니다. 불을 켜면 모기도 일단 숨어 버려요. 그러면 일단 인내가 필요합니다.

제가 자는 척을 하고 있을 때, 모기 역시 보호색에 붙어 있다가 10분에서 20분이 지나면 자기도 힘들어 지쳐서 날아다니게 됩니다. 바로 그때 모기를 잡을 수 있습니다. 아니면 불을 켠 즉시, 이불을 펄럭이며 바람을 일으켜 모기가 바람에 못 이겨 날아다닐 때 잡는 방법이 있습니다. 물론, 이불을 그냥 덮어쓰고 자면 안 물리게 됩니다. 그러나 적극적인 영적 전투가 필요한 이유는, 이제 모기를 잡아서 그 근원을 멸절시키라는 것입니다. 이것은 너무나 중요한 진리입니다. 그때 나도 보호되지만, 내 가족과 같은 울타리에 있는 모든 사람들이 보호되는 것입니다.

바울 역시, 영적전투의 전문가로서, 하나님께서 적극적인 영적인 전투를 원하신다는 것을 알았습니다. 그렇기 때문에 에베소에 있는 교인들을 격려하면서 마지막으로 영적전투를 서술하고 있는 것입니다. '에베소 교인들아! 마지막으로 부탁하고 싶은 것이 있는데, 너희들이 이제는 충분히 싸울 정도가 됐구나!'라고 말입니다. 이미 주안에서 너희가 그 힘의 능력으로 강해졌기 때문이라고 말해줍니다. 이 말씀은 굉장히 중요합니다. 너희가 주 안에서 그 힘의 능력으로 강해졌다는 말입니다. 그 정도의 영적인 수준이 되었다는 것입니다. 그렇기에 싸울 수 있다는 것입니다. 혹시 영적인 전투라고 해서 먼저 겁먹는 분이 계실지 모르겠지만, 이미 예수께서 죽으시고 부활한 다음에 이 전투는 쉬워졌습니다. 예수께서 부활하셨다는 것은 죽음의 모든 세력을 깨뜨리시고 이기신 사건이기 때문에, 내가 예수께 순종만 한다면 그 싸움은 이미 끝난 싸움입니다. 예수님이 이미 이기신 싸움이기 때문입니다. 그것을 믿으면 됩니다. 그 믿는다는 행위가 주안에 거하는 행위입니다. 그때 예수께서 이미 승리하신 승리가 내 승리가 되는 것입니다.

결국, 세상은 우리로 하여금 하나님을 좇을 것인지 세상을 따를 것인지 계속 갈등을 하게 만듭니다. 그때마다 하나님이 원하시는 것을 선택하는 것이 주 안에 거하는 것인데, 그렇게 '주 안에' 거할 때마다 믿음의 뿌리가 지속적으로 내려갑니다. 그런데 그렇게 믿음의 뿌리를 내리는 사람은 하나님의 능력 안에 거하게 되며 그 능력 안에 있을 때 나도 모르게 예수를 닮아가는 것입니다. 그래서 바울은 이미 너희에게 그 능력이 충분히 있다고 말하고 있는 것입니다. 이제는 직접적으로 싸워야 할 때라는 것입니다.

영적인 군사는 "어디에 먹이가 없을까? 어디에 싸움이 없을까?" 등을 생각하며 그 싸움을 즐기는 자들이어야 합니다. 왜냐하면 내가 충분히 이길 수 있기 때문입니다. 이는 내 힘으로 이길 수 있는 것이 아니고, 또 내 능력으로 이길 수 있는 것이 아니라, 하나님의 힘과 하나님의 능력으로 이길 수 있기 때문에 가능한 것입니다. 이러한 영적인 전투가 있을 때, 그것을 통하여 내가 보호받고, 나를 공격하는 모든 세력을 멸절할 수 있습니다.

3) 영적 군사로서 전투를 해야 할 이유 – 적극적 의미

(1) 영적 승리를 맛보며 장성한 분량까지 성장하기 위함입니다. 이것 없이 성장은 없습니다(요일 2:12-14 참조).

영적인 전투에는 크게 두 가지의 차원이 있다고 했습니다. 하나는 소극적인 차원이며 또 다른 하나는 적극적인 차원입니다. 이 소극적은 차원은, 앞서 살펴본 것처럼, 하나님께 붙어있어 그분이 하시는 일을 보는 것이며, 적극적인 차원의 전쟁은 본인이 직접 영적 군사로 나가 마귀의 궤계를 멸하는 것을 의미합니다. 그런데 이 소극적인 차원과 적극적인 차원의 영적전쟁은 서로 교류하며 맞물려 있습니다. 내가 적극적으로 싸운다고 해서 소극적인 차원이 필요 없는 것은 결코 아닙니다. 내가 싸우다보면 지칠 때에는 하나님의 품에 가서 숨을 수도 있기 때문입니다. 그러면 하나님이 내 연약함을 아시기 때문에 나대신 싸워 주실 수도 있습니다. 이것이 서로 함께 가는 것입니다.

그렇다면 특별히 영적인 전투를 해야 할 이유로서 적극적 의미의 첫 번째 이유는, 영적인 전투를 통하여 영적 승리를 맛보며 장성한 분량에까지 성장하기 위함입니다. 하나님께서는 우리가 단순히 온실 속의 힘없는 화초처럼 자라나길 원치 않으십니다. 하나님은 우리가 강력한 하나님의 사람으로 온전히 세워질 수 있기를 원합니다. 중요한 것은 아버지가 그 뒤에 지키시고 서 계시기에 우린 그 힘을 의지해서 나아갈 수 있는 것입니다.

독수리는 새끼 독수리를 훈련시킬 때 높은 곳에 가서 새끼를 일부로 떨어뜨립니다. 그때 이 새끼가 죽지 않으려고 날개를 막 치면서 힘을 얻으려 합니다. 그런데 아직 힘이 없기 때문에 떨어집니다. 그런데 밑바닥에 완전히 내동댕이치기 전에, 어미 독수리가 낚아서 다시 올라갑니다. 이후 높은 곳에 가서 또 떨어뜨립니다. 그러면서 또 살려고 날갯짓을 합니다. 여러분 왜 이러한 일을 반복하는 것일까요? 내 자식이며, 내 새끼

이기에, 이 세상을 이길 강한 독수리로 키우기 위해서입니다.

하나님 아버지 역시, 우리를 더 이상 아버지 품에서 가두어 두시고 아버지가 모든 것을 다 해주기만을 원치 않으십니다. 그럴 때 우리는 신앙 성장의 한계를 느낄 수밖에 없기 때문입니다. 그렇게 하는 것은 "우리 아버지가 돈이 있는데 뭐"라고 말하며, 세상살이를 고민하지 않는 아들을 만드는 것과 똑같은 것입니다. 그러한 아들은 합리적인 사람도 못될뿐더러, 가장 중요할 때 중요한 판단과 결단도 할 수 없게 만듭니다. 그러나 이 세상에서 고생하면서 그 고생 속에서도 아버지의 격려를 들으며 힘을 얻어 본 사람은, 무엇이든지 최선을 다하며 이 세상을 바꿀 수 있는 능력을 갖춘 사람이 될 수 있는 것입니다. 그래서 하나님께서는 우리에게 '적극적인 영적인 전투를 하라' 라고 하는 것입니다.

그 예를 성경 안에서 찾아볼 수 있습니다. 요한일서 2장 12절부터 14절까지의 말씀을 보겠습니다.

> "자녀들아 내가 너희에게 쓰는 너희 죄가 그의 이름으로 말미암아 사함을 받았음이요 아비들아 내가 너희에게 쓰는 것은 너희가 태초부터 계신 이를 알았음이요 청년들아 내가 너희에게 쓰는 것은 너희가 악한 자를 이기었음이라 아이들아 내가 너희에게 쓴 것은 너희가 아버지를 알았음이요 아비들아 내가 너희에게 쓴 것은 너희가 태초부터 계신 이를 알았음이요 청년들아 내가 너희에게 쓴 것은 너희가 강하고 하나님의 말씀이 너희 안에 거하시며 너희가 흉악한 자를 이기었음이라"

위의 말씀에서 사도 요한은 분명히 신앙 단계를 세 단계로 나누어 설명하고 있습니다. 그 세 단 계는 아이의 단계, 청년의 단계, 그리고 아비의 단계입니다. 아이의 단계의 특징이 있다면 아이들은 예수님의 보혈로 죄 용서함을 받고 하나님의 자녀가 되어서 아버지를 알아가는 단계입니다. 이것이 바로 아이의 단계입니다. 사실 이것만해도 굉장한 것입니다. 왜냐하면 예수님의 보혈 안에 놀라운 능력이 있습니다. 예수님의 십자가 사건의 가장 핵심만을 믿고 내가 목도하더라도 굉장한 일들이 우리 안에 일어날 수 있기 때문입니다. 그런데 어느 정도 영적인 성장을 경험하게 되면 청년의 때가 됩니다.

청년의 단계에서 해야 될 일은 하나님의 말씀이 우리 안에 거하기 때문에 우리가 강하게 되었다는 것입니다. 그래서 해야 할 일은 '흉악한 자를 이기고, 악한 자와 싸워 이겨야 한다'는 것입니다. 그러고 나서 이 영적싸움을 싸우다 보면 나도 모르는 사이에 승리를 맛보고, 그 승리가 누적되어 어느덧 영적인 아비의 단계에 들어가게 되는 것입니다. 영적인 아비의 단계는 영적인 거장의 단계입니다. 영적인 아비의 단계의 특징은 태초부터 계신 이를 '아는 것'입니다. 여기서 태초는 시작이 없음을 뜻합니다. 영원 전부터 계신 그 아버지를 알아가는 신비 가운데로, 비밀 가운데로 들어가는 자입니다.

영적인 군사로서 영적인 전투를 해야 할 분명한 이유가 있다면 바로 이처럼 아비의 단계로까지 성장하기 위함입니다. 청년의 단계를 거치지 않고는 아비의 단계로 넘어갈 수 없습니다. 그리고 그처럼 장성한 분량에 이르기 위한 필수과정이 바로 영적인 전투의 군사로 서는 일입니다.

2) 영적 전투를 통하여 이 땅에 하나님 나라를 확장하기 위함이다.

우리가 영적인 전투를 싸워야 할 또 다른 적극적인 이유가 있습니다. 그것은 하나님 나라의 확장을 위해서입니다. 교회가 성장하기 위해서는 반드시 필요한 교인들이 있습니다. 그들은 바로 영적인 군사들입니다. 영적인 군사가 어떤 사람인줄 아십니까? 하나님의 마음을 품고 적을 볼 수 있는 사람들입니다. 그리고 적에 넘어질 수 있는 사람을 예리하게 판단해서 그 사람을 살리는 사람들입니다.

적어도, 이 땅의 교회가 지금까지 성장하며 올 수 있었던 이유는, 모든 교회 공동체의 변방에서 나를 대신하여 싸워 준 영적인 군사가 있었기 때문입니다. 그 사람이 한사람이든 두 사람이든 세 사람이든 말입니다. 그런데 이제는 하나님께서 여러분 모두가 영적인 군사가 되라고 말씀하십니다. 왜 그렇습니까? 영적인 군사가 공동체 안에 적어도 몇 명이라도 세워진다면, 그 공동체는 건강한 공동체가 될 수 있기 때문입니다.

요한일서 말씀을 통해서도 읽었지만, 전방에서 들어오는 공격을 싸워서 막아내는 사람들이 영적인 청년들입니다. 그리고 그 전투 때문에 공동체 안에는 누가 자라납니까? 영적인 아이들이 자라나는 것입니다. 그리고 영적인 아비들의 역할은, 열정은 있지만 어디로 가야할지 방향을 모르는 청년들에게 태초부터 계신 이를 알았던 그 지각과 판단력을 가지고 지시함으로 공동체를 끌어가는 것입니다.

어떤 공동체를 보면 목사님 혼자 영적인 군사로 서 있는 경우가 있습니다. 그 목사님은 매일 힘들 수 있습니다. 이것이 개척교회의 가장 큰 문제점 입니다. 목사님이 품고 있는 마음에 같이 동참하는 자가 없기 때문입니다. 그렇기에 혼자 공동체를 향해서 날아오는 모든 화살을 다 맞아야 합니다. 아무도 목사님을 위해서 같이 싸우지 않고 중보기도를 하지 않는 현실 때문입니다. 아무도 세워진 지도자를 위해 울지를 않습니다. 그리고 꽃만 달라고 합니다. 에베소 교회도 이와 같았습니다. 그런데 바울은 이제 너희가 준비되었다고 하는 것입니다. 아이의 단계를 벗어나라는 것입니다. 이제는 너희가 당당하게 서서 싸우라는 것입니다. 지도자가 나누어 줄 젖이 없어졌기 때문이 아닙니다. 싸워야 성장하고, 싸워야 군사가 되고, 싸워야 아비의 단계로 넘어갈 수 있기 때문입니다.

한번은 서울신대에서 훈련시키는 '기노스코 팀'을 데리고 집회에 갔는데, 집회가 다 끝이 났는데도 그 자리를 지켜서 밤을 새우며 철야를 하고 기도하는 사람이 3~4명이 있었습니다. 처음에 본인들의 문제로 기도하는 줄 알았습니다. 그러나 나중에 알고 보니, 집회를 위해서, 그리고 그 공동체를 위해서 3박4일을 중보하는 군사들이었습니다. 실제로 그 집회는 성령의 기름 부으심 가운데 놀랍게 역사가 일어났는데, 이유는 저와 함께 싸우는 영적인 군사가 있었기 때문입니다. 여러분! 영적인 눈을 뜨시기 바랍니다. 영적인 눈을 뜨고 공동체를 바라보십시오. 하나님이 내가 속한 공동체를 향해서 가지고 계신 계획이 무엇인지, 내가 지금 무엇을 해야 하는지, 하나님이 지금 무엇을 명령하고 계시는지, 그것을 볼 수 있는 자가 영적인 군사입니다.

이렇게 볼 때, 우리가 영적인 군사로 세워져야 될 가장 큰 이유는 바로 나를 위해서일 뿐 아니라, 하나님 나라를 위해서입니다. 여러분의 교회가 더욱 영적으로 든든하게 세워지고 성장하기를 원하십니까? 그러면 교회 담임 목사님의 혼자 힘으로는 부족합니다. 반드시 이 공동체 안에 목사님과 같은 마음을 품고, 공동체를 위해 울 수 있으며, 영혼을 바라볼 수 있고, 남이 시키지 않아도 기도하며 싸울 수 있는 영적 군사들이 필요합니다. 그 군사들이 얼마나 많이 세워졌느냐에 따라서 그 공동체는 성장해 가는 것입니다. 여러분이 속한 가정이 축복받고 온전히 세워지길 원하십니까? 그러면 가정에도 영적인 군사가 반드시 필요합니다. 만약에 그런 영적인 군사를 찾지 못한다면 내가 스스로 군사가 되면 되는 것입니다. 그리고 내 자녀들을 동참시켜 가면 됩니다.

4) 영적 군사로 서기 위한 전제조건은 무엇입니까?

(1) 내적으로 – 주 안에서 평안을 누리며 그 은혜를 누리는 것입니다.

그러면 영적 군사로 서기 위한 전제조건은 무엇입니까? 저는 성경에 기록된 신앙의 단계를 무시하지 않기를 원합니다. 자녀에서 한 번에 아비의 단계로 넘어가는 자는 없습니다. 절대로 없으며, 이것은 불가능합니다. 이것을 의학용어로 표현하자면, '조로증'이라고 할 수 있습니다. 청년도 아닌데 벌써 애 늙은이가 된 경우를 말하는 것입니다. 그것은 비정상입니다.

그렇다면 가장 먼저, 영적인 군사로 서기 위해서 무엇을 준비해야 합니까? 단계를 무시하고 무조건 싸울 수 없다고 한다면, 가장 먼저 무엇을 준비해야 합니까? 그것은 주 안에서 평안을 누리고 그 은혜를 누리는 것입니다. 하나님의 은혜를 맛 본 사람이 하나님의 은혜를 전할 수 있는 것입니다. 여기에서 하나님의 평강과 은혜를 맛본다고 하는 것은 영적인 군사의 내적인 자질을 갖추어 가는 것을 말합니다. 절대적인 하나님의 평강을 맛보지 않고, 또 절대적인 하나님의 은혜를 맛보지 않고 우리는 싸울 수 없기 때문입니다. 즉, 정리되지 않는 내 복잡한 마음을 가지고 싸울 수 없습니다. 갈등이 있는 내 마음을 가지고 싸움에 임할 수 없습니다. 세상적인 싸움은 열정과 충성 하나만으로도 싸울 수 있지만, 영적인 싸움은 혼돈이 있는 곳에 질서와 평안을 주는 것이기에 내가 먼저 하나님의 평강과 은혜 안에서 그것을 누려야 한다는 것입니다. 그래야 전해

줄 수 있습니다.

　여기에 하나님의 전투의 특징이 있습니다. 그것은 세상적인 싸움과 같은 것이 아니라, 죄 때문에 혼돈되어지고 분열과 갈등이 있는 곳에 하나님의 평강을 전하고 은혜를 전하는 싸움이라는 것입니다. 다시 말하자면, 하나님의 싸움의 결과는 평강이요. 은혜의 누림이라는 것입니다. 그래서 영적군사는 먼저 이것을 자신이 누려야 합니다. 그러나 이 평강과 은혜는 주 안에서 가능하다는 것을 명심해야 합니다. 내가 주 안에 거할 때 이것이 가능하다는 것입니다. 그러므로 예수 믿고 구원 받은 후, 우리의 삶은 지속적으로 주 안에 거하는 삶이 되어야 함이 얼마나 중요한지를 알게 됩니다.

(2) 외적으로 - 주 안에서 하나님의 힘과 능력을 경험하는 것입니다.
　영적인 군사로 서기 위한 두 번째 준비는, 주 안에서 하나님의 힘과 능력을 경험하는 것입니다. 이것은 외적인 준비입니다. 하나님의 평강과 은혜를 누림이 군사의 내적인 준비라면, 외적인 준비도 있어야 합니다. 하나님께서는 어느날 갑자기 싸우라고 하지 않습니다. 착실하게 내 삶에서 하나님의 힘과 능력을 경험해 가면서 하나님께 확신한 신뢰와 믿음이 생겨날 때 싸우라고 하십니다. 우리가 싸울 수 있는 힘은 내 힘이 아니라, 하나님의 힘으로 싸우는 것이기에 하나님의 힘과 능력을 경험하지 않고는 감히 싸울 수 없다는 것입니다.
　그런데 하나님의 힘과 능력을 경험하면 연약한 영혼들과 세상이 보여지기 시작합니다. 하나님의 힘과 능력은 연약한 나 때문에, 그리고 방해하는 세상과 싸워 경험하는 것이기 때문입니다. 또한 주 안에서 하나님의 힘과 능력을 경험하면, 자연스럽게 주님을 닮아 영적인 눈이 떠지기 때문입니다. 그리고 그 힘과 능력 안에서 주님을 신뢰하기에 싸울 수 있는 것입니다. 주 안에 거할수록, 주님은 내가 속한 가정을 보게 하시고, 또 교회를 보게 하시며, 국가를 보게 하십니다. 그리고 기도하게 하십니다. 그것이 하나님의 마음이기 때문에 그렇습니다. 하나님이 마음을 주시면 순종해야 됩니다. 내가 영적인 군사가 되라는 싸인이기 때문입니다. 영적인 눈을 뜨십시오! 그리고 정말 이제는 내가 무엇을 해야 할지를 깊이 깨달아야 합니다. 신앙은 절대로 교회만 왔다가는 것이 아닙니다. 하나님을 알아가면서 그 힘으로 하나님의 은혜 아래 더욱 강해져 가는 것입니다. 그때 싸울 수 있는 것입니다. 그 때 내가 영적전쟁 가운데 승리할 수 있는 것입니다.

3. 마무리

우리 모두는 영적인 군사가 되어야 합니다. 영적인 눈을 떠서 주변을 바라보십시오! 영적인 군사는 내가 속해 있는 가정과, 교회 공동체, 그리고 나라를 볼 수 있는 사람들입니다. 보고 알아서 판단해야 싸울 수 있기 때문입니다. 그리고 상처받은 영혼들과 공동체를 위하여 누가 시키지 않아도 중보하며 싸움을 준비하는 사람입니다. 이제까지는 나만을 위해서 살아왔다고 한다면, 이제는 나와 하나님 나라를 위해 싸우는 사람이 영적군사입니다.

지금도 얼마나 많은 적군들이 으르렁 거리는지 모릅니다. 그러나 겁내지 마십시오. 이길 수 있습니다. 하나님이 이길 수 있기 때문에 눈을 띄워 보게 하시는 것입니다. 이길 수 있기 때문에 말씀을 주시는 것입니다. 이길 수 있기 때문에 우리를 영적군사로 보내시는것입니다. 그러므로 영적 군사로 서서 싸워 이길 수 있기를 원합니다. 이렇게 영적전투를 치러가며, 나도 모르게 영적인 아비의 단계로 올라갈 수 있습니다. 영적인 거장이 되는 것입니다. 태초부터 계신 하나님을 깊게 알아가는 단계인 것입니다.

그러나 신앙은 시작했지만, 청년의 단계도 거치지 못하고 이 세상을 떠나는 사람들이 참 많이 있습니다. 하나님의 자녀는 됐지만, 영적군사로 싸워보지도 못하고, 성장도 경험하지 못하고 신앙을 마감하는 사람들이 많다는 것입니다. 이제는 영적인 눈을 떠서 내가 직접 싸워 이길 수 있는 승리를 맛보시기를 바랍니다. '영적군사가 되라'는 하나님 음성에 순종할 수 있기를 원합니다.

마무리를 위해서 다시 생각하고 토의할 문제들

1. 영적전투를 다음의 두 가지로 나누어서 그 의미를 설명해 보시오
   1) 소극적 의미 -
   2) 적극적 의미 -

2. 소극적인 의미에서 볼 때, 내가 영적전투를 해야 할 이유를 말해보시오.
   1)
   2)

3. 적극적인 의미에서 볼 때, 내가 영적전투를 해야 할 이유를 말해 보시오.
   1)
   2)

4. 영적인 군사로 서기 위한 전제조건은 무엇입니까?
   1) 내적으로 -
   2) 외적으로 -

5. 사도 요한이 말한 영적인 세 단계를 말하고 그 특징을 토의해 보시오.
   1)
   2)
   3)

chapter 08

8. 영적전쟁의 궁극적 이유와 대상들

◆ 주제를 풀어갈 성경본문 – 에베소서 6:11~12

"마귀의 간계를 능히 대적하기 위하여 하나님의 전신 갑주를 입으라 우리의 씨름은 혈과 육을 상대하는 것이 아니요 통치자들과 권세들과 이 어둠의 세상 주관자들과 하늘에 있는 악의 영들을 상대함이라"

◆ 주제를 풀어 갈 글의 개요

1. 들어가면서 – 본문의 정황과 배경

2. 본론

  1) 영적인 전쟁을 해야 할 궁극적 이유
   (1) 구원 받은 이후부터 우리의 주된 싸움은 혈과 육의 싸움이 아니기 때문에
   (2) 마귀의 간계가 있기 때문에
   (3) 능히 대적하여 하나님의 나라를 지키기 위하여

  2) 영적전쟁을 해야 할 대상의 정체들
   (1) 통치자들 (정사) - 세상의 왕들 가운데 역사하는 악령
   (2) 권세들 (공중의 권세자들) - 공중의 권세를 장악하고 있는 세력
   (3) 어둠의 세상 주관자들 - 어둠의 세상을 지배하고 통치하는 세력들
   (4) 하늘에 있는 악의 영들 - 사단의 행동대원들과 같은 존재들입니다.

3. 마무리 – 요약과 적용

1. 들어가면서

　우리가 온전한 영적 군사로 서기 위해서는 싸움의 궁극적인 이유를 알아야하고, 또 싸워야할 대상이 누구인지를 명확히 알아야 합니다. 적을 알고 싸울 때, 우리의 싸움을 수월해 질 수 있으며, 싸워야할 궁극적인 이유를 알 때 우리는 쉽게 지치지 않을 것입니다. 우리는 이미 이전 장에서, 일반적인 의미 안에서 영적전투의 이유를 알아보았지만, 이 장에서는 본문의 내용을 중심으로 다시 한 번 영적전투의 이유를 다룰 것입니다. 중복되는 부분도 있겠지만, 영적전투의 이유와 동기가 분명히 부여될 때, 그 힘은 우리를 영적전투의 현장으로 내몰 수 있습니다.

　또한 우리가 싸워야할 대상에 대해서 분명히 확인하고 넘어갈 것입니다. 바울만큼 영적전투를 싸워본 사람도 없을 것입니다. 그 많은 전투의 경험을 통하여 바울은 영적전투의 상대를 명확하게 밝힌 것입니다. 성경 어디에서도, 우리가 싸워야할 영적 대상에 대해서 본문만큼 명확하게 그 대상을 기술하고 있는 부분이 없습니다. 바울이 영적 싸움의 대상을 분명히 드러낸 이유 중에 가장 중요한 것은, 영적 전쟁이 결코 만만한 싸움이 아니며 우리가 영적대상에 대하여 똑바로 알고 준비하여 싸울 때 궁극적인 승리가 주어질 수 있기 때문입니다.

2. 본론

1) 영적인 전쟁을 해야 할 궁극적 이유

(1) 구원 받은 이후부터 우리의 주된 싸움은 혈과 육의 싸움이 아니기 때문에

우리가 영적전쟁을 해야 하는 궁극적인 첫 번째 이유는, 구원받은 이후부터 우리의 주된 싸움은 혈과 육에 대한 싸움이 아니기 때문입니다. 바울은 '11절' 말씀을 통하여 분명히 이야기하고 있습니다. 예수 믿고 구원 받은 다음부터, 우리는 이 세상에 그대로 노출된 존재입니다. 영적인 눈으로 보면, 쉽게 세상에 노출되어 있는 표적물이라는 것입니다. 그리고 그 표적물들을 사단은 집요하게 공격합니다.

그렇다면 왜 사단이 우리를 지속적으로 공격하는 것일까요? 한 영혼이 구원받았으면 그 구원은 끝까지 가는 것입니다. 그런데 사단이 그것을 알면서도 왜 우리를 공격할까요? 괴롭게 하려구요? 내가 괴로운 게 사단의 기쁨인가요? 사단이 기뻐하려고 우리를 공격할까요? 여러 가지 이유가 있습니다만, 가장 중요한 이유가 있습니다. 그것은 구원받은 하나님의 자녀를 그냥 내버려둘 때, 그들은 그들만 잘 사는 것이 아니라, 영적인 영향력을 반드시 세상 가운데로 흘려보내기 때문입니다. 그리고 그 영적인 영향력은 자동적으로 하나님 나라의 확장과 연결이 되어지기 때문입니다.

그렇기 때문에 사단은 우리를 그냥 내버려 둘 수 없습니다. 조금이라도 공격해야 하고, 조금이라도 불안하게 해야 하고, 조금이라도 의심스럽게 만들어서 우리가 가지고 있는 신념, 우리가 예수를 경험한 믿음,

그 자체를 흔들어 놓는 것이 '사단의 계략'이라는 것입니다. 그러므로 우리가 인정하든지, 인정하지 않든지 간에, 사단은 우리가 구원받은 다음부터 지금까지 쉬지 않고 공격해 왔습니다. 그리고 지금도 그 공격 안에 노출되어 있습니다.

그런데 바울은 그 영적인 전투를 이야기 하면서 '우리의 싸움은 혈과 육에 관한 싸움이 아니다'라고 말하고 있습니다. 이것은 무슨 의미일까요? 예를 들어서 아이가 갑자기 아프거나, 직장에 문제가 생겼거나, 어려운 일들이 닥쳐올 때 우리는 쉽게 그 문제를 생각합니다. 아이가 손을 씻지 않았거나 피곤했기 때문에 아이가 아프다고 생각합니다. 또 내 능력의 한계 밖이거나 사람과의 관계가 좋지 않기에 문제들이 생겨난 것이라고 여기는 경우가 많습니다. 물론 그것도 사실입니다. 그러나 더 중요하게 생각해야 할 부분이 있습니다. 실은 우리의 연약함과 실수, 그리고 잘못한 부분이 있어서 우리에게 문제와 어려움이 찾아왔을 수 있지만, 구원받은 하나님의 자녀들에게 문제가 생겼을 때에는 항상 영적인 눈을 뜨고 연약함을 틈타서 공격하는 세력이 있을 수 있다는 것을 볼 수 있어야 합니다.

만약 내 아이가 아프다면, 그때 우리는 가장 먼저 하나님 앞께 물어봐야 합니다. "하나님 어떻게 해야 합니까? 이것이 하나님이 주시는 어떤 싸인이기도 합니까?" 만약 직장에서 나에게 문제가 생겼어도 하나님께 먼저 물어봐야 합니다. "하나님 도대체 왜 이 문제가 나에게 생겼습니까?" 우리가 이런 일들을 하나님께 묻지 않기 때문에 영적인 부분에 있어 더 민감해지지 못할 수 있습니다. 영적으로 민감하게 노력하지 않으면, 구원받았어도 육적으로는 세상 사람들과 똑같이 살아갈 수밖에 없는 것입니다. 그래서 바울은 본문 말씀을 통하여 "우리의 싸움은 혈과 육에 대한 싸움이 아니고 바로 영적인 싸움이다"라고 강조하고 있는 것입니다.

바울의 말은 무조건 모든 것을 영적인 의미로 갖다 붙이고 해석해야 한다는 것을 의미하지 않습니다. 이 부분에 있어서는 반드시 영적인 균형 감각이 필요합니다. 그러나 우리는 너무나 세상적이고 육신적인 것에 익숙해져 있습니다. 그래서 영적인 일마저도 육신적으로 해석해 버릴 수 있는 경우가 대부분입니다. 적어도 구원 받은 사람들은 나의 실수와 잘못, 내 연약함 때문에 문제가 생길 수 있다는 것을 인정해야 하지만, 그것과 더불어 영적으로 이 연약함을 마귀가 어떻게 공격해 오느냐 하는 부분에도 영적인 안목을 가져야 합니다.

(2) 마귀의 간계가 있기 때문에

우리가 영적인 전쟁을 해야 될 궁극적인 이유에 대해서 바울은 또 다시 말하고 있습니다. 그것은 '마귀의 간계가 있다'는 것입니다. '간계'라는 것은 '간사한 계율'을 말합니다. 사단은 어떻게 해서든지 우리를 올무에 넣어 무너뜨리기 위해 계속 우리를 공격해 옵니다. 사단은 24시간 쉬지 않고 우리를 넘어뜨리기 위해 노력하고 있는 것입니다. 우리는 사단을 연구하지 않았어도 사단은 철저하게 우리를 연구합니다. "어떻게 하면 우리를 넘어뜨릴 수 있을까?" 쉬지 않고 연구하는 존재가 사단인 것입니다.

그런데 우리는 사단에 대한 연구가 전무합니다. 그냥 잘 모르면서도 "나쁜 존재", 뭐 이정도 하는 것이지요. 그리고 싸워서 이겨야 될 존재로만 생각한다는 것입니다. 이렇기에 사단과 우리의 싸움은 처음부터 게임이 안 됩니다. 사단은 분명히 존재하고, 지속적으로 우리를 공격하고 있으며, 우리 한 사람 한 사람의 습성과 연약함을 알아 언제 가장 잘 넘어지는 줄도 아는데, 우리는 너무도 사단을 모르고 있습니다. 사단은 지금도 가장 간사하고 비겁한 방법으로 우리를 넘어뜨리려고 계속해서 노력하기 때문에 우리가 싸워야 합니다.

(3) 능히 대적하여 하나님의 나라를 지키기 위하여

영적전쟁을 해야 될 마지막 세 번째 이유는 두 번째 이유와 연관되어 있습니다. 그 이유는 '능히 대적해 하나님의 나라를 지키기 위함'이라는 것입니다. 만약 나를 대적해 오는 공격을 내가 싸워서 이길 수 있다면, 그것은 사단의 존재 하나를 넘어뜨리는 것으로 끝나는 것이 아닙니다. 그것은 그 사단의 존재 때문에 공격당할 수 있는 많은 영혼들을 내가 보호하는 것이 될 수 있기 때문입니다. 그래서 영적인 전투가 더 필요한 것입니다. 더 이상 다른 사람이 나를 대신해서 싸우는 것 때문에 덕 보는 자가 되지 말고, 직접 싸워서 지키는 자가 되라는 것입니다. 내가 싸워서 가정을 지키고, 내가 싸워서 교회를 지키고, 내가 싸워서 이 나라와 민족을 지키는 자가 되라고 말씀하시는 것입니다.

참 마음이 아픈 것은, 이제는 옛날처럼 청계산이나 북한산에서 나라를 위해 기도하는 기도소리가 점점 줄어가고 있는 것입니다. 사실 그 기도소리와 그 간절함 때문에 하나님께서 이 나라를 지켜주셨습니다. 이제는 우리가 영적으로 깨어서 그 일을 감당해야 합니다. 왜냐하면 하나님에 대한 지식이 있고, 영적으로 많은 경험과 연륜이 있는 우리들이 이제는 더 이상 어린아이처럼 젖만 물지 말고 청년의 때와 같이 일어서서 강한 군사가 되어 그 악한 적들과 싸워 이기라고 말씀하시고 계시기 때문입니다.

2) 영적전쟁을 해야 할 대상의 정체들

앞에서 영적전쟁을 해야 할 궁극적인 이유에 대해서 알았다면, 이제는 우리가 싸워야 될 대상들에 대해서 알아봅시다. 만약 우리가 영적전쟁의 대상을 모르고 싸움을 한다면, 허공을 향해서 주먹을 뻗치는 것과 같습니다. 아무리 마귀가 보이지 않는다고 해도, 허공을 치면 마귀가 맞습니까? 그런데도 허공을 향해 주먹을 던지는 사람이 우리 주변에 많이 있는 것 같습니다. 그래서 우리가 싸워야 될 대상이 누구인지 분명히 아는 것은 중요합니다. 제가 영적전투의 대상을 물어보면, 여러분은 그 대상이 "사단"이라고 쉽게 얘기하고 끝이라 생각하실지 모르겠습니다. 그러나 결코 그렇지 않습니다. 이 사단노 조직과 체계를 가지고 긴밀하게 움직이고 있습니다. 사실 체계적이고 조직적인 것을 따지면 우리가 능히 이길 수 없을 것입니다. 그러나 중요한 것은 우리가 허술하고 연약하더라도 하나님이 우리와 함께 하시기 때문에 이길 수 있습니다. 그리고 이제까지 그렇게 이겨왔습니다. 그러나 이제는 좀 더 전략적으로 전쟁을 할 필요가 있습니다. 예수님께서 제자들을 세상에 내보내시면서 뱀처럼 지혜로우라고 하신 것처럼 말입니다.

이 말은 사단이 그 정도로 체계적이고 전략적이고 조직적이라는 것을 반증합니다. 그런데 성경에서 이 사단의 조직과 체계에 대해서 명확하게 나와 있는 구절을 찾아보기 어렵습니다. 그런데 유독, 오늘 성경 본문에서 그 사단의 조직에 대해서 명확하게 나와 있습니다. 사단에 조직에 대해서 구체적으로 나와 있는 구절은 이 구절 외에 전무하다고 할 수 있습니다. 간혹 성경구절에 "세상의 통치자를 조심하라, 세상의 정사들을 조심하라"는 구절이 나오긴 하지만, 구체적으로 사단의 세력에 대해 이렇게 밝혀 놓은 여타 구절은 없습니다.

그러면 성경은 왜 사단의 존재에 대해서 많이 이야기 하고 있지 않을까요? 사실은 사단이 우리의 주된 상대가 아니기 때문에 그렇습니다. 주된 관심의 대상이 아니라는 것이지요. 사단보다는 '하나님'이 '예수 그리스도'가 우리의 주된 관심이기 때문입니다. 성경의 주된 관심은 우리가 예수 그리스도를 더 알고 하나님을 더 깊이 깨닫도록 도움을 주는데 있습니다. 그러나 사단이 기록되어 있는 이유가 있다면, 그 이유는 우리가 하나님을 알아 가고 예수 그리스도를 알아간다고 하더라도 온전히 알아가지 못하고 그분의 능력 안에 들어가지 못하도록 방해하는 세력이 있다는 것을 알리고자 함입니다. 그렇다면 결국 사단과 싸워서 이긴다는 것은 그 승리를 맛보는데 있지 않고, 궁극적으로 하나님의 능력을 더 깊게 경험하고 예수를 더 깊게 알아 가는데 있는 것입니다. 그렇기에 항상 이 두 가지가 맞물려 갑니다. 내가 예수를 더 깊게 알려고 해서만 알아지는 것이 아니라, 반드시 거기에 대한 방해가 있기 때문에 그 방해 세력과 싸워서 이겨야 예수를 더 깊게 알고 그 능력 안에 더 깊게 들어갈 수 있습니다.

자, 그렇다면 사단의 나라의 체계는 크게 어떻게 나눌 수 있을까요? 12절의 말씀을 다시 한 번 보시겠습니다. "우리의 씨름은 혈과 육을 상대하는 것이 아니요 통치자들과 권세들과 이 어둠의 세상 주관자들과 하늘에 있는 악한 영들을 상대함이라." 12절 말씀에 나와 있듯이 그들의 체계는 크게 네 가지로 나눌 수 있습니다. 그런데 저는 이 말씀을 읽다가 궁금한 것이 생겨났습니다. 도대체 "바울 사도는 어떻게 이것을 써 놓았을까?"라는 의문이었습니다. 자신도 보고 만지거나 느끼지 못했을 텐데 어떻게 사단의 체계가 이렇게 나누어져 있다는 것을 알 수 있었을까 하고 말입니다. 이것이 바로 바울의 위대함입니다. 왜냐하면 바울은 영적인 전투를 최전방에서 싸운 복음 전도자였습니다. 한번 싸운 것이 아니라 싸우고 또 싸워서 죽어서 하나님께서 부르시는 날까지 영적인 전투를 싸운 자였습니다. 그렇게 기독교의 기초를 놓고 하나님 나라를 확장시켜 온 존재가 바울이었습니다. 자주 싸워본 사람은 싸움의 대상을 압니다.

바울은 처음부터 완벽하게 알아서 싸운 것이 아니라, 싸우다 보니까 사단의 나라에 체계와 조직이 있고 아주 광대하게 전방위에서 움직이는 존재라는 것을 알았을 것입니다. 영적전투가 전방위에서 이루어지는 일이라는 것을 알지 못한다면 우리는 깊이 있는 승리를 경험하시 못합니다. 즉, 나는 내가 있는 자리에서 영적승리를 거두었지만, 내가 있는 자리의 위가 무너지고, 옆이 무너지니까 다시 모든 것이 무너지고 맙니다. 그러므로 우리가 반드시 알아야 할 것이 있습니다. 그것은 바로 우리가 영적인 전투를 싸운다고 할 때, 단지 나에게 공격하는 대상하고만 싸우는 것이 아니라, 그것을 넘어 전방위에서 싸워야 한다는 것입니다. 왜냐하면 우리의 공격대상은 위와 옆에서 체계적으로 공격하고 모든 것을 포진해서 오는데 나는 내 앞에 있는 것하고만 싸워서 이겼다고 해서 승리한 것이 아니라는 것입니다. 여러분 그런 경험해보셨지요? 문제가 있어서 교회와서 기도하고 내가 승리를 경험하고 기뻐서 집에 갔더니 남편이 집에 안 들어오는 거예요. 그래서 다 무너져버립니다. 아이들이 말을 안 들어요. 그래서 다 날아가 버리는 것입니다. 이것이 바로 영적인 전투가 우리의 영역에서만 싸우는 것이 아님을 보여줍니다.

전방위에서 보면 내가 소속된 가정이 있고 사회와 국가가 있습니다.

내가 아무리 영적인 승리를 경험했다고 할지라도 지진이 나서 모든 것이 무너졌다면 모두 다 날아갈 수 있는 것 아니겠습니까? 그렇기 때문에 바울은 우리가 싸워야 될 영적인 적대자들이 어떻게 각 요소요소 포진해 있고 그들이 무슨 세력을 장악하고 있으며 어떻게 흔들어서 우리를 넘어뜨리려고 하는지를 가르쳐 주고 있는 것입니다. 이 부분이 보여져야 기도를 하더라도 체계적으로 할 수 있고 어떻게 싸워야 궁극적인 승리에 도달할 수 있는 지 알 수 있습니다.

(1) 통치자들(정사) - 세상의 왕들 가운데 역사하는 악령

먼저 바울이 말한 첫 번째 세력들은 '통치자'들입니다. 통치자들은 예전 개역한글성경에는 '정사들'이라고 나와 있습니다. 영어로 보면 'Ruler'입니다. 'Ruler'가 뜻이 무엇입니까? 지배자들을 말합니다. 인간은 혼자 살아갈 수 없는 존재입니다. 그래서 항상 조직을 만들고 체계를 만들고 조직과 체계 위에는 늘 상위 계급이 있어 권력의 구조가 만들어지는 것입니다. 그러므로 통치자들은 항상 인간이 만들어 놓은 조직과 체계의 권력의 구조에 틈타서 역사하는 세력을 말합니다. 사단은 우리 한 사람 한 사람을 넘어뜨리는데 목표가 있는데 내게 병을 주고 힘들게 해서 넘어뜨리는 것만이 아니라, 어떻게 하면 완전히 넘어질 수 있는지를 알고 있습니다. 그것은 바로 내가 속한 조직이 흔들리는 것이고, 내가 속한 지역이 흔들리는 것이며, 내가 속한 나라가 흔들리는 것입니다. 그래서 우리는 알지 못하더라도, 체계적으로 그 권세를 틈타서 역사하는 사단과 지역을 잡고 있는 사단, 우리 각 사람을 공격하는 사단 등 체계적으로 이 모든 것이 나뉘어져 있습니다. 그렇다면 통치자들은 어디서 활동하는 세력들을 말합니까? 인간의 권위 구조 속에 들어와서 싸우는 자들을 말합니다.

　이해를 돕기 위해서 구약의 예를 들어보겠습니다. 고대근동 사람들은, 항상 성읍을 만들고 그 성읍 안에서 살았습니다. 그런데 그 성읍에 가장 중요한 지점이 되는 것은 성문입니다. 왜냐하면 그 성읍의 지도자들이 항상 성문에 모여서 의사를 결정했기 때문이지요. 그래서 성읍의 문은 굉장히 중요한 의미를 지닙니다. 찬양가사에서도 이런 고백이 있습니다. "문들아 머리 들어라 들릴지어다 영원한 문들아~" 구약에 보면 문이 참 많이 나옵니다. 이것은 문이 굉장히 중요하기 때문입니다. 이 문이 바로 그 시대 그 나라 사람들의 최고의 의결기관을 하던 장소였습니다. 오늘날로 말하면 국회의원들이 모이는 국회의사당 그리고 대통령이 있는 청와대 등을 지칭하는 것이라 할 수 있습니다.

　그런데 그곳에 있는 지도자들이 모여서 의사를 결정하고 성읍에 사는 사람들을 통치하는데 그 사람들을 잘 보호하기 위해서 성벽을 만듭니다. 그런데 아무리 의견을 잘 모으고 백성들을 잘 다스린다고 해도 성벽이 무너지면 그 성안에 살고 있는 사람들은 공격을 받게 됩니다. 그리고 결국은 성문까지도 훼파되어질 수 있는 것입니다. 사단은 그 사실을 잘 알고 있습니다. 그래서 어떻게 하든지 사람이 살고 있는 이 세계에 온전한 구조라고 할 수 있는 성문과 같은 성벽 구조를 흔들어서 그것을 훼파하기를 원하는 것입니다. 그래서 사단이 가장 첫 번째로 하는 일이 경건하지 않은 지도자를 세우는 것입니다. 성문과 성벽은 하나의 예입니다. 여러분 느헤미야가 바벨론 포로에서 돌아와서 성전도 지어야 하고 학교도 지어야 하고 가정도 지어야 하는데 가장 먼저 한 일은 성벽을 재건하는 일이었습니다. 왜 그렇습니까? 성벽의 재건없이 성전을 지어도 소용이 없기 때문입니다. 적으로부터 공격을 받게 되면 언제든지 무너지기 때문입니다. 그러니까 성벽이 무너지면 성문이 무너지는 것은 하루아침이고 그 안에 있는 모든 사람들이 공격받게 되는 것입니다.

그렇다면 사단은 지금도 지속적으로 성벽을 무너뜨려서 성문을 무너뜨리고 그 안에 있는 사람들을 공격하려고 합니다. 이것이 통치자들이 하는 일입니다. 그렇게 볼 때, 실질적으로 이 통치자들이 하는 일은 경건하지 않은 지도자를 세우는 것입니다. 그래서 그들로 하여금 거짓을 말하게 하고, 자기 욕심을 추구하게 하고, 자꾸 싸움을 붙이고 미혹하게 만드는 것입니다. 예수님을 믿는 자들이 다 대통령을 하는 것은 아니잖아요. 그리고 예수님을 믿는 자들도 다 나름이지 않겠습니까? 그렇기에 지도자들이 어떤 신앙을 갖고 있느냐는 너무나 중요합니다. 그래서 우리가 정말 바라며 기도해야 할 것은 진정으로 중심이 흔들리지 않는 지도자가 이 나라에 세워질 수 있도록 기도하는 것입니다.

그래서 바울은 이미 그 사실을 알았기에, 디모데전서 2장 1~2절 말씀에서 위에 있는 자들을 위해 기도하라고 부탁한 것입니다. 저는 처음에는 이 부분이 잘 이해가 안 되었습니다. 나 스스로가 위정자들을 위해 기도할 만큼 여유롭지 않다고 생각했거든요. 그런데 영적인 전투를 깊게 보면서 깨달았던 것은, 내가 진정으로 위에 있는 위정자들을 위해 기도하지 않는 한 내 삶의 영역에서 승리한 그 영적인 승리는 언제든지 무너질 수 있다는 것을 깨닫게 되었습니다. 그래서 바울은 지금, 체계적이며 통전적으로 이 모습을 보면서 너희들이 싸워야 될 대상의 첫 번째가 통치자들이라는 것을 말하고 있습니다. 결국 이 통치자들은 위에 있는 권세들을 틈타서 역사하는 악령들이라는 것입니다.

두 번째로 이 통치자들이 하는 일이 있습니다. 두 번째는 지도자를 지도자답지 못하게 만드는 것입니다. 남편을 남편답지 못하게 만들고, 교사를 교사답지 못하게 만드는 역할을 하는 존재가 통치자들인 것입니다. 세 번째 역할은 하나님의 뜻을 거역하게 만드는 것입니다. 사단은 위에 있는 지도자가 잘못되어져서 그들이 무너지면 그 밑에 있는 사람들은 자동적으로 와해될 수밖에 없다는 것을 알고 있습니다. 그래서 권세에 틈을 타고 역사하는 세력이 있는데 그들이 바로 '통치자'들이라는 것입니다. 저는 앞으로 여러분들이 기도할 때마다 위정자들을 위해 기도할 수 있기를 원합니다. 그분들이 마음에 들든지, 들지 않든지, 위정자들을 위해서 기도하셔야 합니다. 그 위정자들을 위해 기도해야 그 밑에 있는 사람들이 편안하게 살 수 있는 것입니다. 그 사람들이 예수님을 믿는 사람이든지, 믿지 않는 사람이든지, 그 안에 모두의 중심이 있습니다. 그 중심을 쉽게 잃어버리지 않도록 믿는 자들이 기도함으로 이 나라를 지켜 나아가야 하는 것입니다.

(2) 권세들 (공중의 권세자들)

- 공중의 권세를 장악하고 있는 자들 전파처럼 보이지 않는 영역에서 미혹케 합니다.

두 번째로 사도바울은 '권세들'을 이야기 합니다. 두 번째로 나오는 이 '권세들'은 지역을 장악하고 있는 '악한 영'들을 말합니다. 여러분 그런 것 못 느껴 보셨나요? 어느 지역에 가면 굉장히 음란하고 굉장히 폭력적이며 또 어느 지역에 가면 굉장히 평온함을 느끼는 경우가 있지요? 분명한 지역적 차이가 있다는 것을 느낄 수 있습니다. 안 믿는 사람들은 단순히 그 땅이 가지고 있는 속성이라고 이야기하지만 우리 믿는 사람들은 그렇게 이야기하지 않습니다. 그 지역을 통치하고 있는 '권세자'들이 있음을 알 수 있습니다. 바울이 말한 두 번째 악한 세력의 실체들이 무엇이냐 하면 지역을 장악하고 있는 권세자들입니다. 저는 여러분에게 이렇게 말씀드리고 싶습니다. 사단이 각 지역을 사로잡기 위한 전략이 다르다는 것입니다. 그래서 사단이 얼마나 정확하게 그 지역을 답사해서 그 지역을 위해서 노력하고 일하는지 모릅니다. 사단은 이미 육천년 동안 각 지역을 면밀하게 조사했습니다. 그리고 그 지역의 특성에 맞게 권세자들을 배치한 것입니다. 그리고 교묘하게 그 땅을 짓밟고 사로잡기 위해서 노력하고 있는 것입니다.

여러분 '시킴'이라고 아십니까? '시킴'은 나라 이름이에요. 우리는 그 '시킴'이라는 나라를 알지 못한다고 할지라도 사단은 이미 그 나라를 연구하고 조사해서 권세자들을 파견하고 그 땅을 사로잡고 있습니다. 그렇다면 '부탄'이 뭔지 아세요? 역시 나라 이름입니다. 사단은 또한 이 '부탄'이라는 나라 역시 이미 조사하고 그 세력을 급파해서 그 나라를 쥐고 있습니다. 통계를 보니까, 미얀마에 1950년도에 그리스도인의 인구가 채 100명도 안됐습니다. 이것은 무엇을 의미하지요? 이미 사단의 세력 안에 있는 것입니다. 그런데 미얀마를 위해서 그 지역을 조사하고 그 땅을 위해서 기도하는 사람들이 늘어났습니다. 지금은 미얀마의 기독교 인구가 10만 명이 넘는다고 합니다. 이것이 바로 영적인 전투의 결과입니다.

바울은 이렇게 각 지역을 장악하고 있는 권세자들이 있음을 말하고 있습니다. 이 권세자들과 맞서 싸우라고 하는 것이지요. 그래서 이 지역을 묶고 있는 그 세력들과 대항해서 싸우며 하나님을 선포하고 예수의 이름을 선포하며 나갈 때 하나님께서 이 땅에 세우신 교회의 목적을 이루어 가실 수 있는 것입니다. 지금 바울이 이야기하고 있는 것이 이것입니다. 그렇다면 그들은 우리 가정에 대한 특성도 잘 알고 있습니다. 어떻게 하면 부부싸움이 일어나고 아이들과 불화가 일어나는지 말입니다. 사단이 그 모든 계획을 세워 우리를 흔들고 있다는 것입니다. 너희가 싸워야 할 대상이 바로 여기에 있다고 바울사도가 지금 우리에게 분명하게 가르쳐 주고 있습니다.

(3) 어둠의 세상 주관자들 – 어둠의 세상을 지배하고 통치하는 세력들

세 번째는 악한 '어둠의 세상 주관자들'이 있다고 말하고 있습니다. 이 어둠의 세상 주관자들이 하는 일은 우리 개개인으로 하여금 죄를 짓도록 만드는 것입니다. 그러나 우리는 이미 예수님이 십자가에서 죽으시고 부활하심으로 말미암아 승리를 경험하였습니다. 그래서 사단은 허수아비와 같은 존재이며 겉껍데기만 남아 있는 것과 같습니다. 우리는 이미 승리하였습니다. 여러분 이런 얘기들을 많이 들어보셨을 것입니다. '그런데 왜 사단은 우리를 공격하고 그 실체와 그 세력이 영향력을 미치는 것입니까?' 그것은 우리가 지속적으로 죄를 짓고 있기 때문입니다. 이미 예수님께서 죄에 대한 모든 세력을 십자가에서 이기셨음에도 불구하고 우리가 죄를 지을 때 사단이 그 틈을 타서 공격을 하는 것입니다. 죄를 짓는 만큼 사단이 우리를 지배하기 때문입니다.

반면에 사단은 우리가 죄 용서함을 받을 때 그 힘을 잃게 되는 것입니다. 그렇기에 우리는 결단해야 합니다. 이 어둠의 주관자들이 계속하여 미혹하게 만들고 거짓말하게 만들고 자꾸 유혹을 할 때에, 죄 짓기를 거절하고 십자가 앞으로 나아갈 수 있어야 합니다. 여러분 안에도 지속적으로 반복해서 짓는 죄가 있을 것입니다. 그렇게 반복해서 죄를 짓게 될 때에 견고한 진이 되는 것입니다. 우리 모두 안에는 깨뜨리지 못한 견고한 진이 있을 수 있습니다. '하나님을 믿고 예배한다'라고 하지만 하나님을 제대로 예배하지 못하고 내가 지속적으로 죄를 지을 때가 있습니다. 반복적으로 죄를 짓는 만큼 죄의 세력이 나를 지배하고 그 세력이 굳혀지고 또 굳혀져서 단단한 견고한 진을 만들어 가는 것입니다. 이 역할을 감당하는 세력이 바로 어둠의 세상 주관자들인 것입니다.

우리가 싸워야 할 대상이 바로 여기에 있습니다. 그러나 아무리 견고한 진이라도 예수 이름 앞에 그 십자가의 능력 앞에 무너짐을 믿으십시요. 저는 그 견고한 진을 내가 품고 굳혀져 있는 것 자체라고 생각합니다. 이것을 가지고 주님 앞에, 십자가 앞으로 나오셔야 합니다. 그 능력으로만 깨어질 수 있습니다.

(4) 하늘에 있는 악의 영들 – 사단의 행동대원들과 같은 존재들입니다.

마지막으로 소개하는 세력들은 '하늘에 있는 악의 영들'이라고 말하고 있습니다. 하늘에 있는 악의 영들은 사단의 행동대원들과 같다고 이야기할 수 있습니다. 다시 말하면 통치자들과 권세자들 어둠의 주관자들이 있지만, 사단의 나라에서 이 모든 일들을 감당하는 행동대원들이라고 할 수 있습니다. 우리가 이제까지 영적인 전투를 싸웠다면 그것은 '하늘에 있는 악한 영들'과 싸워 왔는지 모릅니다. 그런데 바울은 그것만 가지고서는 완전한 승리가 있을 수 없다고 말합니다. 왜 그렇습니까? 위에서 무너뜨리고 지역에서 무너뜨리면 모든 게 다 끝날 수 있기 때문입니다. 그래서 위에 있는 사람들을 위해서 기도하고 이 지역을 위해서 기도하고 나를 향해 달려드는 그 세력과 맞서 싸우라고 바울은 이야기하고 있는 것입니다.

3. 마무리

하나님은 이 시대의 무너진 성벽을 재건하기를 원하십니다. 제가 말씀드렸던 성문과 성벽에 대한 이야기를 꼭 기억하십시오. 우리 가운데 성벽이 무너졌기 때문에 계속 공격이 들어오는 것입니다. 하나님은 기도하는 사람들을 통해서 이 성벽을 다시금 재건하는 작업을 하기 원하십니다. 성벽을 재건하지 않고 열심히 살려고 해도, 아무리 무너진 성벽 안에서 많은 것을 일궈냈다고 할지라도, 공격이 들어오면 금방 다 무너지는 것 아니겠습니까? 그래서 느헤미야가 포로생활에서 돌아왔을 때 성전보다도 제일 먼저 재건한 것이 성벽이었습니다. 우리 모두 무너진 성벽을 재건합시다. 또한 내 가정에 무너진 성벽이 있다면, 우리 교회에 무너진 성벽이 있다면, 이 나라에 무너진 성벽이 있다면, 하나님께서는 기도로 우리가 그 성벽을 재건하기를 원하십니다. 하나님은 우리가 영적인 군사로서 궁극적으로 영적전쟁을 해야 될 이유도 이제 싸워야 될 대상도 온전히 깨닫길 원하십니다. 여러분 함께 기도합시다. 나라의 위정자들을 위해서 우리가 속해 있는 각기 지역을 위해서 그리고 어둠의 주관자들과 악한 영들을 대적하시면서 기도하십시오.

동시에 우리의 삶 가운데 반복해서 짓는 죄를 끊어야 합니다. 혹 반복해서 죄를 진다고 할지라도 그 죄를 가지고 십자가 앞으로 나오셔야 합니다. 그것을 씻지 않으면 견고한 진이 되는 것입니다. 견고한 진이 되면 성령의 역사에도 민감하게 반응하지 못하고 오히려 반항하게 됩니다.

"하나님 이제 제가 누구와 싸워야 되는지 알았습니다. 비록 나는 초라하고 연약한 자이지만 이 나라 위정자들을 위해 기도하는 자가 되게 하여 주옵소서. 하나님 내가 속한 이 지역을 위해 기도하는 자가 되게 하여 주옵소서. 하나님 지속적으로 죄 짓게 만드는 어둠의 주관자들과 대항하여 싸울 수 있는 자가 되게 하여 주옵소서."

마무리를 위해서 다시 생각하고 토의할 문제들

1. 이 장에서 배운, 영적인 전투를 해야 할 궁극적인 이유 세 가지를 말해보시오
   1)
   2)
   3)

2. 영적전쟁을 해야 할 대상들의 특징과 그들의 영역에 대해서 말해보시오.
   1) 통치자들
   2) 권세들
   3) 어둠에 주관자들
   4) 하늘에 있는 악한 영들

3. 영전전투가 전방위에서 벌어져야할 이유가 있다면 무엇일까요? 토의해 보시오.

chapter 09

9. 영적전투의 준비와 하나님의 전신갑주

◆주제를 풀어갈 성경본문 – 에베소서 6:13

"그러므로 하나님의 전신 갑주를 취하라 이는 악한 날에 너희가 능히 대적하고 모든 일을 행한 후에 서기 위함이라"

◆주제를 풀어 갈 글의 개요

1. 들어가면서 – 본문의 정황과 배경
2. 본론

   1) 영적인 군사로 싸우기 위해 먼저 해야 할 일
   (1) 영적전투를 위한 준비가 필요하다는 것을 알아야 합니다.
   (2) 하나님의 전신갑주가 온전한 준비입니다.

   2) 영적전투에 있어서 하나님의 전신갑주를 취해야 할 이유
   (1) 이 시대가 악하기 때문입니다. - 영적인 전쟁을 수행해야하는 장(場)의 모습
   (2) 능히 대적하기 위함입니다. - 영적인 전투의 수월한 승리를 위하여
   (3) 모든 일을 행한 후에 서기 위함입니다. - 지속적인 전투가 있음을 암시.

3. 마무리 – 요약과 적용

1. 들어가면서

성경은 영적전투의 중요성에 대해서 말하며 그 전투를 독려하고 있지만, 무조건 나가서 싸우라고만 하지 않습니다. 무조건 나간다고 이기는 것이 아니기 때문입니다. 이미 예수께서 이겨 놓으신 싸움이지만, 우리에게도 준비가 필요합니다. 준비할 것을 준비하고, 갖출 것을 갖추지 않고서는 능히 싸워서 이길 수 없기 때문입니다.

그러면 영적전투의 거장인 바울이 말하는 영적전투를 위한 준비는 무엇입니까? 우리가 무엇을 준비해야 영적인 전투에서 이길 수 있습니까? 바울은 영적전투를 위하여 전신갑주를 입어야 한다고 말합니다. 왜 전신갑주가 필요할까요? 이에 본 장에서는 영적전투를 위한 준비와 그 준비과정에서 반드시 지녀야 할 하나님의 전신갑주가 왜 필요한지를 자세히 살펴보도록 하겠습니다.

2. 본론

1) 영적인 군사로 싸우기 위해 먼저 해야 할 일

(1) 영적전투를 위한 준비가 필요하다는 것을 알아야 합니다.

성경을 보면, 영적싸움에 관한 백전노장이자 영적 장군인 바울이 영적전투의 준비를 위해서 강조하는 말이 나옵니다. 영적전투는 준비가 있어야 한다는 것이지요. 아무런 준비없이 싸울 수 없다는 것입니다. 그런데 그 준비가 바로 하나님의 전신갑주라는 것입니다. 그래야 싸울 수 있다는 것입니다. 여러분 꼭 이렇게 전신갑주를 입고 싸워야 할까요? 제가 이렇게 말씀드릴 때 여러분은 다음과 같이 받아드릴 수 있습니다. '나는 전신갑주가 있다는 것을 성경을 통해서 알고 있고, 비록 이 전신갑주를 제대로 입어보지 못했지만 지금까지 싸워왔으며, 그 싸움에서 승리를 경험해 본 적이 있다'고 말입니다. 그래서 '왜 꼭 이렇게 준비를 하고 싸워야 하는가?'라고 질문할 수 있을 것입니다.

이미 앞 장에서 서술하였듯이, 영적 전투에는 2가지 차원이 있다고 하였습니다. 그것은 소극적인 차원과 적극적인 차원입니다. 이 소극적인 차원의 영적 전투는 내가 하나님의 품에 그냥 안기는 것을 의미합니다. 그래서 하나님이 나를 위해서 직접 싸워 주시는 전투를 의미합니다. 주님의 품에 그냥 안기는 것이지요. 그래서 주님이 나 대신 싸워 주시는 것을 말합니다. 사실 여러분이 하나님의 전신갑주를 취하지 못하고 싸워왔다고 한다면, 우리의 영적전투는 이런 소극적 의미의 전투였을 수 있습니다. 영적 전투를 하다가 힘이 들어 더 이상 안 될 때 '하나님 도와주세요. 내가 당신 안에서 승리하고 싶습니다.'라고 고백하는 것이지요. 그 때 예수님께서 나를 품으시고 나를 대신하여 싸워 주심으로, 거기서 승리를 맛보고 영광을 경험한 적이 있었을 것입니다. 그러나 적극적인 의미에서의 영적전투는 준비가 있어야 하며, 그때 나가서 싸울 수 있습니다.

(2) 하나님의 전신갑주가 온전한 준비입니다.

우리는 평생 소극적인 의미의 전투를 하며 살 수도 있습니다. 그런데 왜 내가 꼭 하나님의 전신갑주를 입어야 되고 직접 나가서 싸워야 되는 것일까요? 사실 하나님의 전신갑주를 입는다는 것이 귀찮을 수 있습니다. 좋지만 귀찮으니까, 내가 이제까지도 싸워서 이겨왔는데 내가 굳이 이렇게까지 해야 할 필요가 있을까? 생각할 수 있는 것이지요. 그런데 이미 앞장에서 말씀드렸다시피, 영적인 청년의 단계를 거치지 않고 결코 영적인 아비의 단계로 넘어갈 수 없습니다. 영적인 거장이 될 수 없는 것이지요. 그래서 요한일서는 영적인 청년의 단계에서 가장 중요한 특징이 싸우는 것임을 말해주고 있습니다. 전신갑주를 입으라는 것은 치열한 싸움이 있다는 것을 전제해 줍니다. 그렇지 않고는 그렇게 무장할 필요가 없기 때문입니다.

결국 바울이 전신갑주를 입으라고 말한 이유는, 이제는 우리가 직접 치열한 영적인 전투의 장으로 나가야 한다는 것을 암시해 주며, 전투가 치열하다고 해도 전신갑주만 입으면 승리할 수 있다는 사실을 가르쳐 줍니다. 그리고 기독교 공동체 안에서 청년의 단계를 넘어 아비의 단계로 성장하는 자들이 많이 생겨나기를 원하는 바울의 마음도 읽을 수 있습니다. 이 과정을 거쳐야만 신앙의 성숙한 자들을 배출해 낼 수 있기 때문에 그렇습니다.

2) 영적 전투에 있어서 하나님의 전신갑주를 취해야 할 이유

(1) 이 시대가 악하기 때문입니다. - 영적인 전쟁을 수행해야하는 장(場)의 모습

우리는 전신갑주를 입지 않고도 그냥 나가서 싸울 수 있습니다. 그런데 그렇게 나가서 싸우면 어떻게 됩니까? 싸우다가 힘드니까 다시 하나님의 품에 안기고 싸움을 멈추게 됩니다. 그리고 그러한 과정만 되풀이 할 수 있습니다. 그래도 승리는 맛볼 것입니다. 왜 그렇습니까? 주님이 나대신 싸워 주시니까요. 그런데 얼마나 어렵겠습니까? 왜냐하면 개인의 영적인 성장이 눈에 보이는 것만큼 찾을 수 없기 때문입니다. 그래서 바울은 이야기 합니다. '너희들이 영적 군사로 싸우기 위해서 필요한 것이 있는데 그것은 바로 하나님의 전신갑주를 입어야 하는 것이다'라고 말입니다. 그리고 하나님의 전신갑주를 입어야 될 이유를 바울은 세 가지로 이야기 하고 있습니다.

> "오늘 본문의 말씀을 다시 한 번 보도록 하겠습니다. "그러므로 하나님의 전신갑주를 취하라 이는 악한 날에 너희가 능히 대적하고 모든 일을 행한 후에 서기 위함이라.(13절)"

본문 말씀은 우리가 하나님의 전신갑주를 입어야 될 이유에 대해서 말하고 있는데, 그 첫 번째는 이 시대가 악하기 때문이라는 것입니다. '악한 날에'라고 말씀에 기록되어 있습니다. 여러분 이것은 특별한 날을 이야기 하는 것이 아닙니다. 이 시대 전체가 '악하다'라는 것입니다. 우리가 영적인 전투를 싸워야 될 지금 환경과 여건이 어떠한지를 바울 사도가 우리에게 가르쳐 주고 있는 것입니다. 제가 단도직입적으로 여러분에게 우리가 살고 있는 이 시대는 악한 시대라고 말하면 동의하시는 분도 많이 계시겠지만, '왜 악해? 왜 무조건 이 시대를 악하다고 하는 거야?'라고 반문하시는 분도 계실 것입니다. 그런데 이 말은 바울의 이야기만이 아니라, 성경이 지속적으로 말씀하고 있는 부분입니다.

에베소서 5장 16절 말씀에는 "세월을 아끼라 때가 악하니라"라고 나와 있습니다. 그리고 지속해서 성경은 이 시대가 악한 시대라고 이야기를 합니다. 왜 그렇습니까? 사단은 이미 하나님의 심판이 가까워 왔다는 것을 알고 있습니다. 그렇기 때문에 이제까지 자기가 구축해온 영역을 빼앗기지 않고 그것을 지키려고 얼마나 노력하는지 모릅니다. 그래서 우리가 전도하는 것을 방해하고, 기도하며 하나님의 뜻대로 살려고 하는 것을 막고자 몸부림치고 있습니다.

우리가 때로는 하나님의 뜻을 몰라서 지키지 못하는 경우도 있지만, 하나님의 뜻이 무엇인지 명확하게 아는데도 하나님의 뜻을 따라 살지 못하는 경우도 많습니다. 기도해야 하는데 기도하지 못하고, 말씀 읽어야 하는데 말씀 읽지 못하고, 새벽을 깨우고 싶은데 못 깨우고, 화내서는 안 될 자리에서 화내고, 거짓말을 하면 안 될 자리에서 거짓말을 하고 맙니다. 이처럼 하나님의 뜻이 무엇인지 아는데도, 그것을 지속적으로 지키지 못하는 경우들이 많습니다. 왜 그럴까요? 그것은 바로 이 시대가 악하기 때문에 그렇습니다.

결국, 문제는 사람이 아니라, 사람의 연약함을 뒤에서 조종하고 흔들어대는 세력이 있다는 것입니다. 얼마나 악하게 날뛰는지, 우리가 쉴 땐 같이 좀 쉬어줘야 되는데, 사단은 지금도 쉬지 않고 공격을 하고 있습니다. 가정과 교회를 넘어뜨리기 위해서, 우리 개개인을 모두 넘어뜨리기 위해서 노력하고 있습니다. 그래서 우리가 영적인 눈을 뜨고 본다면 우리가 살아가는 이 시대가 얼마나 악한 시대라는 것을 분명하게 알 수 있습니다.

하나님의 전신갑주를 입어야 될 이유가 바로 여기에 있습니다. 내가 싸움터로 나가야 될 전쟁터의 상황이 어떤지도 모르고 그냥 나가서 싸운다면 영적인 돈키호테가 되어 쓰러질 수 밖에 없습니다. 그래서 바울은 우리가 싸워야 될 전쟁터가 어떤 실상인지를 가르쳐주고 있는 것입니다. 그 전쟁터가 어떤 터냐 하면 한마디로 '악하다'라는 것이지요. 그렇게 악한 시대에 우리가 살고 있습니다. 그런데 그 '악하다'라는 것을 깨닫지 못하면 우리는 한순간 방심할 수 있고 내 영적인 긴장감을 놓칠 수 있습니다. 우리가 운전을 하다가도 큰 사고가 난 곳을 지나가게 되면 경각심을 갖게 되고 더욱 긴장하게 됩니다. 그러니까 영적인 군사들은 내가 살아가고 있고 싸워야 될 이 시대가 어떠한지 알게 될 때 경각심이 생기고 영적인 긴장감이 생겨나게 되는 것입니다. '아! 내가 기도하지 못했던 것도 나는 내 연약함, 내 잘못인 줄만 알았는데 나를 뒤에서 계속 공격하는 악한 세력 때문이었구나'를 깨닫는 것입니다.

특별히 이 악한 시대에, 우리가 죄를 짓고 살아간다는 것은 그 악한 세력의 포로가 되어 살아가는 것과 다를 바가 없는 것입니다. 우리가 죄를 지을 수 있지만 죄를 지을 때마다 예수님의 피로 씻어내야 합니다. 죄를 씻어내지 않고 지속적으로 짓게 될 때에, 결국 그 죄의 포로가 되어 살아가는 것입니다. 결국 이 시대는 우리를 그냥 내버려두지 않습니다. 우리를 향해서 얼마나 많은 불화살을 쏘아 대고 얼마나 많은 공격이 있는지 모릅니다. 그 공격에 맞서서 싸워야 되는데, 도리어 죄를 짓게 되는 경우가 많이 있습니다. 아마도 가장 불쌍한 사람은 예수님을 믿지만, 지속적으로 죄를 지으며 그 죄의 포로가 되어 살아가는 사람일 것입니다. 그래서 사도 바울은 하나님의 전신갑주를 취하라고 분명하게 말씀하고 있습니다.

꼭 기억하십시요! 이 세상은 내가 가만히 있으면 나를 편하게 놔두는 세상이 아닙니다. 정말 그렇게 살기를 원하신다면 천국을 가셔야 합니다. 그러나 그 천국은 하나님이 부르셔야지 갈 수 있잖아요. 가만히 있어 평안을 누리기를 원한다면 그것은 천국에서나 가능한 것입니다. 이 땅에서는 가만히 있으면, 가만히 있는 만큼 도리어 공격을 받게 되고, 영적으로 떨어져 신앙이 쇠퇴하게 되어 있습니다. 그 악한 사단은 내가 한 번 더 기도하고, 한 번 더 눈물을 흘리고, 한 번 더 성경을 읽으면 하나님 나라가 확장된다는 것을 알고 있습니다. 그러한 나를 통해 영적인 영향력이 흘러간다는 것도 알고 있습니다. 그러니 사단이 우리를 그냥 가만히 두겠습니까? 그러므로 우리가 똑바로 눈을 뜨고 바라보아야 될 것은 이 시대가 악한 시대라는 것입니다. 그렇기에 반드시 영적인 긴장감과 경각심을 가져야 합니다.

(2) 능히 대적하기 위함입니다. - 영적인 전투의 수월한 승리를 위하여

두 번째, 하나님의 전신갑주를 취해야 하는 이유는 "능히 대적하기 위함"이라고 성경에 기록되어 있습니다. 이 말은 '상대방과 대항해서 맞서기에 충분하리만큼 강하다'라는 뜻입니다. 싸울 뿐만 아니라, '능히 이긴다'라는 것입니다. 이 말은 하나님의 전신갑주를 입어서 싸우는 사람과, 그렇지 않은 사람이 싸우는 것과 차이가 있다는 것입니다.

하나님의 전신갑주의 무기는 총 여섯 가지입니다. 그 여섯 가지 가운데 한두 가지만 무장해서 싸우는 사람도 있을 것입니다. 그런데 그 한두 가지만 무장해서 싸우는 사람도 승리를 경험할 수 있습니다. 그렇지만 그 승리는 지금 바울이 이야기하고 있는 능히 맞서서 싸워서 이기는 승리와 다릅니다. 바울 사도는 하나님의 전신갑주를 입어야 될 가장 중요한 이유가 있다면 영적 전투에서 우리가 능히 싸워서 이기기 위함이라고 말하고 있습니다. 다시 말해, 하나님의 군사로서 넉넉히 싸워서 이기기 위해 우리에게 필요한 것이 바로 하나님의 전신갑주라는 것입니다.

성경에 보면 예수님이 귀신을 쫓아내고 병자를 고치신 사건이 많이 나옵니다. 예수님이 귀신을 향해서 "어디서 왔냐? 나가라!" 하면 귀신이 힘도 못쓰고 나가버립니다. 이것이 무엇입니까? 예수님의 능력입니다. 그런데 바울 또한 그랬습니다. 그가 손을 얹자 귀신이 도망가고, 그가 선포하자 귀신이 떠나가고, 병자가 나았습니다. 이것이 무엇입니까? 능히 이기는 것입니다. 그래서 바울이 강조하는 것입니다. 영적인 전투는 하나님의 전신갑주로만 무장되면 게임도 안 된다는 것입니다. 그런데 이 전신갑주로 무장이 되어 있지 않으니까, 때로는 승리는 거둬도 피나는 승리, 상처 입은 승리를 하는 것입니다. 승리해서 기쁘기는 하지만, 상처를 완치하려면 시간 많이 걸립니다. 그러므로 바울이 하나님의 전신갑주를 입어야 한다고 말하는 것입니다.

(3) 모든 일을 행한 후에 서기 위함이다 – 지속적인 전투가 있음을 암시.

마지막 세 번째로, 하나님의 전신갑주를 입어야 될 이유를 바울이 말하고 있습니다. 그것은 '모든 일을 행한 후에 서기 위함이다'라는 것입니다. 이것은 굉장히 중요한 일입니다. 앞서 말씀드렸지만, 하나님의 전신갑주를 입지 않고도 싸워서 이길 수 있고, 전신갑주를 다 입지 않고 한두 가지만 무장해서도 싸워 이길 수 있습니다. 그러나 하나님의 전신갑주를 입고 싸워 이긴 사람과 그렇지 않고 싸워서 이긴 사람과는 분명한 차이점이 있습니다. 아마도 여러분 대부분이 경험해 보셨을 것입니다. 한두 번 싸워서 승리할 수는 있지만, 우리를 공격하는 적들은 한번 패배했다고 포기하지 않습니다. 한번 패배하고 나서는 다시 전열을 정비해서 더 큰 세력으로 우리를 향해서 달려옵니다. 이와 같이 그들은 한번 패배한 뒤에 우리를 더 연구하기 시작하고, 왜 그들이 패배했는지 생각하기 시작합니다. 그리고 전열을 가다듬고 더 많은 동료들을 불러 모아서 우리를 공격해 오는 것입니다.

그러므로 우리가 하나님의 전신갑주로 무장되어 있지 않으면, 한번 승리를 경험한 다음, 승리했다고 영적인 긴장감을 놓아 버린 순간, 우리가 싸울 준비가 되어 있지 않은 그 무방비한 상태에서 다시 공격을 받아 내가 얻었던 승리보다 더 큰 패배감을 경험할 수 있습니다. 그런데 하나님의 전신갑주를 취한 사람들의 가장 큰 특징은, 싸우고 나서도 무방비한 상태가 되지 않는다는 것입니다. 영적전쟁을 치루고 나서도 나태해지지 않습니다. 싸우고 나서도 똑바로 꼿꼿이 서서 다시 싸울 준비를 하고 있습니다. 이것은 굉장히 중요한 진리입니다. 그러므로 하나님의 전신갑주를 입지 않으면, 몇 번은 승리를 맛볼 수 있지만, 온전하게 서지 않은 상태에서, 언제든지 전열을 정비한 대적이 우리를 또다시 깊게 공격해 올 수 있다는 것을 알아야 합니다. 성경에도 나와 있잖아요. 귀신을 쫓아냈더니 그 귀신이 다른 일곱 귀신을 데리고 와서 정리되어 있는 깨끗한 집으로 다시 또 공격해 들어온 것을 말입니다. 우리가 한번 승리했다고 해서 결코 전쟁이 끝난 것은 아닙니다. 그렇다면 이 영적인 전투는 언제까지 해야 합니까? 그것은 우리가 주님 품으로 갈 때까지 계속해야 하는 것입니다. 우리가 이 하나님의 전신갑주를 취하고 있다면, 싸우고 나서도 결코 나태해지지 않고, 그 자리에 서서 이 땅과 내가 속한 공동체를 지켜 나갈 수 있는 위대한 군사로 세워질 수 있습니다.

3. 마무리

하나님은 우리가 전신갑주를 입은 영적 군사가 되길 원하십니다. 바울이 이런 것까지 성경에 기록해 놓았다는 것은, 그가 영적 전투에 있어서 백전노장이라는 것을 가르쳐 줍니다. 그는 얼마나 많은 영적인 전투를 치러 왔는지 모릅니다. 그리고 그 영적인 전투의 여러 상황 속에서, 우리가 어떻게 조심해야 되고 준비해야 하는지를 자신이 너무나 깊게 깨달았던 것입니다. 그래서 그는 하나님이 도우신다고 무작정 나가서 싸우는 것이 아니라, 하나님의 전신갑주로 무장해야 함을 강조하고 있는 것입니다. 하나님으로 무장하라는 것입니다.

바울은 전신갑주로 무장해야 하는 이유를 분명하게 말하고 있습니다. 첫 번째는, 이 시기가 악하기 때문입니다. 이 시대는 나는 가만히 있어 싸울 의향도 없는데, 나를 향해 계속해서 공격해 오는 시대입니다. 사단이 나를 쉴 새 없이 공격하고 있다는 것입니다. 그러므로 제발 영적인 눈을 떠서 이 시대를 보라는 것입니다. 이 시대를 볼 수 있다면 하나님의 전신갑주가 얼마나 필요한지를 알 것이라는 것이지요.

두 번째는, 이 전신갑주를 취하면 능히 싸워서 이긴다는 것입니다. 싸움이 중요하지만, 더 중요한 것은, 이기는 것보다도 넉넉히 이기는 것이라는 것입니다. 넉넉히 이길 수 있을 때 우리는 불안하지 않을 수 있고, 또 전투 속에서도 여유를 가질 수 있을 것입니다. 싸워서 이기기는 했는데, 불안 속에서, 그리고 힘든 상황 속에서 간발의 차로 이겼다면, 내가 입은 손상도 클 것입니다. 그런데 하나님은 우리가 이렇게 이기기를 원하지 않는다는 것입니다.

셋째는, 이 모든 일을 행한 후에도 온전히 세워지기 위하여 전신갑주를 입어야 합니다. 지속적인 전투가 이어질 것이기에, 한 번의 승리로 만족할 것이 아니라, 이 전투를 통하여 더 온전한 하나님의 사람으로 세워지기 위하여 전신갑주가 필요하다는 것입니다.

이렇게 볼 때, 하나님의 전신갑주는 영적전투를 치루는 사람들에게 얼마나 중요한 준비인지를 다시 한 번 실감할 수 있습니다. 우리 모두 하나님의 전신갑주 입고 능력 있는 하나님의 군사가 됩시다!

마무리를 위해서 다시 생각하고 토의할 문제들

1. 영적전투를 위해 먼저 해야 할 일에 대해서 토의해 보시오.
   1) 준비가 필요한가?
   2) 무엇으로 어떻게 준비해야 하는가?

2. 하나님의 전신갑주를 입고 영적전투를 해야 할 이유가 있다면 무엇일까? 말해 보시오.
   1)
   2)
   3)

3. '시대가 악하다'는 것을 영적인 전투와 연관시켜 볼 때, 어떻게 해석할 수 있습니까?

4. 영적전투는 이기는 것에만 목적이 있을까요? "능히 이긴다"라는 구절을 가지고 하나님이 원하시는 영적전투의 목적을 토의해 보시오.

5. 우리가 온전한 하나님의 사람으로 서는 것이 왜 중요한지, 영적인 전투와 연관 지어 말해 보시오.

chapter 10

10. 진리의 허리 띠와 의의 흉배

◆주제를 풀어갈 성경본문 – 에베소서 6:14

"그런즉 서서 진리로 너희 허리 띠를 띠고 의의 호심경을 붙이고"

◆주제를 풀어 갈 글의 개요

1. 들어가면서 – 본문의 정황과 배경

2. 본론

  1) 영적 무장을 위한 기본자세

    (1) 서라!

    (2) 왜 전신갑주에는 공격용보다 방어용이 더 많습니까?

      - 공격은 쉬우나 자신을 지키는 것이 더 어렵기 때문입니다.

  2) 진리의 허리띠를 매라!

    (1) 진리로 허리띠를 맨다는 것은?

      - 나태하고 게으르고 늘어진 우리의 삶을 싸울 수 있도록 민첩하게 하는 것입니다.

    (2) 성경에서 말하는 허리띠의 역할을 감당하는 진리는 무엇입니까?

      - 객관적인 진리가 아닌, 영혼 속에서 경험되어진 하나님의 말씀을 가리킵니다.

    (3) 진리의 허리띠를 매지 못할 때 쉽게 일어날 수 있는 현상은?

      - 영적으로 나태해지고 늘어지며 알지만 실천하지 못하고 끌려 다닐 수 있습니다.

  3) 의의 호심경을 가지라!

    (1) 의의 호심경을 갖는다는 것은?

      - 영적 군사들의 마음이 하나님의 의로 가득차 있어야 함을 가리킵니다.

(2) 성경에서 말하는 호심경의 역할을 감당하는 의는 무엇입니까?
 - 하나님과의 올바른 관계를 말하며, 이것은 하나님의 나라와 관계가 있습니다.
(3) 의의 호심경을 갖지 못했을 때 쉽게 일어날 수 있는 현상은?
 - 쉽게 상처받는 것입니다. 상처는 마음으로부터 옵니다.

3. 마무리 – 요약과 적용

1. 들어가면서

우리는 이제까지 영적전투의 서론적 이야기를 고찰해 왔습니다. 즉, 왜 영적군사가 되어야 하고, 영적전투를 해야 하며, 그 영적전투를 위한 준비로서 하나님의 전신갑주를 반드시 취해야 할 이유에 대하여 알아보았습니다. 이제 본 장에서는 구체적으로 하나님의 전신갑주가 무엇이며, 어떻게 입는 것인지에 대하여 살펴보고자 합니다.

성경은 하나님의 전신갑주로 여섯 가지를 소개하고 있습니다. 그런데 여기서는 첫 번째 요소와 두 번째 요소인 진리의 허리띠와 의의 흉배에 대해서 다루려 합니다. 아마도 이 말씀을 묵상하며, 무협지를 많이 읽으셨던 분은 무협지에 나오는 이야기같기도 할 것이고, '예수를 믿으면서 이렇게까지 해야 될까' 생각하시는 분들이 계실지 모르겠습니다. 그러나 본장의 말씀을 통해서, 우리가 영적으로 무장되어 있지 않으면 어떤 일이 일어날 수 있는지 민감하게 볼 수 있길 원합니다.

2. 본론

1) 영적 무장을 위한 기본자세

(1) 서라!

성경은 우리가 전신갑주를 입기 위해서 먼저 해야 할 일이 있음을 말하고 있습니다. 그것은 영적전투의 기본적인 자세라고 볼 수 있는데,

바로 "서라"라고 하는 것입니다. 그래서 본문 14절에 보면 "그런즉 서서" 라고 기록되어 있습니다. 어느 누구도 누워서 무장하거나 앉아서 무장하는 사람은 없을 것입니다. 싸우러 나가는 사람은 반드시 서있어야 합니다. 그래서 바울이 먼저 이야기하는 것이 "서라"고 하는 것입니다. 당연한 것 같지만 이것은 우리에게 깊은 의미를 가져다줍니다. 왜냐하면 '서라'라고 하는 이 말은 영적인 각성을 의미하기 때문입니다.

성경에는 '일어나라. 서서 나가라. 서서 담대히 굳게 나가라.' 라는 말들이 지속적으로 나오고 있습니다. 그런데 이러한 종류의 말들은, 우리의 영적인 상태를 돌아보아 누워 있거나 앉아있어 나태해진 우리의 모습을 깨우라는 의미입니다. '깨어서 온전하게 세워지라' 라고 하는 의미가 이 안에 담겨 있는 것입니다.

영적인 무장을 해야 될 사람들의 가장 기본적인 자세는 먼저 영적으로 깨어나는 것입니다. 영적으로 잠들어 있던 나의 모습을 깨워야 합니다. 잠들어 있는 모습에서 깨어나지 않는 한 무장은 결코 소용이 없습니다. 무장을 한다는 것은 싸우기 위해서가 아니겠습니까? 이처럼 싸우기 위해 먼저 필요한 것이 영적으로 서는 일입니다. 그래서 '영적으로 서라. 깨어라. 자고 있는 영적인 잠을 깨라."라고 바울이 이야기하고 있는 것입니다.

(2) 왜 전신갑주에는 공격용보다 방어용이 더 많습니까?
- 공격은 쉬우나 자신을 지키는 것이 더 어렵기 때문입니다.

이어서 바울은 하나님의 전신갑주의 요소들인 여섯 가지를 소개합니다. 진리의 허리띠, 의의 흉배, 평안의 복음의 신, 믿음의 방패, 구원의 투구, 성령의 검 모두 여섯 개입니다. 그런데 이 여섯 가지 가운데 공격용은 하나 밖에 없습니다. 바로 성령의 검입니다. 반면에, 나머지 다섯 가지는 방어용입니다. 공격용 무기가 하나 밖에 없고, 나머지 다섯 가지가 방어용이라고 했을 때, 여기에는 어떤 의미가 담겨져 있을까요? 하나님은 싸우는 것을 싫어하시니까 주로 평화주의적으로 방어만 하기를 원하시는 것일까요? 그런 의미는 아닙니다.

여기에서 공격용이 '하나 밖에 없다'고 하는 것은 하나님의 말씀 곧 '성령의 검'만 가지고 있으면 그 하나의 무기로도 '능히 마귀를 이길 수 있다'는 것입니다. 왜냐하면 예수님께서 부활하심으로 사망의 모든 권세를 깨뜨리시고 이기셨기 때문입니다. 그러므로 이것만 확신하고 나가면 충분한 공격이 된다는 것입니다. 즉, 예수께서 승리하신 십자가와 부활의 사건을 믿으며 그 말씀을 부여잡고 나갈 때 그것으로 '충분한 공격이 된다'는 의미입니다. 이렇게 볼 때, 영적인 전투에서 반드시 알아야 할 것이 있다면, 우리가 싸워야 할 적인 사단은 이미 무너진 존재라는 것입니다. 그들은 이미 무너졌다는 사실을 믿고 확신하면서, 하나님의 말씀인 '성령의 검'을 가지고 나아가면 그 하나로 어떠한 공격도 가능한 것입니다.

그런데 영적인 전투에서 공격용이 하나이고 방어용이 다섯 가지라는 점에서 강조되는 것이 있습니다. 그것은 방어하는 것입니다. 왜냐하면 우리가 영적으로 무너져 쓰러지고 낙담한 많은 사례들을 보면, 공격을 못해서가 아니라 우리 자신을 지키지 못해서 쓰러지는 경우가 대부분이기 때문입니다. 그래서 영적인 전투에서 가장 중요한 것은 바로 우리 자신을 지키는 것입니다. 나를 지키지 못하면 언제든지 쓰러질 수 있고 언제든지 넘어질 수 있습니다. 그래서 나를 지키는 것이 영적인 전투에 있어서 굉장히 중요한 요소가 된다는 점을 반드시 기억하셔야 합니다.

2) 진리의 허리띠를 매라!

(1) 진리로 허리띠를 맨다는 것은?

- 나태하고 게으르고 늘어진 우리의 삶을 싸울 수 있도록 민첩하게 하는 것입니다.

하나님께서 이기게 하신 승리, 그리고 하나님께서 이미 다 마련해 놓으신 그 모든 것들을 내가 누리기만 하면 되는데 누리지 못하는 이유는 내가 나를 지키지 못해서 그렇습니다. 신앙생활을 한다는 것은 교회만 왔다 갔다 하는 것이 아니라, 하나님과의 관계 안에서 하나님의 임재를 경험하고 그분이 누릴 수 있도록 만들어 놓으신 것들을 누리면서 살아가는 것입니다. 그런데 우리가 누리지 못하는 것은 나를 지키지 못해서 입니다. 사단이 공격하지만, 그 사단을 쳐부수는 것만 전부가 아닙니다. 이미 예수께서 승리하게 하신 그 말씀 붙잡고 나아가면, 사단은 벌벌 떨게 되어 있습니다. 무너지게 되어 있습니다. 그런데 그렇게 하지 못하는 이유가 나를 지키지 못하기 때문입니다. 그래서 본문의 말씀은 그 방어용 무기의 첫 번째로 '진리의 허리띠'를 매라고 이야기하고 있습니다.

사도 바울이 살았던 그 시대는 유대인들에게 너무나 어렵고 힘들었던 시기였습니다. 1세기 역사가 요세프스에 의하면, 이스라엘 사람들의 85%이상이 거지였으며 한 끼를 먹으면 그 다음 끼니로 무엇을 먹어야 할지를 알지 못했던 시대였습니다. 그들이 입던 옷 역시 많지 않았습니다. 한 벌의 옷이 낮에는 옷이 되고 밤에는 이불이 되었습니다. 그래서 "속옷을 달라면 겉옷까지 벗어주라"는 성경의 말씀은 있는 것을 다 주라는 것을 의미합니다. 내가 가지고 있는 모든 것을 다 나누어 주라는 의미가 그 안에 있는 것입니다. 그런데 이스라엘의 대부분 지형은 낮에는 뜨겁고 밤에는 서늘해 일교차가 매우 컸습니다. 그래서 이스라엘과 같이 뜨거운 지역에 사는 사람들은 특징이 있습니다. 일이 더디고 좀 게으르며 편의를 많이 추구한다는 것입니다. 왜냐하면 뜨거운 지역에 살기에 낮에는 움직여 일할 수 없기 때문에 그렇습니다. 그래서 그 당시 이스라엘 사람들은 통옷을 입고 다녔습니다. 그 옷을 입으면 어느 것도 나를 얽어매지 않고 편한 느낌을 받습니다. 그러니까 대부분의 사람들이 통옷을 입었습니다.

　그런데 지금 바울은 그러한 옷을 입고 사는 사람들이 싸우기 위해서 해야 할 일이 있다는 것입니다. 원래 싸우려면 옷을 갈아입어야 합니다. 그런데 한 벌의 옷 밖에 없기에, 갈아입을 옷이 없습니다. 그렇기 때문에 그 한 벌의 옷을 가지고 해야 될 일이 있습니다. 민첩하게 움직일 수 있도록 만들어야 합니다. 영적 전투를 싸우기 위해서는 민첩해져야 하거든요. 느리고 게을러서는 절대로 싸울 수가 없습니다. 그렇기 때문에 민첩해야 하는 것입니다. 그렇다면 민첩하게 되려면 어떻게 해야 할까요? 원피스와 같은 통옷을 질끈 묶어야 합니다. 그렇게 될 때, 비로소 싸움을 시작할 수 있는 것입니다. 내가 민첩하게 움직일 수 있어야 달려가 싸울 수 있기 때문입니다. 이렇게 본다면 바울은 다음과 같은 메시지를 던지고 있는 것이라고 할 수 있습니다. '너희들이 하나님의 전신갑주를 입을 때 먼저 해야 될 것은, 너희의 느슨하고 방만했던 모습들을 질끈 움켜 매는 것이다. 그래서 어떤 일이 있어도 적의 동향과 하나님의 말씀에 민첩하고 민감하게 반응할 수 있도록 해야 한다'라는 것입니다.

　여러분 구원 받은 사람들은 누구든지 그 마음 속에 성령님이 계십니다. 성령님이 계시기 때문에 우리 마음 속에서 그분이 생각과 마음을 주셔서 우리를 이끌어 가십니다. '구제해라, 기도해라, 말씀 읽어라, 이웃을 사랑해라, 화내지 말아라.' 그런데 많은 사람들이 기도해야 되는 것을 알면서도 하지 못합니다. 성경을 읽어야 되는 것을 알면서도, 구제해야 한다는 것을 알면서도 하지 못합니다. 왜 그렇습니까? 그 이유는 바로 내 고집 때문이기도 하지만, 또한 영적으로 민감하지 못하기 때문에 그렇습니다. 그리고 영적으로 게을러져서 삶이 방만해져 있기 때문입니다. 그러므로 영적으로 싸우기 위해서 가장 먼저 해야 할 일은, 이처럼 방만하게 늘어져 있고 나태해져 있는 나의 삶을 질끈 묶어 매는 일입니다.

(2) 성경에서 말하는 허리띠의 역할을 감당하는 진리는 무엇입니까?

- 객관적인 진리가 아닌, 영혼 속에서 경험되어진 하나님의 말씀을 가리킵니다.

나의 삶을 묶어 매는 도구는 바로 진리입니다. 허리띠이기는 하지만, 그것은 진리로 만든 허리띠입니다. 그렇다면 진리란 무엇입니까? 진리는 불변하는 것이 진리입니다. 불변하는 것이 진리라면 그것은 하나님 말씀 밖에 없습니다. 즉, 하나님 말씀으로 우리의 삶을 묶어 매는 것을 의미하는 것입니다. 하지만 여기까지만 얘기한다면 충분하지 않습니다. 왜냐하면 많은 성도들이 하나님 말씀을 알지 못해서 그대로 살아가지 못하는 것이 아닙니다. 많은 성도들이 하나님에 대한 지식이 없어서 하나님을 거부하는 것이 아니더라구요. 실은, 성경도 알고, 큐티도 하고, 예배에 나와서 말씀도 듣는데, 중요한 것은 이 말씀이 본인에게 적용되지 않는다는 것입니다. 하나님의 말씀이 객관적인 진리라고 한다면, 이 객관적인 진리가 경험되어져 주관적인 진리로 다가올 때, 그 말씀이 나에게 진정한 진리가 될 수 있습니다. 객관적인 진리가 주관적인 진리로 바뀔 때, 그 주관적인 진리의 말씀이 나를 묶어 맬 수 있다는 것입니다.

그러므로 "진리로 허리띠를 매라"는 바울의 말은, 한마디로 영적으로 나태해져 있고 방만해져 있는 너희들의 그 모습을 주관적인 진리의 말씀으로 '묶어 매라'는 말입니다. 이제는 하나님께 민감하고, 적의 동향에도 민첩한 상태가 되어야 한다는 것입니다. 바로 그렇게 자신을 묶을 수 있는 것이 내게 경험되어진 주관적인 진리의 말씀이라는 것입니다.

어느 날 찬양을 부르기 시작했습니다. "죄 짐 맡은 우리 구주 어찌 좋은 친군지 걱정 근심 무거운 짐 우리 주께 맡기세…" 그런데 이 찬양을 부르다가 갑자기 눈물이 왈칵 쏟아지는 거예요. 이미 알고 있던 가사의 내용이었습니다. 예수님이 나의 모든 죄 짐을 맡으셨다는 것은 이미 알고 있었습니다. 그리고 내 짐도 주님께 맡기면 가벼워진다는 것도 알고 있었습니다. 그런데 갑자기 그 찬양의 구절구절이 마음깊이 와 닿으면서 가슴을 찌르기 시작하는 거예요. 왜 그렇습니까? 그 찬양에 나와 있는 가사들은 성경 말씀 안에 다 기록되어 있는 내용입니다. 객관적인 진리입니다. 예수님을 신앙하는 성도들이라면, 예수께서 나의 죄 짐을 지신다는 것 누가 모르겠습니까? 내가 모든 것들을 그분 앞에 다 내려놓아야 된다는 것도 누가 모르겠습니까? 그런데 그 찬양을 부르다가 객관적인 하나님의 말씀이 주관적인 나의 말씀으로 경험되어지기 시작한 것입니다. 그때 또 어떤 일들이 발생되어집니까? 방만해지고 나태해져 있던 나의 영적인 삶이 질끈 매여집니다. 주관적인 말씀의 체험이 있는 자들은 하나님께 민감하게 되어 있습니다. 하나님이 조금만 만지셔도 눈물을 흘리고, 조그맣게 말씀하셔도 반응하게 되며, 사단의 동향에 대해서도 민감하게 받아들이게 됩니다.

(3) 진리의 허리띠를 매지 못할 때 쉽게 일어날 수 있는 현상은?

- 영적으로 나태해지고 늘어지며 알지만 실천하지 못하고 끌려 다닐 수 있습니다.

위의 이야기를 우리의 삶에 적용해 봅시다. 만약에 우리가 영적으로 나태해져 방만해 있다면, 교회에 나와 예배를 드리고 매일 큐티를 한다고 할지라도 무엇을 경험할 수 없을까요? 객관적인 진리의 말씀이 주관적으로 나에게 경험되어지는 일이 없을 것입니다. 하나님의 말씀 때문에 울고 기뻐하고 감사하는 일들이 내 안에 사라지는 것입니다.

제가 훈련시키는 청년들에게 간혹 전화해서, "큐티합니까?" 라고 물으면 "목사님, 해야 된다는 것을 아는데, 잘 안되네요." 라는 말들을 쉽게 듣습니다. 사실 여러분도 그렇게 살아오지 않으셨나요? 그러한 상태가 지속될 때, 아셔야 할 것이 있습니다. '내가 진리로 허리띠를 매지 못했구나'라는 것이지요. 진리로 허리띠를 맨다는 것이 무엇입니까? 객관적인 하나님의 말씀이 주관적인 나의 말씀으로 경험되어지는 것이라고 했습니다. 이것이 없다면, 아무리 신앙생활을 하고 예배에 참석을 해도, 영적인 지식은 쌓이지만 삶의 변화는 없습니다. 그리고 영적으로 민감하지 못하게 되어 하나님이 그 때 그 때 말씀하시는 것에도 온전하게 반응할 수 없습니다.

3) 의의 호심경을 가지라!

(1) 의의 호심경을 갖는다는 것은?

- 영적 군사들의 마음이 하나님의 의로 가득차 있어야 함을 가리킵니다.

하나님의 전신갑주의 두 번째 영적 무기로 바울은 '의의 호심경'을 가지라는 것입니다. '호심경'이라는 말이 어렵지만, 예전 개역 한글판에는 '의의 흉배'라고 기록되어 있습니다. 여기서 '흉'은 가슴 '흉'자 입니다. 그러면 의의 흉배를 붙이라는 것은 무슨 의미입니까? 가슴을 지키라는 말입니다. 이제 가슴을 지키라는 것이 무슨 의미인지 살펴봅시다.

"진리의 허리띠를 맨다"는 것에서, 우리는 영적 전투에서 첫째로 중요한 것이 우리의 영적 삶이라는 것을 알았습니다. 즉, 늘 깨어 민감하게 하나님께 반응해야 한다는 것이지요. 결코 나태해지지 않도록 우리의 영적인 삶을 보호해야 한다는 것입니다. 그리고 두 번째는 우리의 마음을 지키는 것입니다. 우리의 마음을 지키기 위해서 '의의 흉배'를 붙여야 한다는 것입니다.

그럼 의의 호심경을 가지라는 것은 구체적으로 무엇을 의미할까요? 그것은 영적인 군사들의 마음이 '하나님의 의로 가득 차' 있어야 된다는 것입니다. 여러분! 옛날에 로마가 전세계를 정복할 때, 로마 군인들의 마음 속에 늘 가득 차 있었던 것은 세계 정복의 꿈이었습니다. 그들은 '내가 어느 땅을 밟아야 될까? 어느 땅을 향해 가야 할까? 그 땅이 내 것이 될 수 있을까?'라는 생각들로 가득 차 있었습니다. 로마 군은 지휘관들을 통해서 그 비전을 군사들 마음 속에 심어놓았습니다. 그래서 바로 그 꿈이 군사들의 마음을 불타오르게 만들었고, 사기가 높아진 그들은 일사불란하게 움직이며 세계를 정복할 수 있었습니다.

바울이 성경을 기록할 당시는 로마의 시대였습니다. 그래서 바울은 로마의 군대를 보면서 비유적으로 말하고 있는 것입니다. 로마의 군인들에게 세계정복의 비전이 있다면, 하나님의 영적인 군사들의 마음 속에는 하나님의 의로 가득 채워져 있어야 한다는 것입니다. 이것이 의의 호심경을 가지는 것입니다. 이 말을 달리 표현하자면, 영적군사인 우리 마음 속에 하나님의 의가 아닌 다른 것들로 채워져 있을 때, 우리는 항상 넘어지게 되어 있다는 것입니다. '어떻게 하면 더 잘 먹고 살 수 있을까? 어떻게 하면 내가 더 많은 것을 누릴 수 있을까?' 이런 생각들이 우리 마음을 지배하고 있는 한, 우리는 자신을 지킬 수 없습니다. 왜냐하면 그 생각은 하나님이 원하시는 생각과 다르기 때문에 그렇습니다. 우리가 하나님의 것을 먼저 구하면 하나님이 나의 모든 것을 채우십니다. 그런데 내 마음 속이 하나님의 의가 아닌, 어떻게 하면 잘 먹고 잘 살 수 있을까 하는 육신적인 생각으로만 가득 차 있으면 그것은 하나님의 뜻과 어긋나게 살고 있는 것입니다.

(2) 성경에서 말하는 호심경의 역할을 감당하는 의는 무엇입니까?
  - 하나님과의 올바른 관계를 말하며, 이것은 하나님 나라와 관계가 있습니다.

그러면 영적인 군사의 마음이 하나님의 의로 가득 채워져 있어야 한다면, '하나님의 의'는 무엇입니까? 하나님의 의라고 하는 것은 하나님과 올바른 관계를 의미합니다. 문자적으로 볼 때 '의(義)'는 한문으로 보면 '양 양(羊)'자에, '나 아(我)'자가 결합된 것이잖아요. 결국 양 밑에 내가 있는 것입니다. 구약 시대에 양은 희생의 제물을 대표했습니다. 희생제물인 양이 하는 일이 무엇입니까? 내가 이제까지 지은 모든 죄를 대신해 죽어서 하나님 앞에 제물이 되어진 것입니다. 그런데 내가 그 제물 아래 거한다는 것은, 내 죄가 양의 희생으로 용서 받고 하나님과의 관계가 회복되었다는 것입니다. 그것이 '의'라는 것입니다. 그러므로 영적인 군사의 마음 안에는 '어떻게 하면 내가 하나님과 올바른 관계를 유지할 수 있을까? 어떻게 하면 우리 가정과 공동체, 이 사회가 하나님과 올바른 관계를 유지할 수 있을까?'라는 생각이 그들의 마음에 가득 채워져야 된다는 것입니다.

이렇게 보자면, 결국 '하나님의 의'는 '하나님 나라'와 직결되어 있습니다. '하나님의 의'를 이루는 그곳에 하나님 나라가 임하기 때문에 그렇습니다. 우리는 영적 전투를 고찰하기 전에, 이미 앞장에서 '하나님 나라'에 대해서 배웠습니다. 하나님 나라는 죽어서만 가는 것이 아니라, 이 땅 가운데 임하는 나라이고 경험하고 누릴 수 있는 나라입니다. 그리고 하나님 나라가 이 땅 가운데 어떻게 임하게 되는지를 배웠습니다. 즉, 하나님과의 올바른 관계가 있는 그곳에 하나님 나라가 임한다고 배웠습니다. 왜냐하면 하나님 나라가 가지고 있는 특징적 요소 가운데 하나가 '하나님의 의'이기 때문입니다. 그러므로 '어떻게 하면 내가 하나님과 올바른 관계가 유지되고, 우리 가정과 공동체, 그리고 이 사회가 하나님과 올바른 관계를 유지할 수 있을까?'를 지속적으로 고민하고 구한다면, 자연스럽게 그곳에 하나님 나라가 임할 수 있습니다.

주기도문에도 보면 나와 하나님 나라의 임재에 대해서 간구하라고 나와 있습니다. 이것은 영적인 군사뿐 만이 아니라, 모든 성도들이 간구해야 될 마음의 간구함이어야 한다는 것입니다. '하나님! 하나님의 의를 통해서 하나님 나라가 이 땅에 임하시옵소서! 하나님 나라가 우리 가정에 임하시옵소서! 하나님 나라가 내 삶의 모든 영역 속에 임하시옵소서!' 이 생각이 영적인 군사의 마음 안에 온전히 사로잡혀야 합니다.

(3) 의의 흉배가 붙여지지 않았을 때 쉽게 일어날 수 있는 현상은?

- 쉽게 상처받는 것입니다. 상처는 마음으로부터 옵니다.

그렇다면 이렇게 하나님의 의가 마음 속에 들어와 있지 않은 사람들에게 일어날 수 있는 일은 무엇일까요? 앞에서 언급했듯이, 진리의 허리띠를 매야 하는데 매지 못하는 사람들에게 나타는 일들과 유사합니다. 즉, 각 요소에서 필요한 영적무장을 하지 않으면 우리의 영적인 삶에 어떤 일들이 나타날 수 있는가? 라는 문제입니다.

쉽게 상처를 받게 됩니다. 왜냐하면 내가 기대했던 것만큼 채워지지 않기 때문에 그렇습니다. 잘 생각해보세요. 삶을 살아가면서 쉽게 상처를 받는 사람들의 큰 특징이 있습니다. 그것은 내 마음 안에 하나님의 의로 가득 채워져 있지 않다는 것입니다. '어떻게 하면 좀 더 잘 살고, 좀 더 많이 누릴까?'라는 생각으로만 가득 채워져 있습니다. 그러나 그러한 생각이 하나님과 맞지 않을 때, 나는 아무리 많은 생각을 하고 꿈꿀지라도, 내 능력으로는 그것을 다 이룰 수 없습니다. 내 기대감이 채워지지 않고 또 기대한 만큼 사람들이 나를 대해 주지 않을 때, 우리 안에서 흔히 일어나는 반응이 상처입니다. 그래서 쉽게 상처받는 성도들의 특징은 마음 안에 하나님의 의, 하나님 나라로 가득 채워져 있지 못하다는 것입니다.

우리는 지금까지 영적으로 무장하는 두 가지 방법을 배웠습니다. 첫번째는 '진리의 허리띠', 두 번째는 '의의 호심경'으로 무장하라는 것입니다. 그런데 그것을 거꾸로 하면 어떻게 되나요? 무장해제가 됩니다. 대학생들이 데모할 때를 보니, 전투경찰들을 붙잡아 놓고 무장해제를 시키더라고요. 투구가 벗겨지고 방패와 방망이를 뺏겨서 질질 끌려 다니는 모습이 참 불쌍해 보였습니다. 무장해제 된 군인처럼 불쌍한 사람이 없습니다. 그렇기에 무장해제 되었다는 것은 '죽은 것'과 다름이 없는 것입니다.

진리의 허리띠를 띠어야 되는데 진리의 허리띠를 놓아 버렸습니다. 무장해제 된 것입니다. 의의 호심경을 가져야 하는데 의의 호심경을 떼어 버렸어요. 무장해제된 것이지요. 이렇게 무장해제 되었을 때 우리에게 일어나는 일들이 있다고 했습니다. 영적으로 나태해지고 말씀을 아는데도 행하지 못하게 되는 것입니다. 이게 우리의 고질병 아닙니까? 모르면 차라리 핑계라도 댈 수 있는데, 아는데도 못하고 있습니다. 기도해야 하고 말씀을 읽어야 하며 전도해야 하는 것도 알고 있는데 못하는 것입니다. 이것이 바로 무장해제 된 사람의 특징입니다. 그리고 또 의의 호심경을 갖지 못하고 무장해제 될 때 어떻게 됩니까? 쉽게 상처를 받습니다. 이것은 다른 사람들이 문제가 아니라 내 마음이 하나님의 의로 가늑 채워지지 않은 것이 문제입니다.

3. 마무리

우리가 하나님의 전신갑주를 배워나가는 이유는 하나 둘씩 삶 가운데 꼭 실천하기 위함입니다. 영적인 군사는 영적으로 예민해지고 민첩해져야 합니다. 그것은 우리가 입술로 '민첩합시다! 예민합시다!'라고 외친다고 해서 되는 것이 아닙니다. 먼저는 객관적인 하나님의 말씀이 주관적인 나의 말씀으로 경험되어져야 합니다. 그렇기에 하나님의 말씀을 부여잡고 울어야 합니다. 하나님의 말씀을 부여잡고 하나님께 늘 감사해야 합니다. 혹시 설교를 듣거나 말씀을 읽다가 '하나님 이 말씀을 주셔서 감사합니다.' 라고 깨달아진 말씀이 있었습니까? '하나님 이 말씀이에요!'라고 말씀을 붙잡고 울었던 적 있습니까? 그렇지 못한다면 우리의 삶을 돌아보시길 바랍니다. 얼마나 방만해져 있는지, 얼마나 고집을 부리고 있는지 말입니다.

진리의 허리띠를 띠지 못해서 알고 있어도 행하지 못하는 것입니다. 의의 호심경을 가지지 않아서 계속 상처를 받는 것입니다. 그러므로 하나님이 바울을 통해서 말씀하시는 것입니다. 진리로 허리띠를 띱시다! 의의 호심경을 가집시다! 이미 말씀드렸지만, 공격을 해서 상대방을 넘어뜨리는 것은 쉬울 수 있습니다. 왜냐하면 예수님이 이미 이겨 놓으셨기 때문입니다. 문제는 바로 내가 나를 지키지 못하는 것에 있습니다. 내가 결단하고 싸우려고 든다면, 사실 사단은 아무것도 아닙니다. 내가 준비가 안 되어 있기 때문에 매일 넘어지는 것입니다. 심지어 '나는 왜 이럴까?'하며 스스로 나를 공격하고 지키지 못합니다. 그러니까 문제가 지속되는 것입니다.

그러므로 지금 바울은, 영적으로 나태하고 태만해져 있는 상태에서 일어나라고 말합니다. 그리고 다시 말씀 앞에서 감격과 감동이 있어야 하며 그 깨달아진 말씀으로 내 영적인 삶을 조여 매라고 말합니다. 또한 하나님과의 올바른 관계 속에서 우리의 마음을 지켜 나가라고 말합니다. 이것이 영적무장입니다. 하나님의 전신갑주를 입는 것입니다. 이러한 삶이 지속된다면, 그 결과 우리가 속한 가정과 교회와 사회 가운데 하나님의 나라가 임하게 될 것입니다.

마무리를 위해서 다시 생각하고 토의할 문제들

1. 영적 무장을 위한 기본자세는 무엇인가 말해보시오. 왜 이것이 중요합니까?

2. 하나님의 전신갑주에는 왜 공격용보다도 방어용이 더 많습니까? 이것이 우리에게 주는 의미가 무엇인지 토의해 보시오.

3. 진리로 허리띠를 맨다는 것은 무엇을 말하는 것입니까?

4. 성경에서 말하는 진리는 무엇을 의미합니까?

5. 진리의 허리띠를 매지 못할 때 일어날 수 있는 현상에 대해서 말해보시오

6. 의의 호심경을 갖는다는 것은 무엇을 말하는 것입니까?

7. 호심경의 역할을 감당하는 '의'는 무엇을 의미합니까?

8. 의의 호심경을 갖지 못했을 때 쉽게 일어날 수 있는 현상은 어떠한 것입니까?

chapter 11

11. 평안의 복음의 신발

◆ 주제를 풀어갈 성경본문 – 에베소서 6:15

"평안의 복음이 준비한 것으로 신을 신고"

◆ 주제를 풀어 갈 글의 개요

1. 들어가면서 – 본문의 정황과 배경
2. 본론
    1) 복음이 궁극적으로 인간에게 가져다주는 것이 무엇입니까? 평강입니다.
        (1) 이것은 인간이 만든 평화가 아닙니다.
        (2) 이것은 하나님과의 화목으로 말미암는 평화입니다.
    2) 하나님과의 화목 없이는 진정한 평화를 경험할 수 없는 이유는?
        (1) 죄와 허물로 죽은 인생이기 때문입니다. (엡 2:1)
        (2) 본질상 하나님의 진노의 대상이기 때문입니다.(엡 2:3)
    3) 복음이 어떻게 하나님과의 화목을 이루게 하였습니까?
        (1) 인간들의 죄 값으로 예수님의 생명을 온전히 드리심으로
        (2) 아들의 희생의 아픔을 감수하시고 죄로 인해 막힌 담을 허신 하나님으로 인하여
    4) 평안의 복음의 신을 신으라는 의미는 무엇입니까?
        (1) 그리스도인들은 한 곳에 머물러 있지 않고 움직여 달려 나가는 자들임을 말합니다. (롬 10:13-15절 참조)
        (2) 무장한 그리스도인들의 삶의 모습이 어떠해야 하는지를 말해 줍니다.(엡 6:19-20 참조)

3. 마무리 – 요약과 적용

1. 들어가면서

우리가 하나님의 군사로서 온전하게 서기 위해서는 전신갑주를 입어야 합니다. 이미 진리의 허리띠와 의의 호심경은 앞 장에서 다루었고, 오늘 본문에 의하면 세 번째로 소개되고 있는 것이 '평안의 복음의 신발'입니다. 이것은 기독교의 본질을 다루는 너무나 중요한 주제이기에 이 장에서는 이것 하나만 가지고 그 의미를 풀어가려 합니다.

우리가 평안이라는 개념과 복음이라는 개념을 중요하게 생각하지 못했다면, '아, 평안의 복음의 신발을 신어야 하는구나!'라는 정도로 이 주제를 생각할 수 있습니다. 또는 '평안의 복음의 신발을 신는 것이 무슨 무장이야!'라고 생각할 수도 있습니다.

허리띠를 안 매던 사람이 민첩하게 움직이기 위하여 허리띠를 질끈 조여 매는 것은 확실한 무장입니다. 왜냐하면 그것은 나태하고 느슨해졌던 우리의 삶을 다시 가다듬는 것이고, 허리띠를 띠어야 거기에 칼도 찰 수 있기 때문에 그렇습니다. 그리고 철로 된 의의 호심경을 붙이는 것은 가슴을 무장하기 위한 장비입니다. 또 믿음의 방패, 구원의 투구, 성령의 검 등...이 다섯 가지는 우리가 영적으로 무장할 때 중요한 무기로서 핵심적인 역할을 하게 됩니다.

그런데 "신을 신으라"는 무엇을 의미할까요? 아니, 신은 누구나 신는 것 아니겠습니까? 그 당시 노예들만 빼고는 거의 모든 사람들이 신을 신고 다녔는데 사도 바울은 신을 신으라고 이야기하고 있습니다. '이것이 너희들이 세 번째로 무장해야 될 것이다'라고 알려주는 것입니다. 그렇다면 도대체 바울은 왜 신을 신으라고 이야기한 것일까요? 이것은 바울이 살았던 시대와 연관해서 생각해 볼 수 있습니다. 그 시대는 로마가 세계를 정복하던 시기였습니다. 로마의 군인들은 전 세계적으로 유명한 군사들이었습니다. 그런데 이 로마의 군사들이 세계를 정복할 때 늘 무장했던 것 가운데 하나가 신발이었습니다. 왜냐하면 그들은 단거리로 나가서 싸우는 존재들이 아니라 배를 타고 먼 장거리를 나가서 한 번도 밟아보지 못한 땅을 밟고 그 땅을 정복하며 로마에 바치는 일들을 해왔기 때문입니다. 그래서 장기간 여행을 하고 먼 땅을 밟으며 그 땅에서 싸우기 위해서 필요했던 것 중에 하나가 신발이었습니다. 당시 역사가에 의하면, 로마의 군인들이 신은 신발은 장시간 오래 신고 다녀도 발이 불편하지 않고 편하게 싸움을 할 수 있도록 특수하게 고안되었다고 합니다.

이것을 바울 사도가 생각해 낸 것입니다. 우리가 영적으로 무장을 할 때도 이와 마찬가지라는 것입니다. 우리의 싸움은 단지 우리 주변에서 칼 가지고 몇 번 휘두르고 마는 것이 아니라, 주님이 부르셔서 천국에 가는 그 날까지 계속되는 것입니다. 바로 장거리의 길을 걸어가야 될 하나님의 군사들이기에 신발을 신어야 하는 것입니다. 그런데 어떤 신발을 신느냐에 따라서 그 전투가 피곤해질 수 있고 날아갈 듯이 잘 싸울 수 있습니다. 요즘 군인들도 군화를 신지 않고는 도저히 잘 싸울 수가 없습니다. 완전무장을 하는데도 이 군화는 결코 빠져서는 안 되는 것입니다. 그런데 평안의 복음의 신을 신는다는 것은 무엇을 의미할까요?

2. 본론

1) 복음이 궁극적으로 인간에게 가져다주는 것이 무엇입니까? 평안입니다.

(1) 이것은 인간이 만든 평안이 아닙니다.

바울이 "신발을 신으라"고 할 때 어떠한 신발을 신으라고 했습니까? 바로 "평안의 복음의 신발"입니다. 이 말의 의미는, 복음이 궁극적으로 가져다주는 것이 '평안'이라고 하는 것입니다. 앞서 말씀 드렸듯이, '허리띠', '호심경', 이 모든 것들이 다 비유적인 것이라고 했습니다. 그렇다면 이 '신발'도 비유적인 표현입니다. 너희들의 발을 평안의 복음으로 무장해야 한다는 것입니다. 그 신발은 단순한 신발이 아니라, '평안의 복음'이 함께 하는 신발이라는 것입니다. 그래서 이 신발을 신는 것은 평안의 복음을 경험하는 것이고, 그래서 밟는 곳마다 평안의 복음을 전해주라는 것입니다. 이것이 영적 군사들이 해야 될 일입니다.

그러면 여기서 우리가 먼저 알아야 할 것이 있습니다. 복음의 내용이 인간에게 경험되어질 때, 궁극적으로 느낄 수 있는 것은 무엇일까요? 가장 주된 것이 바로 '평안'입니다. 우리가 복음을 경험할 때, 이 복음은 기쁜 소식이기 때문에 기쁨을 누리지만, 궁극적으로 우리에게 평안을 가져다줍니다. 그래서 '평안의 복음의 신발'이라고 이야기를 하는 겁니다.

이 대목에서 강조하고 싶은 첫 번째는, 그 평안의 복음의 신발을 신기 위해서는 복음 안에 있는 평안을 우리가 먼저 누려야 한다는 것입니다. 복음은 기독교의 핵심이고 기초입니다. 이 복음 위에 기독교가 세워졌습니다. 복음이 없으면 기독교는 더 이상 기독교의 역할을 감당할 수 없습니다.

우리가 이 복음을 경험한다면, 복음은 궁극적으로 우리에게 평안을 가져다 주게 되어 있습니다. 내가 정말 복음을 알고 경험했다면, 그 안에서 세상이 줄 수 없는, 인간의 힘으로 얻을 수 없는, 주님이 주시는 평안을 누린다는 것입니다.

그런데 세상이 주는 평안과 성경에서 기록된 평안은 분명히 다르다는 것을 알아야 합니다. 요한복음 14장 27절은 말씀합니다. "평안을 너희에게 끼치노니 곧 나의 평안을 너희에게 주노라 내가 너희에게 주는 것은 세상이 주는 것과 같이 아니하리라 너희는 마음에 근심하지도 말고 두려워하지도 말라"라고 말입니다. 처음에 이 말씀을 묵상하였을 때에는, 왜 세상이 주는 평안이 기독교가 주는 평안과 다른지, 그러면 도대체 성경적인 평안은 어떤 성격을 가지고 있는지 잘 몰랐습니다. 그런데 그 평안을 직접 경험하고 나서, 그 의미가 너무나 중요한 것을 알게 되었습니다.

세상이 주는 평안은 이렇게 말할 수 있습니다. 우리 인간이 만들어 낸 평안이라는 것이지요. 하나님이 주시는 평안과 대비가 될 뿐이지, 나쁜 것은 아닙니다. 그렇다면 이 평안을 언제 만들어 낼 수 있는지 아십니까? 예를 들어, 한 사람이 많이 힘들다고 가정해 봅시다. 어떤 사람은 너무나 힘들고 분노가 생겼을 때 쇼핑을 통해 스트레스를 푼다고 합니다. 그러면 그 순간 잠시 걱정이 잊어지면서 마음을 진정하게 됩니다. 그리고 쇼핑을 하면서 내가 사고 싶었던 것들을 사고, 누리고 싶었던 것들을 누리면서, 마음의 평안을 얻기도 합니다. 또 어떤 사람은 먹을 것을 막 시킵니다. 그리고 그것을 먹으면서 그 순간 평안과 기쁨을 누립니다. 어떤 사람은 집을 사고, 어떤 사람은 차를 사고, 휴대전화를 사는 등 기타 여러 가지들을 통해서 평안을 느낍니다. 그러나 그것은 인간이 만들어

낸 평안입니다. 중요한 것은 인간이 만들어 낸 평안은 인간이 가지고 있는 육과 정신만을 만족시키는 평안이라는 것입니다.

(2) 이것은 하나님과의 화목으로 말미암는 평안입니다.

흔히 평안의 의미를 크게 두 가지로 나누어 볼 수 있습니다. 세상이 말하는 평안, 그리고 성경에서 말하는 평안입니다. 세상에서 말하는 평안은 우리가 흔히 'Peace'라고 이야기 합니다. 그런데 성경에서 말하는 평안은 일반적으로 우리가 세상에서 쓰는 'Peace'라는 단어와는 조금 다른 개념입니다. 구약성경에서는 '평안'을 '샬롬'이라고 말합니다. 그리고 신약성경에서는 같은 의미로 그 평안을 '에이레네'라고 말합니다. 그러면 세상에서 말하는 평안과 성경에서 말하는 평안은 어떤 차이가 있을까요? 또 성경에서 말하는 평안은 어떤 평안을 말할까요? 이 '평안'의 개념은 하나님과 막혀있는 담이 허물어져서 누릴 수 있는 전인적인 평안을 말합니다. 실제로 인간은 평안 가운데 살아가는 존재였습니다. 죄로 말미암아 하나님과 담이 있기 전에는 말이죠. 그러나 죄로 말미암아 하나님과 담이 생겨났고, 그 결과 평안의 근원이신 하나님으로부터 멀어지게 되어 본질적인 평안을 누리지 못하게 된 것입니다. 그러므로 성경에서 평안을 준다고 하였을 때에는, 이 세상에서 누릴 수 있는 평안이 아니라, 본질적인 평안, 즉 전인적으로 누릴 수 있는 평안을 말합니다. 이것이 복음 안에서 가능하게 된 것입니다. 그러므로 성경에서 말하고 있는 평안의 특징을 한마디로 말하라면, 하나님과 영적으로 막혀있는 부분이 뚫어져서 우리의 전인적인 것이 회복되어지는 평안을 의미합니다.

2) 하나님과의 화목 없이는 진정한 평안을 경험할 수 없는 이유는?

(1) 죄와 허물로 죽은 인생이기 때문입니다.(엡 2:1)

우리는 하나님과의 화목함 없이 성경에서 말하는 전인적인 평안을 누릴 수 없습니다. 에베소서 2장 1절을 보면 "그는 허물과 죄로 죽었던 너희를 살리셨도다."라고 말씀하고 있습니다. 이 말씀은 너무나 중요합니다. 왜냐하면 이 땅에서 하나님을 알지 못하고 살아가는 모든 사람들의 특징이 이 안에 나타나 있기 때문입니다. 그들 모두가 허물과 죄로 인해 영이 죽는 자들입니다. 사람은 영적인 존재인데, 영이 죽으면 뭐만 살아 있는 것입니까? '육'과 '정신'만이 살아있는 것입니다.

우리가 전인적이라고 말했을 때는 항상 영과 혼과 육을 이야기 합니다. 그런데 영적인 것은 세상 사람들이 쉽게 터치할 수 없습니다. 왜냐하면 그들이 알지 못하는 것이고, 경험도 못해봤을 뿐더러 죽어있기 때문에 그렇습니다. 지금 바울은 에베소 교인들에게 편지를 쓰면서 구원받기 전에, 하나님을 알기 전에, 너희가 어떤 상황에 있었는지를 아느냐고 말하고 있습니다. 너희가 구원받기 전에 너희의 상태는 죄와 허물로 죽어있는 자라는 것입니다.

죄는 하나님과의 관계를 멀어지게 하며 영적으로 죽게 만듭니다. 창세기 3장을 보면, 하나님이 아담과 하와에게 "동산 중앙에 선악을 알게 하는 나무의 열매가 있는데 그 열매를 따 먹으면 안 된다"고 하셨습니다. 왜 그렇습니까? 죽기 때문입니다. 그런데 아담과 하와가 그 열매를 따 먹었습니다. 몇몇 사람들은 그들이 죽지 않았다고 이야기를 합니다. 그러나 그렇지 않습니다. 그들은 죽었습니다. 영적으로 죽은 것입니다. 인간

안에 들어왔던 하나님의 영이 떠나가심으로 말미암아 인간의 영이 더 이상 기능을 하지 못하게 된 것입니다. 누구든지 사람에게는 영이 있습니다. 우리가 하나님의 형상과 모습대로 지어졌기 때문입니다. 그런데 내가 가지고 있는 나의 영은 하나님의 영에 반응하는 기관입니다. 하지만 하나님의 영이 떠나가 버렸기 때문에 내 영이 반응하지 못하고 죽게 된 것입니다.

그러면 하나님께서는 왜 인간을 영적으로만 죽게 하시고, 혼과 육은 내버려 두셨을까요? 그것은 우리의 혼과 육이 살아있는 동안에 회복하게 하시기 위함입니다. 하나님이 그만큼 우리를 사랑하신다는 것입니다.

(2) 본질상 하나님의 진노의 대상이기 때문입니다. (엡 2:3)

이어서 에베소서 2장 3절의 말씀을 보겠습니다. "전에는 우리도 다 그 가운데서 우리 육체의 욕심을 따라 지내며 육체와 마음의 원하는 것을 하여 다른 이들과 같이 본질상 진노의 자녀이었더니." 이 말씀을 보면, 우리가 하나님을 알지 못했을 때 두 가지를 했다고 합니다. 바로 육체와 마음이 원하는 것을 했다는 것입니다. 이 육체는 아까 말한 육이고, 마음은 혼입니다. 그러니까 하나님을 알지 못하는 사람은 어떻게 합니까? 육과 혼적으로만 살아가게 됩니다. 나의 마음에 무언가를 하고 싶으면 다 팔아서 해야 하구요. 내가 저것을 얻고 싶으면 손해를 보더라도 팔고 그것을 사야 됩니다. 이것이 세상 사람들이 살아가는 방식입니다. 내가 얻고 싶은 것을 얻기 위하여 모든 것을 다 무너뜨리고라도 해야 하는 것이 육적인 사람의 특징이고, 혼이 끌어가는 데로 살아가는 사람의 모습입니다. 그런데 육과 혼이 끌어가는 데로 살아가는 사람들은 본질상 하나님의 진노의 대상이라고 그랬습니다.

여러분 우리가 스스로 평안을 만들어 낼 수 는 있습니다. 그런데 아무리 좋은 환경에서 잘 살고 출세해서 돈이 있고, 명예와 권세를 가지고 있어도 우리 마음이 불안하고 공허할 수 있습니다. 왜 그렇습니까? 성경은 우리가 본질상 진노의 자녀이기 때문이라고 말합니다. 하나님은 우리가 지은 죄를 간과하시지 않기 때문에 그렇습니다. 우리가 아무리 영적으로 무딘 사람이라고 할지라도 누가 나를 미워하고 죽이려고 하면 위협감을 느끼지 않습니까? 우리가 아무리 둔감해도 내 영이 있기 때문에 느끼는 것이 있습니다.

우리가 죽음의 문제를, 늘 인간이 풀 수 없는 문제로 인식하고 두려워하는 이유가 여기에 있다고 할 수 있습니다. 이처럼 죄의 문제가 해결되지 않는 한, 나에게 돈이 있고 권세와 명예가 있어도 나는 하나님의 진노의 대상입니다. 그래서 우리 마음 속에 불안이 생기고 평안이 없는 것입니다. 잠시 기쁘고 평안했다가도 금방 잃어버리고 공허해집니다. 왜냐하면 본질상 우리가 하나님의 진노의 상대이기 때문입니다. 그래서 육신과 혼이 이끌어 가는 데로만 살지 말아야 합니다.

3) 복음이 어떻게 하나님과의 화목을 이루게 하였습니까?

(1) 인간들의 죄 값으로 예수님의 생명을 온전히 드리심으로

복음 안에 있는 평안은 아무도 건드리지 못하는 평안입니다. 인간을 이루고 있는 전인적인 요소들이 만족을 하고 누리는 평안이기 때문입니다. 즉, 죽어 있던 영적인 요소가 하나님의 영에 반응하여 살아나 평안을 누리기 시작하기 때문입니다. 그러면 왜 복음 안에서는 영적인 요소가 반응하여 평안을 경험할 수 있을까요? 그 이유는 복음의 핵심이 예수 그리스도의 십자가와 부활이기 때문입니다. 예수님이 나 대신 십자가에서 죽어 주셨고, 다시 살아나셔서 하늘에 처소를 준비하고 계시고 지금도 우리를 위해서 하나님 우편에서 중보하고 계시다는 것이 복음의 핵심이기 때문입니다. 그리고 그분은 나중에 다시 오실 것입니다. 예수께서 왜 십자가에서 죽어 주셨습니까? 예수께서 십자가에서 죽으신 이유는 우리의 모든 죄 값을 지시고 그 죄 값을 대신 치루기 위해 십자가에서 죽으신 것입니다. 왜냐하면 죄의 삯은 사망이라고 성경에 기록되어 있기 때문입니다. 큰 죄든지, 작은 죄든지, 죄 지은 자가 반드시 감당해야 될 대가는 죽음입니다. 내 안에는 알고 지은 죄, 모르고 지은 죄가 있습니다. 그러므로 나는 죄인입니다. 하나님은 그 죄를 가장 싫어하십니다. 그래서 내가 이 죄의 문제를 해결할 수 없기에 하나님과 영적으로 뚫어지지 못한 것입니다.

그렇다면 그 죄는 무엇입니까? 죄라고 하는 것은 아담과 하와가 선악과를 따먹은 것이 아닙니다. 성경에 보니, 사단이 아담과 하와에게 뭐라고 유혹합니까? "선악과를 따 먹으면 눈이 밝아져서 하나님처럼 돼!"라고 했습니다. 이 말을 듣고 선악과를 따 먹었다는 것은 내가 하나님처럼 되고 싶다는 것을 의미합니다. 하나님의 자리에 내가 서겠다는 것입니다. 그렇게 하나님을 치고 올라오는 것이 죄입니다. 하나님과 같아지려고 하는 것이 죄라는 겁니다. 즉 피조물이 창조주의 지위에 오르려 한 것이 죄인데 하나님이 그 죄를 어떻게 용납하실 수 있겠습니까? 죄를 절대 용서하실 수도 없고 간과하실 수도 없는 분이 하나님이십니다. 그래서 죄의 삯은 사망이라고 했습니다.

그런데 우리 인간에게는 목숨이 하나 밖에 없습니다. 하나 밖에 없는 목숨을 가지고 내 죄 값을 치르기 위해 죽는다면 죄 값이 치뤄질까요? 결코 그렇지 않습니다. 제가 앞서 말씀 드렸다시피, 영이 죽은 상태에서 육과 혼이 남아있는 이유 중에 하나는 하나님이 우리를 사랑하시기 때문에 살아있는 기간 동안에 우리의 영적인 부분을 회복하시기 위해 허락된 기회를 주시기 위함입니다. 그렇다면 우리의 영적인 문제가 어떻게 회복되어질 수 있습니까? 그 죄의 문제를 해결하기 위해 내 스스로 목숨을 끊는다고 해서 해결되는 것이 아닙니다. 왜냐하면 육신이 죽어도 영원한 죽음 곧 하나님의 심판이 있기 때문에 그렇습니다. 그래서 자살하는 사람이 가장 불쌍한 사람 중에 한사람이라고 할 수 있습니다. 내가 죽어서 이 세상의 모든 짐을 떠안고, 이제는 끝이라고 생각할지 모르지만 그렇지 않기 때문입니다. 죄의 삯은 사망이지만, 그 죄 값을 내가 치르기 위해서 죽어서 끝날 문제가 아니라는 것입니다.

히브리서 9장 27절에 보니 "한번 죽는 것은 사람에게 정하신 것이요 그 이후에는 하나님의 심판이 있다"라고 기록되어 있습니다. 그래서 예수님께서 이 땅에 있는 모든 사람의 죄를 다 짊어지시고 나 대신 그 죄 값을 치르기 위해서 십자가에서 죽으신 것입니다. 그리고 그 소식을 믿는 자들에게 천국에 처소를 준비하시기 위해 살아나셨습니다. 이것이 복음의 핵심입니다. 그래서 누구든지 그 복음 안에 들어와서 내 죄 값을 치러주기 위해 나 대신 죽어주신 예수님을 영접하고 죄의 문제가 해결된 사람은 하나님과 나 사이에 막혀있던 그 죄의 담이 무너지면서 영적으로 하나님과 통하게 되는 것입니다. 이것이 바로 '평안'입니다.

(2) 아들의 희생의 아픔을 감수하시고 죄로 인해 막힌 담을 허신 하나님으로 인하여

예수 그리스도를 통하여 하나님과 막혀있는 담이 허물어지고 하나님과 화목하게 되면서, 이제는 누구든지 그 안에서 오는 '샬롬'을 누릴 수 있습니다. 그 안에서 있는 '에이레네'를 누릴 수 있다는 것입니다. 앞서 보았듯이, 성경에서 말하는 평안은 예수께서 십자가 위에서 당신의 그 모든 피 값으로 죽어주심으로 성취해 놓으신 평안입니다. 아들을 희생제물로 내놓으실 때, 하나님의 마음은 어떠셨을까요? 사실 죽는 아들도 힘들지만, 죽어가는 아들을 바라보시는 아버지의 마음은 얼마나 더 힘드셨겠습니까? 십자가 위의 고통으로 아버지이신 하나님을 외쳐도, 아들에게 사랑의 도움조차 수지 못하신 아버지의 마음은 얼마나 더 고통스러웠을까요? 이렇게, 죽어가는 아들과 그 모습을 바라보시는 아버지를 통해서 이루어 놓은 것이 있는데 그것이 바로 '샬롬'입니다.

기독교에서 '신앙생활을 한다, 내가 예수를 믿는다' 라는 것은 바로 이 평안을 경험하는 것입니다. 예수를 믿으면서도 환경의 지배를 받고, 예수를 믿으면서도 참된 평안을 누리지 못한다면 뭔가 내가 잘못 믿고 있는 것은 아닌지 생각해 보셔야 합니다. 예수를 믿는 것은 교회만 나오는 것을 의미하는 것이 아닙니다. 교회에 나와서 말씀을 들으면서, 반드시 내가 말씀으로 무장을 해야 합니다. 예수를 믿고 의지하려고 한다면 예수의 힘으로 살아가는 것이지, 내 힘으로 살아가는 것이 아닙니다. 그래서 우리는 예수 그리스도가 하나님을 통해서 이루어 놓으신 이 '샬롬'의 개념 안으로 들어가야 합니다. 누구든지 복음 안으로 들어와 십자가를 의지하고 그 밑에서 내 죄를 내려놓으면 이 '샬롬'을 경험할 수 있는 것입니다. 여러분 우리는 모두 영적인 존재로 창조되었습니다. 그러므로 '예수를 믿는다'는 것은 죽어 있던 우리의 영을 하나님의 영에 반응하게 만들어 회복시켜 나가는 것을 말하기도 합니다. 그래서 영이 자유롭게 하나님과 반응하게 되고, 그 안에서 내가 어떤 존재인지 알아가고, 나를 만들어 주신 하나님의 힘으로 살아가는 것이 진정으로 '예수를 믿는 것'입니다. 이러한 차원에서 볼 때, 오늘의 본문은 다음과 같이 외치고 있는 것입니다. 즉, 바울은 성도들을 향해서, '여러분, 복음 안에 평안이 있어요. 이 평안을 여러분이 먼저 누려야 합니다.'라고 하는 것입니다.

사실 바울은 평안을 누리는데 대가였다고 할 수 있습니다. 그가 전도하러 나갈 때마다 성령께서는 "네가 도착할 그 성은 환란이 기다리고 있다. 핍박이 기다리고 있다"고 이야기해줍니다. 그럼에도 불구하고, 바울은 그러한 핍박을 감수하면서 복음을 전하러 갔습니다. 때로는 잡혀서 감옥에 들어간 적이 몇 번인지 모릅니다. 그런데 아무리 감옥 속에 들어가고, 환란과 핍박이 기다린다고 할지라도, 바울은 굴하지 않았습니다. 오히려 그곳에 기쁨이 있었습니다. 정말 그러한 곳에서 기뻐할 수 있다는 것은 미치지 않고는 불가능한 것입니다. 그런데 정말 그는 미쳤습니다. 세상 사람들은 육과 혼적인 요소로만 사람을 평가할 수 있지만, 바울은 영이 뚫어진 자입니다. 하나님과 영적인 교통이 있는 자라고 하는 것입니다. 그 복음 안에서 막힌 담이 허물어진 자입니다. 그렇기 때문에 이제는 전인적인 평안을 누릴 수 있는 자가 된 것입니다.

영이 깨어나 하나님께 민감하게 반응할 수 있다면, 우리의 육적인 요소가 피곤하고 어려워도 그 피곤함을 이겨 나갈 수 있는 힘이 생겨납니다. 육은 한번 있다가 죽음으로 사라지는 요소입니다. 이 땅에 살아가면서 육적인 요소가 너무 중요하기는 하지만, 그 육적인 요소에 끌려 다니거나 지배받을 필요는 없습니다. 오히려 그 육적인 요소를 이겨나갈 수 있습니다. 육적인 요소를 이끌고 나갈 수 있다는 것입니다. 육적으로는 피곤하고 힘들어도, 그것을 추월할 수 있는 힘이 영적인 요소를 통해서 주어집니다. 그렇기 때문에 바울은 감옥 속에 들어가서도 기뻐할 수 있었습니다. 빌립보서를 쓰면서 바울이 뭐라고 이야기하는지 아십니까? "기뻐하라"고 지속적으로 말합니다. 옥중서신인데 기뻐하라는 말이 얼마나 많이 나오는지 모릅니다. 미쳤지요? 언제 우리가 미쳤다고 합니까? 세상 사람들이 알지 못하고 감당하지 못한 일을 했을 때 미쳤다고 합니다. 이것은 그에게 세상 사람들이 알지 못하는 영적인 요소가 뚫어지고 하나님과 화목하게 되었기 때문에 가능한 것입니다. 성경은 이와 같이 예수 믿는 사람은 복음으로 무장해야 된다고 우리에게 이야기하고 있습니다.

4) 평안의 복음의 신을 신으라는 의미는 무엇입니까?

(1) 그리스도인들은 한 곳에 머물러 있지 않고 움직여 달려 나가는 자들임을 말합니다(롬 10:13-15절 참조).

그러면 "평안의 복음의 신을 신으라"는 말은 무엇을 의미합니까? 그 것은 그리스도인은 한곳에 머물러 있지 않고 움직여 달려 나가는 자임을 의미합니다. 내가 복음의 내용을 경험하고, 이제는 하나님과 막혀져 있는 것들이 뚫어졌다면, 그 안에서 세상이 줄 수 없는 놀라운 평안을 경험하기 시작합니다. 그렇다면 이제 그 평안을 가지고 나아가라는 것입니다. 왜 그렇습니까? 하나님은 평안을 경험한 자들이 밟는 땅마다 그 땅도 평안을 경험하는 땅이 되어지길 원하시기 때문에 그렇습니다. 평안을 경험하는 자들이 만나는 사람마다 그 평안이 누려지기를 원하신다는 겁니다. 오늘날 그리스도인들이 평안의 복음의 신발을 신기만 했다면, 이 땅은 반드시 다 바뀌어질 것이라고 믿습니다. 이 글을 읽고 있는 독자 모두가 평안의 복음의 신발을 신을 수 있기를 원합니다.

로마서 10장 13절에서 15절까지의 말씀을 보겠습니다. "누구든지 주의 이름을 부르는 자는 구원을 받으리라 그런즉 그들이 믿지 아니하는 이를 어찌 부르리요 듣지도 못한 이를 어찌 믿으리요 전파하는 자가 없이 어찌 들으리요 보내심을 받지 아니하였으면 어찌 전파하리요 기록된 바 아름답도다 좋은 소식을 전하는 자들의 발이여 함과 같으니라"

성경에 기록되어 있는 것처럼, 좋은 소식을 전하는 자들의 발, 이것은 복음의 평안, 평안의 복음을 전하는 자들의 발입니다. 이것으로 영적 군사는 무장해야 하는 것입니다. 많은 사람들이 내가 출세해서 잘 먹고 잘 살고 아이들이 잘되기를 원합니다. 왜 그렇습니까? 내 육체의 만족이 되고 정신에 만족이 되기 때문에 좋은 거 아니겠어요? 만약에 여러분들이 초가집에 살아도 육체와 정신에 거추장거리가 되지 않으면 문제가 없는 것입니다. 그런데 초가집에 살면 육체와 정신에 방해가 돼서 불편하거든요. 그러니까 좀 더 편하기 위해서 더 좋은 집, 더 좋은 차, 더 좋은 것들 누리려고 하는 것입니다.

그러나 그것보다 더 좋은 것이 있습니다. 그것은 영적인 평안, 즉 하나님과 막혀진 것이 뚫어져서 화목하게 된 평안입니다. 여러분들은 하나님이 원하시는 더 좋은 것을 추구할 수 있기를 원합니다.

(2) 무장한 그리스도인들의 삶의 모습이 어떠해야 하는지를 말해줍니다(엡 6:19-20 참조).

마지막으로 바울은 이 평안의 복음의 신발을 신으라고 말하면서 무장한 그리스도인들이 이 땅에서 어떻게 살아야 하는지를 보여주고 있습니다. 에베소서 6장 19절, 20절을 보겠습니다.

"또 나를 위하여 구할 것은 내게 말씀을 주사 나로 입을 열어 복음의 비밀을 담대히 알리게 하옵소서 할 것이니 이 일을 위하여 내가 쇠사슬에 매인 사신이 된 것은 나로 이 일에 당연히 할 말을 담대히 하게 하려 하심이라."

에베소서는 바울 사도가 감옥에서 쓴 글입니다. 바울은 힘든 상황을 많이 경험하였는데 그럴 때마다 자신을 위해서 기도할 때 꼭 해야 할 내용이 있다고 말합니다. 그것은 내가 어디를 가든지 담대하게 내 입을 열어 이 평안을 가져다주는 복음을 전파할 수 있도록 하게 해달라는 것입니다. 이것이 바로 그리스도인의 삶입니다. 그래서 전도를 하는 것도 평안의 복음이 경험되지 않으면 율법이 되어서 나를 힘들게 할 수 있습니다. 하지만 내가 먼저 평안의 복음의 신발을 신는다면 가만히 있을 수 없게 됩니다. 너무 기쁜 나머지 환경의 지배를 받지 않게 되는 것입니다. 돈이 없어 누려야 될 것을 누리지 못한다고 할지라도, 하나님과 영이 뚫어져서 화목하게 됩니다. 그래서 전인적인 평안을 맛보게 되어 이제는 그 신을 신고 가는 곳곳마다 평안의 복음을 전할 수 있게 됩니다. 이것이 평안의 복음의 신을 신으라고 바울 사도가 이야기하고 있는 부분입니다.

3. 마무리

평안! 세상이 줄 수 없는 이 평안이 기독교의 핵심입니다. 그런데 이 평안은 복음 안에 들어오셔야 누릴 수 있습니다. 복음 안에 들어오지 않아도 누리는 많은 세상적인 평안이 있지만, 세상적인 평안은 일시적입니다. 한순간 누리다가도 없어지고 맙니다. 좋은 휴대전화를 사도 한 달이 못가고, 좋은 차와 집을 사도 몇 달 이상 못갑니다. 그런데 하나님이 주시는 평안을 누리면 환경의 지배를 받지 않고, 영속적으로 기쁨과 소망을 누릴 수 있습니다. 이 평안을 누릴 수 있는 여러분이 되길 원합니다.

그런데 이 평안을 누리지 못하는 이유가 무엇입니까? 바로 우리의 죄 때문입니다. 우리가 예수를 믿고 구원을 받았어도 내 안에 죄가 있는데 이것은 우리가 이 땅에 노출되어 살아가면서 알고 지은 죄, 모르고 지은 죄들이 있기에 그렇습니다. 이 죄의 문제가 해결되지 않으면 하나님이 주시는 평안을 누릴 수 없게 됩니다. 그래서 십자가 앞에 나와야 합니다. 십자가 앞에 나올 때마다 우리의 죄의 문제를 예수께서 해결하셨기에 그 보혈의 피로 우리의 죄를 씻음 받을 수 있습니다. 이 죄의 문제가 해결되어질 때 세상이 줄 수 없는 진정한 평안을 이 가운데서 누릴 수 있습니다.

예수를 믿으면서도 육적으로만 살아가는 사람들이 있습니다. 그런데 앞서 살펴본 바와 같이, 우리가 예전에는 육체와 마음이 원하는 대로 살아서 본질상 하나님의 진노의 대상이었습니다. 이제는 영이 이끄는 대로 살아갈 수 있길 소망합니다.

인간은 전인적인 존재입니다. 우리의 영과 혼과 육이 다 자유로워야 합니다. 그런데 가장 중요한 것이 영적인 부분입니다. 영적인 부분이 죽어 있었기에, 결국은 우리는 육에 끌려 이제까지 살아온 것입니다. 이제는 예수님의 십자가의 복음으로 말미암아 영적인 부분이 다시 회복되어져 평안을 누려야 합니다. 그리고 그 평안이 영속적으로 누려져, 내가 밟는 땅마다 내가 만나는 영혼마다 평안을 회복되고 그 사람들이 살아나는 놀라운 일들이 우리 가운데 있어야 합니다.

마무리를 위해서 다시 생각하고 토의할 문제들

1. 인간이 만들어 낼 수 있는 평안이 있습니까? 어떠한 것들이 있습니까? 토의해 보세요.

2. 인간이 만들어 낸 평안의 한계는 무엇일까요? 토의해 보세요.

3. 복음안에서 누릴 수 있는 평안이 진정한 평안이 될 수 있는 이유를 말해보시오 (인간의 전인적인 차원에서).

4. 하나님과 화목 없이는 진정한 평안을 누릴 수 없는 이유를 설명해 보시오.
   1)
   2)

5. 복음이 어떻게 하나님과 화목을 이루게 만들었습니까? 구체적으로 설명해 보시오.
   1)
   2)

6. 평안의 복음의 신을 신으라는 의미는 무엇을 뜻하는 것입니까? 말해보시오.
   1)
   2)

chapter 12

12. 믿음의 방패

◆ 주제를 풀어갈 성경본문 – 에베소서 6:16

"모든 것 위에 믿음의 방패를 가지고 이로써 능히 악한 자의 모든 불화살을 소멸하고"

◆ 주제를 풀어 갈 글의 개요

1. 들어가면서 – 본문의 정황과 배경
2. 본론

   1) 왜 모든 것 위에 믿음의 방패를 가지라고 요청하고 있습니까?
      (1) 칼과 창과는 달리, 화살들은 날아오기는 하지만 쏘는 적군은 보이지 않을 수 있기 때문입니다. 어디서 날아올지 모릅니다.
      (2) 화전들은 한 두 개만 날아오는 것이 아니라, 한꺼번에 여러 개가 날아와서 우리를 괴롭게 합니다. 그리고 그 화살들에는 치명적인 독이 묻어 있습니다.
      (3) 화살을 쏘는 주체는 악한 자, 즉 사단입니다.

   2) 악한 자의 화살들은 구체적으로 무엇을 말할까요?
      (1) 의심을 가리킵니다. 의심은 우리를 낙담하게 만들고 용기를 빼앗아 영적 전투에서 무너지게 합니다.
      (2) 유혹을 가리킵니다. 유혹의 독기는 우리의 온몸에 퍼져서 정욕의 지배를 받게 하여 전의를 상실하게 만듭니다.
      (3) 이러한 화살들에 맞으면 아무리 진리의 허리띠를 두르고 의의 흉배를 붙이고 복음의 신발을 신고 있어도 쓰러질 수밖에 없다는 사실을 명심하십시오.

   3) 어떻게 막아낼 수 있습니까? 오직 믿음이라는 방패를 가지고!

(1) 무엇을 믿습니까? 주님이 나와 함께 하심을 믿습니다.
(2) 무엇을 믿습니까? 현실보다는 미래에 하나님이 나를 위해 준비하신 목표, 비전을 믿고 나아갑니다.
(3) 무엇을 믿습니까? 믿음의 선조들도 나와 같은 상황에서 믿음으로 이겨 하나님의 귀한 도구가 된 것을 믿습니다.

4) 이미 화살에 맞아 쓰러진 사람들은 어떻게 회복될 수 있나요?
(1) 믿음의 주요 온전케 하시는 하나님을 바라보아야 합니다.
(2) 자신의 상태를 자복하고 하나님께 회복을 구하십시오.
(3) 다시 믿음을 되찾아 그 믿음 위에서 일어섭니다.

3. 마무리 – 요약과 적용

1. 들어가면서

이 장에서는 하나님의 전신갑주에 대한 네 번째 요소로서 '믿음의 방패'에 대하여 살펴보고자 합니다. 지금까지 우리는 하나님의 전신갑주에 대하여 세 가지를 배웠습니다. 첫 번째가 진리의 허리띠, 두 번째가 의의 호심경, 세 번째가 평안의 복음의 신입니다. 진리의 허리띠에서 진리는 하나님의 말씀이라고 하였습니다. 그래서 진리의 허리띠를 띤다는 것은 객관적인 말씀이 주관적인 말씀으로 체험되어지면서 나를 영적으로 세워가는 것을 의미합니다. 또 영적으로 나태해져 있던 나를 다시 깨워서 영적인 무장을 시작하는 것이라 하였습니다. 그리고 의의 호심경이라고 하는 것은, 우리의 육신에 있어 가장 중요한 가슴을 보호하는 무기입니다. 결국 이 가슴을 '의'로 보호하는 것입니다. 이 '의'라고 하는 것은 하나님과의 올바른 관계가 의라고 말씀을 드렸습니다. 그리고 세 번째가 평안의 복음의 신입니다. 이것은 복음 안에서 우리가 이 땅에서 누릴 수 있는 본질적인 평안을 말합니다. 우리가 이 평안을 온전히 경험할 때, 평안을 전할 준비를 할 수 있고, 다니는 곳곳마다 평안을 전할 수 있습니다. 그런데 바울은 네 번째 요소를 언급하면서 이렇게 이야기 합니다.

"모든 것 위에 믿음의 방패를 가지고"(엡6:16)

우리가 취해야 할 하나님의 전신갑주는 여섯 가지 입니다. 진리의 허리띠, 의의 호심경, 평안의 복음의 신, 믿음의 방패, 구원의 투구, 성령의 검입니다. 그런데 본문은 네 번째 믿음의 방패를 설명하면서 "이 모든 것 위에 믿음의 방패를 꼭 가져야 된다"고 이야기하고 있습니다. 이 말은 우리가 진리로 허리띠를 매고 의로 호심경을 붙이고 평안의 복음의 신을 신고 걸어 다닌다고 할지라도, 믿음의 방패가 없으면 한방에 쓰러질 수 있다는 것을 의미합니다. 그래서 이 모든 것들 위에 믿음의 방패를 가지라는 것입니다.

2. 본론

1) 왜 모든 것 위에 믿음의 방패를 가지라고 요청하고 있습니까?

(1) 칼과 창과는 달리, 화살들은 날아오기는 하지만 쏘는 적군은 보이지 않을 수 있기 때문입니다. 어디서 날아올지 모릅니다.

믿음의 방패가 중요한 이유는 적들이 우리를 향해 쏘아대는 공격의 성격 때문입니다. 그렇다면 그 공격의 성격은 어떠한가요? 첫째로, 화살은 칼과 창과는 다른 무기입니다. 칼과 창을 사용할 때는 나를 대적하는 상대가 보입니다. 그래서 우리가 예측하면서 싸울 수 있습니다. 그런데 화살은 몸을 드러내놓고 쏠 수도 있지만, 자기 몸을 숨기고 한꺼번에 여러 개가 날아올 수 있습니다. 그렇기 때문에 우리가 예측할 수 없는 상태에서 싸워야 합니다.

여러분 주변에서 한때는 신앙이 있어 기도하고 금식하며 하나님이 원하시는 대로 살겠다고 작정을 하였는데, 어느 날 갑자기 실족하고 믿음이 떨어져서 교회에 나오지 않는 사람들을 종종 보았을 것입니다. 이것은 그들이 무엇인가 공격을 받았다는 것입니다. 아마도 예측이 불가능한 어떠한 공격을 받았기 때문에 더더욱 하루아침에 그렇게 될 수 있는 것입니다.

저도 목회를 하면서 가장 힘든 것은, 성도들이 예측 가능한 사람들이 있는 반면에, 예측이 불가능하게, 어느 날 갑자기 찾아와서 힘들어 죽겠다고 말하는 사람이 있을 때였습니다. 도대체 답이 나오지가 않습니다. 왜 갑자기 그렇게 힘들었는지, 어떠한 공격을 받았는지, 도무지 알 수가 없었습니다. 그래서 바울이 이 모든 것들 위에 믿음의 방패를 가지라고 하는 이유가 바로 여기에 있다고 생각합니다. 보이지 않는 곳에서 예측이 불가능하게 화살이 날아오기 때문에 우리 모두는 긴장해야 합니다. 예측이 불가능한 데에서 날아오는 화살을 피해야 하기 때문입니다.

(2) 화전들은 한 두 개만 날아오는 것이 아니라, 한꺼번에 여러 개가 날아와서 우리를 괴롭게 합니다. 그리고 그 화살들에는 치명적인 독이 묻어 있습니다.

모든 것 위에 믿음의 방패를 가져야 할 두 번째 이유는, 이 화살들은 하나, 둘씩 날아오는 것이 아니라, 한꺼번에 여러 개가 나를 향해서 날아오기 때문입니다. 하나, 둘씩 날아오면 요리저리 피할 수 있습니다. 그런데 한꺼번에 나에게 날아오는 것을 방어하기 위해서는 막는 방법밖에 없습니다. 그래서 방패가 필요한 것입니다. 성경 본문을 보면, 이 화살을 쏘아대는 주체인 악한 자는 단수로 되어 있고 화살은 복수로 되어 있습니다. 그러니까 이 악한 자가 화살을 한번만 쏘고 끝나는 것이 아니라, 여러 발을 다발적으로 쏜다는 것입니다. 바울은 여러 성도들을 훈련시키고 양육하면서, 같이 신앙생활을 하고 훈련을 받아도 어느 날 갑자기 각자가 변할 수 있다는 것을 알았습니다. '나 이제 기도 안할래, 나 이제 성경도 안 볼거야, 나 이제 예수 믿지 않을 거야'라고 말입니다. 갑자기 우리의 영적인 상태가 이상할 때가 있습니다. 이것은 벌써 적들의 화살을 맞았다는 증거이기도 합니다. 영적인 사단의 화살, 보이지 않는 공격의 화살을 맞은 것입니다. 그런데 그 화살은 한번만 맞는 것이 아니라 여러 발이 같이 와서 꽂힌다는 것입니다. 그래서 바울 사도는 진리의 허리띠를 띠고 의의 호심경도 붙이고 평안의 복음의 신발을 신지만, 믿음의 방패를 가져야 한다는 것이 너무 중요하다고 말하는 것입니다.

그러나 더 중요한 것이 있습니다. 그 화살 끝에는 독이 묻어 있다는 것입니다. 성경에는 불화살이라고 기록했는데, 이것은 마치 그 화살의 파괴력을 암시하는 표현이라고 생각됩니다. 왜냐하면, 당시 로마 군인들은 세계를 정복하러 화살을 가지고 나갔을 때, 화살 끝에 독을 묻혀서 나갔다고 합니다. 그래서 이 독화살에 맞은 사람은 그 독이 온 몸에 금방 퍼져서 그 자리에서 죽게 되었습니다. 이와 같이, 악한 자가 쏘아 대는 화살은 우리에게 치명적인 무기가 될 수 있습니다. 불에 활활 타올라 모든 것이 섬멸되는 것처럼 말이지요. 그렇기 때문에 바울 사도가 모든 것들 위에 믿음의 방패를 가지라고 말하고 있는 것입니다.

(3) 화살을 쏘는 주체는 악한 자, 즉 사단입니다.

세 번째로, 이 모든 것들 위에 믿음의 방패를 지녀야 할 이유가 있습니다. 말씀을 보면 화살을 쏘는 주체를 명확하게 기록하고 있습니다. '악한 자'라고 이야기하는데, 이는 사단입니다. '누가 나한테 의심을 가져다 주고, 비틀거리게 만들고, 화살을 쏘아 공격하는가?' 했더니, 그가 바로 악한 사단이라는 것입니다. 여러분 여기에서 분명히 아셔야 할 것이 있습니다. 하나님도 우리를 살리고 보호하기 위해 모든 노력을 다 하시고 계시지만, 악한 자들 역시 우리를 넘어뜨리고 죽이기 위해 포기하지 않고 일하고 있다는 것을 말입니다.

그러니 그 악한 자들이 쏘아대는 화살을 맞았다면, 그 자리에서 쓰러질 수밖에 없습니다. 바로 '전의(戰意)를 상실'을 하게 되는 것입니다. 이제까지 복음의 신을 신고 복음을 전했다고 할지라도, 한방만 맞으면 모든 전의가 상실될 수 있습니다.

제가 복음을 전한다고 이리저리 달려갈지라도, 믿음의 방패가 없으면 저도 화살을 맞고 모든 것을 다 잃어버릴 수 있습니다. '내가 이제까지 복음을 왜 전했지? 내가 이렇게까지 피곤하고 힘들어 하면서 집회를 왜 다녔지? 내 삶도 힘들고 어려운데 내가 왜 예수를 증거하지?' 라고 생각하며, 한 번에 쓰러질 수 있는 것입니다. 정리하자면, 이 화살의 특징은 다음과 같습니다. 이 화살은 예측 불가능한데서 날아옵니다. 그리고 화살은 하나만 날아오는 게 아니라 여러 개가 한꺼번에 날아옵니다. 또 그 끝에는 독이 묻어 있습니다. 무엇보다 그 화살을 쏘아대는 자가 바로 악한 사단이라는 것을 성경은 기록하고 있습니다.

2) 악한 자의 화살들은 구체적으로 무엇을 말할까요?

(1) 의심을 가리킵니다. 의심은 우리를 낙담하게 만들고 용기를 빼앗아 영적 전투에서 무너지게 합니다.

그렇다면 이 화살은 무엇을 의미하는 것일까요? 앞서 언급한 말들은 다 비유적인 표현입니다. 악한 자는 불화살을 계속 쏘아대고, 우리는 그 화살을 막기 위해서 믿음의 방패를 지녀야 하는데, 이 화살이 궁극적으로 우리에게 무엇을 상징하는 것일까요?

첫 번째로, 그것은 의심입니다. 많은 사람들이 의심을 하면서 신앙에서 떨어져 나가기 때문입니다. 예를 들면, 이 의심은 우리를 낙담하게 만들고 용기를 빼앗아서 영적전투에서 무력하게 만듭니다. 간혹 이런 생각 해보셨습니까? '하나님 정말 살아 계신 것일까? 인간이 나약하기 때문에 종교를 만들어서 거기에 헌신하게 만드는 것은 아닐까?' 이러한 의심이라는 요소는 우리를 얼마나 무너지게 만드는지 모릅니다. 은혜 받고, 기도도 하며, 하나님이 살아 계신다고 확신하고 전도하러 나갔던 사람들도, 어느 한순간에 의심이 들어오면 그 자리에서 무너지게 되어 있습니다.

의심의 화살을 맞은 사람들의 공통적인 특징이 있습니다. 신앙생활을 하는 것을 조금 쉬고 싶다는 것입니다. 교회에 주일예배는 참석을 하지만, 수요예배나 금요기도회에는 나갈 필요가 없다고 것입니다. 계속해서 의심이 드는 것입니다. '하나님이 내 삶에 개입하고 계실까? 하나님이 개입하시면 왜 내가 이렇게 힘들까? 왜 나를 이렇게 내버려 두시나? 하나님이 계시면 내가 사랑하는 사람을 위해 기도했는데 왜 구원하지 않으시나? 왜 병을 고쳐주시지 않을까?' 이와 같이 의심이 한번만 오는 게 아니라 계속해서 다가옵니다. 그리고 수많은 의심들이 한꺼번에 쏟아지면서 거기에 동의를 하게끔 만드는 것이 사단의 전략입니다. 이것이 바로 의심의 화살을 맞은 것입니다. 그 화살 끝에는 독이 묻어 있어서 우리의 깊숙한 곳까지 의심이 깊숙이 들어 오기 시작합니다. '내가 무언가 잘못 믿는 것 같아! 그래도 어차피 예수를 믿기로 했으니까 주일에 교회는 나가야겠고, 아~좀 쉬고 싶다.' 이러한 생각들로 영적인 침체를 맞게 되는 것입니다. 여러분들도 신앙생활을 하면서 이러한 경험은 한 번씩은 해보셨을 것입니다.

　말씀을 읽고 기도하면 하나님이 임재하시고 문제가 해결될 것 같은데, 아무리 말씀을 읽고 기도해도 갑자기 한번 의심이 들면 아무것도 안 될 것 같이 느껴집니다. 그리고 이런 생각도 듭니다. '내가 너무 열심히 예수를 믿은 것 같아! 쉬엄쉬엄 예수 믿은 사람도 잘만 사는데, 왜 나만 이렇게 열심히 믿어야 하는지! 내가 무슨 광신자야?' 의심이라는 화살은 이렇게 너무나 무서운 것입니다. 화살이 한번 꽂혀지기만 하면 모두가 넘어집니다. 바울은 영적인 눈을 가지고 이러한 것들이 보고 있는 것입니다.

　여러분 이런 비유를 들어보셨나요? 공중에서 사단의 회의가 열렸습니다. '어떻게 하면 신자들을 뺏어올 수 있을까? 그 신자들을 죽일 수 있을까?' 하고 토론이 벌어졌다고 합니다. 각각의 어둠의 세력들은 "그놈들 재산을 뺏어야 된다! 또 핍박을 줘야 한다! 그놈들 질병을 가져다 줘야 된다!"고 외치며 난리가 났습니다. 그러자 사단이 말을 합니다. "너희들은 정말 철이 없다. 재산을 뺏고, 몸의 건강을 뺏고, 핍박을 하고, 자녀들을 어렵게 하며, 사업을 힘들게 하면 할수록 그들이 더 예수를 찾는다." 한순간은 통하는 것 같지만, 결코 그러한 방법으로는 신앙인들을 무너뜨릴 수 없다는 것입니다. 그러나 한방에 무너뜨릴 수 있는데, 그것이 바로 '의심'이라고 것입니다. 이제까지 믿어왔던 것을 송두리째 흔들어 놓는 것이 의심이라고 하는 것입니다. 그런데 의심은 '하나님이 안 계신다!'

고 하는 것만이 아니라, '하나님이 계시면 왜 나를 이렇게 내버려두시는 거야?'라고 생각하는 것도 의심입니다. '하나님이 계시면 왜 이렇게 나를 힘들게 하시는 거야? 하나님이 내 삶에 개입하신다면 왜 내게 발전이 없는 거야?' 라고 생각할 수 있는 것입니다. 이것이 바로 의심입니다.

(2) 유혹을 가리킵니다. 유혹의 독기는 우리의 온몸에 퍼져서 정욕의 지배를 받게 하여 전의를 상실하게 만듭니다.

두 번째, 이 화살이 의미하는 것은 유혹입니다. 사단은 우리를 공격해서 유혹에 따라 살아가는 정욕의 노예로 만들어 버립니다. 정욕의 노예는 성적인 노예만을 의미하는 것이 아닙니다. 우리 육신이 원하는 것, 그 모든 것을 따라가는 노예를 말하는 것입니다. 우리가 그렇게 어려운 가운데에서도 눈물 흘려 기도하며 하나님 앞에 무릎 꿇고 하나님이 원하시는 대로 살아간다고 했는데, 어느 날 유혹의 화살이 꽂힐 수 있습니다. 그런데 그 유혹의 화살을 맞고 보니까, 세상이 달리 보이는 것입니다. 분명히 기도하고 말씀을 읽어야 하는데 하지 못하고, 오히려 세상의 유혹을 쫓아 살아가는 사람이 되어가고 있는 것입니다. 여기서 중요한 것은, 무엇이 유혹인지 알아야 합니다. 만일, 내가 어떤 일을 하고 있는데, 그것이 하나님이 원하시는 일을 하지 못하게 한다면 바로 유혹이고 유혹에 끌려 다니는 삶으로 우리를 몰아가게 됩니다.

사단은 어떻게 해서든지 유혹의 화살을 쏘아서 우리로 하여금 하나님이 원치 않는 곳으로 끌고 가려고 합니다. 유명한 목사와 부흥사들도 한방에 무너질 수가 있습니다. 왜냐하면 어느 누구도 유혹이라고 하는 화살이 한번 꽂혀지면 그 유혹의 화살을 뽑지 않는 한, 결국은 사단에 끌려 다니면서 패망의 길로 치닫고 말기 때문입니다. 여러분 이 화살은 한

번만 날아오는 것이 아닙니다. 언제 어디서든지 여러 개가 동시 다발적으로 우리에게 날아 올 수 있습니다. 그런데 이것들을 막을 수 있는 방법이 바로 믿음의 방패인 것입니다. 이 믿음의 방패가 없으면 결국은 모든 것이 무너질 수 있습니다. 다시 세울 수 있기는 하지만… 그래서 바울은 악한 자가 쏘는 화살을 피하기 위해서 너희에게 필요한 게 믿음의 방패라고 말하고 있습니다.

(3) 이러한 화살들에 맞으면 아무리 진리의 허리띠를 두르고 의의 흉배를 붙이고 복음의 신발을 신고 있어도 쓰러질 수밖에 없다는 사실을 명심하십시오.

아무리 진리의 허리띠를 띠고 의의 호심경을 붙이고 평안의 복음의 신발을 신고 다닌다고 할지라도 이 화살을 한번 맞으면 무너질 수 있습니다. 그러므로 무엇보다 우리의 신앙이 기복 없이 꾸준하기 위해서 반드시 필요한 것이 믿음의 방패입니다.

반복되지만, 중요한 것이기에 다시 한 번 언급합니다. 우리에게 하나님의 말씀이 주관적인 나의 말씀으로 깨달아져서 '이제는 하나님의 뜻대로 살겠습니다'라고 결단하는 것도 영적인 무장을 하는 것입니다. 바로 진리의 허리띠를 굳게 매는 무장입니다. 또 하나님과 나의 관계를 올바르게 가지면서 하나님이 원하시는 대로 살아가는 것은 의의 호심경을 붙이는 무장입니다. 복음 안에 있는 평안을 내가 더 깊게 누리고 알지 못하는 자들에게, 만나는 사람에게 평안의 복음을 전하는 것 역시 영적인 무장입니다. 그러나 이렇게 살아간다고 할지라도 악한 자가 쏘는 불화살에 한번 맞으면 진리의 허리띠를 매었던 것도, 의의 호심경을 붙였던 것도, 평안의 복음의 신발을 신었던 것도 한순간에 무너질 수 있습니다. 그러므로 바울이 "이 모든 것들 위에 믿음의 방패를 가지라"고 한 말씀을 명심하고 하나님의 군사로 세워져야 할 것입니다.

3) 어떻게 막아낼 수 있습니까? 오직 믿음이라는 방패를 가지고!

(1) 무엇을 믿습니까? 주님이 나와 함께 하심을 믿습니다.

그렇다면 '믿음의 방패를 갖는다', '믿음의 방패를 든다'는 것은 무엇을 의미합니까? 그것은 내 삶 속에서 믿음을 구사하는 것을 의미합니다. 그러면 내 삶에서 무엇을 믿어야 하는 것일까요?

첫째로, 주님이 나와 함께 계심을 믿어야 합니다. 어떤 힘든 상황 속에서도 '하나님이 나와 함께 계신다'는 사실을 잊지 말아야 합니다. 지금 당장 나에게 돈이 없어 먹을 것이 없고 병으로 죽어간다고 할지라도, 하나님이 나와 함께 계심을 믿어야 합니다. 구원받은 모든 자와 하나님은 항상 함께 계십니다. 중요한 것은 내가 인생의 밑바닥에 주저 앉아있고 사망의 음침한 곳에 다닌다고 할지라도 그 상황 속에서 계속해야 구사해야 하는 것이 바로 '믿음'인 것입니다. 어떤 믿음입니까? 주님이 나와 함께 하신다는 것을 믿는 믿음입니다. 다음의 성경구절을 보십시오.

> "그러므로 너희는 그들 중에서 나와서 따로 있고 부정한 것을 만지지 말라 내가 너희를 영접하여 너희에게 아버지가 되고 너희는 내게 자녀가 되리라 전능하신 주의 말씀이니라 하셨느니라 그런즉 사랑하는 자들아 이 약속을 가진 우리는 하나님을 두려워하는 가운데서 거룩함을 온전히 이루어 육과 영의 온갖 더러운 것에서 자신을 깨끗하게 하자." (고린도후서 6장 17절~7장 1절).

이 말씀을 보면, "너희에게 하나님이 아버지가 되고 너희는 내게 자녀가 되리라 전능하신 주의 말씀이니라"라고 기록되어 있습니다. 그렇다면 어떤 순간에서도 우리가 믿어야 될 것이 있는데 그것은 "나는 하나님의 자녀다"라는 것입니다. 나는 하나님이 하나 밖에 없는 독생자 예수 그리스도의 피 값으로 구해서 사신 하나님의 자녀라는 것입니다. 하나님은 나를 그대로 내버려두지 않으십니다. 내가 지금 잠시 힘들고 고통스러워도 하나님은 나를 여기서 끝내버리지 않으시는 분이십니다. 저는 이제까지 살아오면서 하나님 앞에 이러한 믿음을 구사하며 살아왔습니다. 아무리 힘들어도, '나는 하나님의 자녀이고 하나님이 나와 함께 계시기 때문에 내 인생은 여기서 끝나지 않는다'고 믿었습니다. 내 인생에 초점을 둔 것이 아니라, 하나님이 허락하신 삶이기에 나를 일으켜 세우실 것을 믿어 의심치 않았습니다. 왜냐하면 하나님이 나를 사랑하시기 때문에 그렇습니다. 우리 모두가 이 믿음을 가져야 합니다. 부모도 자녀에게 필요한 것을 채워줍니다. 이와 같이, 성경에도 하나님이 우리 아버지이시고 자녀인 나와 언제나 함께 하시기에 필요한 모든 것을 채워주신다는 것을 믿어야 합니다.

우리가 신앙생활을 한다는 것은 교회만 왔다 갔다 하는 것은 아닙니다. 우리의 신앙생활 속에서 반드시 믿음을 구사해야 합니다. 그래야 악한 자의 불화살을 맞지 않습니다. 어떤 사람들은 집회가 끝날 때는 굉장한 은혜를 받다가도, 며칠을 못가서 기도도 못하고 시무룩한 사람들이 있습니다. 다 화살을 맞은 사람들입니다. 그 악한 자들은 어떻게 해서든지 우리에게 화살을 쏘아서 우리를 넘어지게 만드는데 우리가 거기에 대한 어떠한 대책도 없다면 그저 쏘는 대로 맞을 수밖에 없습니다. 그때마다 구사해야 될 것이 바로 이 믿음입니다. 하나님이 어떤 상황 속에서도 나를 이끄실 것을 믿는 것입니다. 그리고 내가 이 상황 속에서도 일어날 것을 믿음으로 선포하는 것입니다. 하나님이 나를 도우실 것을 믿는 것입니다. 하나님이 나를 끌어가실 것을 믿는 것입니다. 우리 주변의 상황을 보면 의심할 수 있습니다. 사실 우리는 하나님이 주인이라고 하면서도 내 멋대로 살았고, 내가 계획한 대로 일했고, 꼭 안 될 때만 하나님을 찾아왔습니다. 그럼에도 불구하고, 하나님은 우리 아버지이시기 때문에 어려울 때만 하나님을 찾아도 도와주시는 분이십니다. 그래서 아버지를 향한 믿음이 필요하다는 것입니다. 여러분! 하나님께서 나와 함께 계시고, 그분이 내 아버지라는 사실을 믿는 것이 믿음의 방패를 드는 것임을 잊지 마십시오.

(2) 무엇을 믿습니까? 현실보다는 미래에 하나님이 나를 위해 준비하신 목표, 비전을 믿고 나아갑니다(히 11:1).

두 번째는, 미래에 나를 향한 하나님이 준비하신 목표와 비전을 믿고 나아가는 것입니다. 그런데 성경에서 말하는 믿음은 보이고 만질 수 있어서 믿는 것이 아닙니다. 보이지 않고 만져지지 않기 때문에 믿음이 필요한 것입니다. 하나님께서 나를 당신의 자녀로 택하셨을 때는, 구원만 주시기 위해서 택한 것이 아닙니다. 하나님의 자녀로 만들어 주시고, 날마다 만나주시고, 그것을 통하여 나를 향한 궁극적인 목표를 이루어가길 원하십니다. 그러므로 현실보다는 미래에 하나님이 나를 위해 준비하신 목표와 비전을 바라보고 믿고 나아가야 합니다. 히브리서 11장 1절 보면 이렇게 기록되어 있습니다. "믿음은 바라는 것들의 실상이요 보지 못하는 것들의 증거니라." 그래서 믿음이 있는 사람들과 없는 사람들의 특징이 있습니다.

    믿음이 있는 자는 지금 당장 보이지 않고 만져지지 않아도 하나님이 나를 향해서 가지고 계시는 그 놀라운 비전을 바라보면서 달려가는 자입니다. 제가 사람들을 훈련시키고 많은 사람들을 상담해 보면서, 가장 안타까운 사람들을 만나게 되는데, 그들이 바로 목표와 비전이 없는 사람들이었습니다. 그들은 비전과 목표가 나를 끌어주지 못하는 삶을 살고 있었습니다. 그런 사람들은 지금 어려움을 당하고 힘들게 되면, 그 어려움과 힘듦으로 지옥과 같은 삶을 삽니다. 지금 힘들고 어려우면, 그것으로 인해 헤어 나오지 못하고 주저앉고 맙니다. 그런데 하나님에 대한 믿음이 있고 비전이 있는 사람은, 지금 내가 힘들고 밑바닥이라 할지라도, 이것이 하나님께서 허락하신 과정인 것을 믿습니다. 어떤 과정입니까? 하나님이 나를 다듬어 가시는 과정입니다. 그리고 목표를 향해서 끌어가시는 과정이라는 것을 믿습니다.

    저는 여러분들이 그렇게 믿기를 원합니다. '하나님이 나를 이끌어 가신다', '하나님이 나를 그냥 이대로 내버려 두시지 않는다', '내 인생은 여기서 끝나지 않는다', '하나님이 나를 향해 가지고 계신 계획이 있다.' 이것을 믿는 것이 믿음입니다. 그럴 때 내가 밑바닥에 산다고 할지라도, 똘망똘망한 눈빛을 가질 수 있습니다. 그리고 마음속에서 상황을 헤쳐 나갈 지혜가 생겨납니다. 사실 비전과 목표를 바라보고, 그 비전과 목표가 이끌어가는 사람은 돈이나 상황이 그들을 지배하지 못합니다. 그 상황 속에서도 하나님을 바라보는 명철한 눈빛이 있고 굳은 의지가 있기 때문입니다. 어느 누구도 감히 그 사람을 조롱하거나 멸시하지 못합니다. 이러한 믿음이 결국은 그 모든 화살로부터 우리를 보호하는 하나의 방패의 역할을 하는 것입니다.

요셉을 한번 봅시다. 이 요셉에게는 무엇이 있었습니까? 바로 꿈이 있었습니다. 그 꿈은 하나님이 그에게 주신 비전이었습니다. 그런데 그 비전을 이루기 위해서, 요셉은 13년을 살아가는 가운데 한 번도 가보지 못한 이국땅에서 노예생활도 했고, 보디발 아내에게서 유혹도 받았으며 감옥에도 몇 번씩이나 들어갔습니다. 그렇게 요셉의 인생은 밑바닥을 향해 계속 곤두박질치고 있었습니다. 그런데 이 요셉의 위대한 점은, 그 밑바닥에서 곤두박질치는 인생을 바라보지 않고 하나님이 주신 비전을 바라본 것입니다. 그리고 지금 내가 살아가는 것은 하나님이 주신 꿈을 이루어가는 과정이라고 생각했습니다. 결국 13년이 지나, 하나님의 때가 되었을 때, 비록 30세인 젊은 나이에도 불구하고, 그 당시 세계 최고의 나라였던 애굽의 총리 자리에 오르게 됩니다. 믿음이 요셉을 이렇게 만들어 간 것입니다.

하나님이 우리를 구원하셨을 때는 반드시 우리에게 꿈과 비전을 주십니다. 그 비전을 이루기 위해서는 나의 믿음이 필요합니다. 이 꿈까지 도달할 수 있는 동력이 있는데, 그것이 바로 믿음입니다. 믿음이 없이는 꿈까지 도달할 수 없고, 하나님이 계획하신 데에 이를 수 없는 것입니다. 그러면 하나님이 계획하신대로 살아가지 못하면 어떻게 됩니까? 매일 낙망하고 의심과 유혹의 화살을 맞고 한순간에 정욕에 사로잡힌 자가 되어 끌려 다닐 수밖에 없게 됩니다. 구원은 받았어도 이렇게 살아갈 수밖에 없습니다. 그래서 바울은 믿음의 방패를 가지라고 이야기하는 것입니다.

(3) 무엇을 믿습니까? 믿음의 선조들도 나와 같은 상황에서 믿음으로 이겨 하나님의 귀한 도구가 된 것을 믿습니다(히 11:33-34).

마지막 세 번째로 믿어야 될 것은, 믿음의 선조들도 이 땅에서 살아가면서 어려운 상황들을 경험했는데, 그 속에서 믿음으로 이겨 하나님의 귀한 도구가 되었다는 것을 믿으라는 것입니다. 히브리서 2장에는 "구름같이 허다한 증인들이 우리 주변에 있다"고 기록하고 있습니다. 구름과 같이 수없이 많은 믿음의 증인들이 우리 옆에 서 있는 것입니다. 그러면서 "이겨라! 힘내라! 일어나라! 지금 네가 가진 마음은 하나님이 주신 마음이 아니야, 네가 처해 있는 현실이 하나님이 원하시는 현실이 아니야, 지금 당장 괴롭고 힘들어도 하나님이 너를 향해 가지고 계신 놀라운 계획이 있어. 일어나! 믿음을 가져!"라고 외치며 우리를 격려하고 있습니다. 그래서 히브리서 기자는 그 구름과 같은 허다한 증인들이 있기 때문에 우리가 해야 될 일이 있다고 했습니다.

그것은 '인내로서 경주'하라는 것입니다. 히브리서 11장을 보면 다음과 같이 기록하고 있습니다. "내가 무슨 말을 더하리요 기드온, 바락, 삼손, 입다, 다윗 및 사무엘과 선지자들의 일을 말하려면 내게 시간이 부족하리로다 그들은 믿음으로 나라들을 이기기도 하며 의를 행하기도 하며 약속을 받기도 하며 사자들의 입을 막기도 하며 불의 세력을 멸하기도 하며 칼날을 피하기도 하며 연약한 가운데서 강하게 되기도 하며 전쟁에 용감하게 되어 이방 사람들의 진을 물리치기도 하며" (히브리서 11장 32절~34절). 이 말씀에 보면, 믿음의 선조들의 이름이 여럿 나와 있는데, 그들이 연약하고 밑바닥 가운데서도 어떻게 믿음을 구사하면서 하나님의 도구로 쓰임을 받게 되었는지가 나와 있습니다.

이 부분에서 부탁드리고 싶은 것이 있습니다. 한 번에 엄청난 것을 구하지 마시고, 배웠던 말씀대로 '주님 내가 믿음을 구사하겠습니다!'라고 고백하며 실천하라는 것입니다. 무엇을 믿으라고 하였습니까? 첫째로 하나님이 나와 함께 계시고 내가 그의 자녀가 된 것을 믿어야 합니다. 둘째로 내 인생은 여기서 끝나지 않고 하나님이 나를 향해서 원대한 계획을 가지고 계신 것을 믿어야 합니다. 그리고 셋째로 나 혼자 이 길을 걸어가는 것이 아니라, 믿음의 선조들이 먼저 믿음을 구사하면서 하나님의 위대한 도구가 되었다는 사실을 믿어야 합니다. 이 믿음이 있을 때 우리는 적들의 화살로부터 보호받을 수 있는 믿음의 방패를 들 수가 있습니다. 이제부터 이 믿음을 구사합시다! "하나님이 나와 함께 계셔. 내가 하나님의 자녀야. 그리고 하나님은 나를 향한 원대한 계획을 가지고 계셔. 그 계획을 지금도 이루어 가고 계셔. 나와 같은 많은 신앙의 선조들이 이 상황에서 믿음을 구사하고 하나님의 도구가 되었어."라는 믿음입니다.

4) 이미 화살에 맞아 쓰러진 사람들은 어떻게 회복될 수 있나요?

(1) 믿음의 주요 온전케 하시는 하나님을 바라보아야 합니다.(히 11:2)

마지막으로, 이미 화살을 맞아 쓰러진 사람들은 어떻게 해야 회복될 수 있습니까? 하나님은 치료하시는 하나님이시기에 그들 역시 반드시 회복될 수 있는 방법이 있습니다. 그래서 회복할 수 있는 방법을 세 가지로 나누어 말씀 드리겠습니다.

첫 번째는 "믿음의 주요, 온전케 하시는 하나님을 바라보라"는 것입니다. 우리가 화살에 맞아 쓰러져 고통 속에 있을 때 회복을 위한 유일한 방법은 오직 주님을 바라보는 것입니다. 세상의 방법으로는 영혼을 결코 회복시킬 수 없기 때문입니다. 아무리 돈이 있어도, 권력이 있어도, 세상적으로 인정을 받는다 하여도 주님을 붙들지 못하면 회복은 없습니다. 그러나 주님을 바라보면 회복이 있습니다.

세상의 돈이, 그리고 세상의 의학이 나를 고치지 못합니다. 쓰러진 나를 세우지 못합니다. 오직 주님만이 나를 살리고 회복시키며 세워 가실 수 있습니다. 그러므로 혹시 쓰러진 자들이 있다면 주님을 바라보십시오. 그리고 도움을 요청하십시오! 주님이 도우실 것입니다.

(2) 자신의 상태를 자복하고 하나님께 회복을 구하십시오.

두 번째는, 내가 왜 쓰러졌는지 하나님 앞에 그대로 고해야 합니다. 이것이 회개입니다. 내 삶에서 구체적으로 어떻게 돌이켜야 하는지 깨닫고 실천하는 것입니다. 만약 왜 쓰러졌는지를 진단하지 못하고 돌이키지 못한다면 화살에 맞은 영혼은 다람쥐 쳇바퀴 돌듯 지속적으로 동일한 상황에서 쓰러질 수 밖에 없습니다. 그렇기에 철저히 자신의 죄를 자복하고 하나님 앞에서 무릎을 꿇어야 합니다. 그것이 유일한 회복의 길입니다.

(3) 다시 믿음을 되찾아 그 믿음 위에서 일어섭니다.

세 번째는 믿음을 다시 회복하고 구사하는 것입니다. '나는 하나님의 자녀입니다. 하나님이 나와 함께 하십니다. 나를 향한 하나님의 계획하심이 있습니다. 나와 같은 상황 속에서도 믿음의 선조들이 이겨냈습니다. 하나님 내가 믿습니다.' 이렇게 다시금 하나님의 편에서 그 믿음을 구사하라는 것입니다. 그러나 현실을 바라보면 결코 믿음을 구사할 수 없고 내가 처한 상황을 고려하면 믿음을 놓쳐버리고 맙니다. 정말이지, 믿음을 구사하기 위해서는 하나님을 바라보아야 합니다. 많은 성도들이 가지고 있는 문제는 현실과 타협하는 것이고, 현실 앞에서 무너지는 것입니다. 그러나 믿음의 주요! 온전케 하시는 하나님을 바라볼 때, 우리는 굳건한 믿음을 가지고 승리하는 삶을 살 수 있습니다.

3. 마무리

　신앙인은 육적으로만 편하다고 해서 살 수 있는 것이 아닙니다. 반드시 하나님 앞에서 자신의 영이 회복되어지고 영적인 것을 위로부터 지속적으로 공급받아야 살아갈 수 있는 존재입니다. 그러므로 이 믿음이라고 하는 것이 얼마나 중요한 것인가를 다시 한 번 깨닫게 됩니다. 진정으로 믿음을 구사할 수 있는 사람이 되십시오! 어떤 상황 가운데서도 그 믿음을 구사하십시오. 그래서 사도 바울은 '이 모든 것들 위에 믿음의 방패를 가지라! 이 믿음의 방패만 있으면 능히 모든 불화살들로부터 너희를 보호할 수 있다.'라고 말하고 있는 것입니다.

　이제 말을 하더라도 믿음의 말을 하십시오. '하나님이 함께 하십니다. 하나님이 낫게 하십니다. 하나님이 끌어가십니다. 하나님이 이대로 내버려 두지 않습니다. 이 상황이 전부가 아닙니다. 하나님이 나를 향해 계획하신 것이 있습니다.' 우리가 살아가면서 사망의 음침한 골짜기를 다닐 수도 있습니다. 그러나 믿음이 있으면 빠져 나옵니다. 믿음이 있으면 세워집니다. 그 믿음으로 이 모든 불화살들을 이겨내고 승리하는 우리가 됩시다.

마무리를 위해서 다시 생각하고 토의할 문제들

1. 바울이 유달리 '믿음의 방패'를 강조하고 있는 이유를 토의해 보세요.

2. 적들이 쏘는 '불화살'의 특징을 설명해 보시오.
   1)
   2)
   3)

3. "악한 자들의 화살"은 구체적으로 무엇을 말하는 것일까요? 말해 보시오.
   1)
   2)
   3) 배운 것 외에 내가 생각하는 것들 -

4. "믿음의 방패"란 우리의 믿음을 구사하는 것을 말합니다. 무엇을 믿어야 합니까?
   1)
   2)
   3)

5. 이미 화살에 맞아 쓰러진 사람은 어떻게 회복될 수 있습니까? 토의해 보세요.
   1)
   2)
   3)

chapter 13

13. 구원의 투구와 성령의 검을 가지라!

◆ 주제를 풀어갈 성경본문 – 에베소서 6:17

"구원의 투구와 성령의 검 곧 하나님의 말씀을 가지라"

◆ 주제를 풀어 갈 글의 개요

1. 들어가면서 – 본문의 정황과 배경
2. 본론
   1) 구원의 투구를 써야하는 이유와 방법?
      (1) 사단의 최종적인 공격은 우리의 사고입니다. 구원론이 흔들리면 모든 것이 흔들립니다.
      (2) 내가 하나님의 자녀임을 알고 그 약속을 부여잡아야 하기 때문입니다.
   2) 성령의 검을 갖는다는 의미는?
      (1) 성령의 능력 안에 거하는 것을 의미합니다.
      (2) 성령의 도우심으로 모든 적을 물리치는 것이 검의 의미입니다.
   3) 하나님의 말씀이 검과 같다는 의미는?
      (1) 영적 전쟁에 필요한 진리는 오직 하나님의 말씀 밖에 없다는 것입니다.
      (2) 하나님께서 주신 것 가운데 가장 분명하고 날카로운 것이 말씀이라는 것입니다.
   4) 성령의 검과 하나님의 말씀과의 관계는?
      (1) 하나님의 말씀의 지식이 쌓이는 것만으로는 검의 역할을 감당할 수 없습니다.
      (2) 성령 안에서 체험되어진 하나님의 말씀이 검의 역할을 감당하여 적을 찌를 수 있습니다.

3. 마무리 – 요약과 적용

1. 들어가면서

하나님의 전신갑주에 대해서 바울이 마지막으로 말하는 것이 구원의 투구와 성령의 검입니다. 구원의 투구는 방어용 무기로서 마지막이고, 성령의 검은 유일한 공격 무기입니다. 앞서 말씀드렸다시피, 우리가 영적인 전투를 하는데 있어서 가장 중요한 것이 우리 자신을 지켜 나가는 것입니다. 왜냐하면 우리가 준비하지 못하고 섣불리 나섰다가 한순간에 무너질 수 있기 때문입니다. 영적전투의 여섯 가지 무기 가운데 다섯 가지가 방어용이라고 하는 것이 그것을 말해 줍니다. 그러면 왜 구원의 투구가 중요한지, 그리고 왜 구원의 문제를 투구에 비유했는지 알아봅시다. 또한 유일한 공격무기인 성령의 검은 무엇을 말하는지, 바울은 그것을 왜 하나님의 말씀과 연관시키고 있는지 서술하려고 합니다.

2. 본론

1) 구원의 투구를 써야하는 이유와 방법?

(1) 사단의 최종적인 공격은 우리의 사고입니다. 구원론이 흔들리면 모든 것이 흔들립니다.

바울은 에베소 교인들에게 전신갑주의 마지막에 무기로서 구원의 투구가 방어용으로 중요하다는 것을 강조합니다. 투구는 어디에 씁니까? 투구는 머리에 쓰는 것입니다. 그러므로 바울이 강조하려는 부분도 이것입니다. 즉, 마지막 방어는 머리를 보호하는 것입니다. 이것이 보호되지 않으면 또한 모든 무장이 해제될 수 있습니다.

이제까지 내가 잘 싸우고 견뎌왔다고 할지라도, 한 번에 쓰러질 수 있는 것은 머리, 생각으로 들어오는 공격입니다. 그러면 사단이 우리에게 어떤 생각을 줍니까? 사단은 특별히 우리가 죄를 지을 때 공격합니다. 우리는 분명히 거듭난 신자이고, 하나님의 자녀임을 앎에도 불구하고 이 땅에 살면서 죄를 지을 수 있습니다. 그런데 죄를 짓고 힘들어 할 때마다 사단이 우리 마음과 머릿속에 주는 생각이 있습니다. '야! 네가 그러고도 하나님의 사람이야? 너 정말 구원 받았어? 너 구원 받은 거 아니야! 세상 사람과 너의 삶이 다른 것이 있어? 하나도 다르지 않잖아, 그들과 똑같아!'라고 우리의 마음을 흔들어 놓습니다.

사단이 그럴 때, 나는 현재 죄 짓고 있는 나의 상황을 보고 동의할 수 있습니다. 동의하게 되니까 '그래 난 구원받은 하나님의 자녀가 아닌가봐! 다시 구원 받아야 할 것 같아!'라고 생각하면서 머릿속에 있는 구원에 대한 확신이 송두리째 흔들리기 시작하는 것입니다. 이것이 사단이 우리에게 주는 마지막 공격입니다. 그러므로 이제까지 진리의 허리띠를 매고, 의의 호심경을 붙이고, 평안의 복음의 신발을 신고, 믿음의 방패를 가졌다 하더라도, 구원의 투구를 쓰지 않으면 역시 한 번에 넘어질 수 있는 것을 명심해야 합니다.

(2) 내가 하나님의 자녀임을 알고 그 약속을 부여잡아야 하기 때문입니다.

이때 계속해서 머릿속에 드는 생각은 의심, 부정, 그리고 하나님과 반대되는 생각이 들면서 한 번에 무장해제가 되는 것입니다. 우리를 어떤 어려움과 사망의 음침한 골짜기 속에서도 이끌어갈 수 있는 힘은 바로 내가 하나님의 자녀로 구원받았다는 사실입니다. 여기서 더 확실하게 구분하여 말씀드리고 싶은 것이 있습니다. 그것은 구원의 투구를 쓴다는 것을 소극적인 의미와 적극적인 의미로 나누어서 설명할 수 있다는 것입니다. 소극적인 의미는 내 안에 구원의 확신이 있는 것입니다. 확신은 항상 나에게 힘과 능력을 가져다줍니다. 그래서 '나는 구원 받았다, 나는 하나님의 자녀다, 오늘 죽어도 천국갈 수 있다'라는 확신을 가져야 하는 것입니다. 이 확신 안에서 우리는 어떤 어려움이 와도 꿋꿋이 맞서서 싸울 수 있는데 이 확신이 송두리째 날아가 버리게 되면 '나는 교회를 왜 다닐까, 나는 성경을 왜 읽을까, 나는 왜 그리스도인인척 하고 다닐까, 차라리 세상에 있는 게 더 낫지 않을까, 나는 세상에 있을 때 이렇게 마음이 불편하지 않았는데…'와 같은 생각을 할 수 있습니다. 그래서 '구원의 투구를 쓴다'는 것은 소극적인 의미로 내 안에 어떤 어려움이 와도 나는 구원받은 하나님의 자녀라고 하는 확신을 갖는 것을 의미합니다. 그렇다면, 구원의 확신이 있으면 구원의 투구를 쓰는 것일까요? 구원의 투구를 쓴다는 것의 또 다른 의미는 없을까요?

적극적인 의미가 있습니다. 이것은 매일 우리가 살아가면서 되새겨야 합니다. 그것은 '하나님이 나의 아버지가 되시고, 나는 하나님의 자녀가 된다'고 하는 것입니다. 그러므로 나를 향한 하나님의 약속과 기업이 있다는 것입니다. 이것을 부여잡아야 합니다. 내가 하나님의 자녀이기 때문에 하나님은 결단코 나를 포기하지 않습니다. 내가 하나님의 자녀이기 때문에 내가 어떤 어려움에 처해 있어도, 힘들고 아프더라도 하나님은 나를 지키십니다. 그러나 그 이상의 계획과 비전을 가지고 계시다는 것입니다. 그러므로 구원받은 하나님의 자녀로서 그 약속을 부여잡고 나가는 일이 구원의 투구를 쓰는 행위라는 것입니다. 나에게 아무런 능력이 없어도, 내가 내놓을 만한 것이 없어도 하나님의 기업을 바라볼 수 있음은, 그리고 계획을 향해 달려갈 수 있음은 내가 구원받은 하나님의 자녀이기 때문입니다. 이것은 이전 장에서 언급한 믿음의 구사와는 또 다른 차원입니다. 믿음은 믿고 받아들이는 것인데, 여기서 강조하는 것은 자녀로서 당연히 주어진 약속을 바라보라는 것입니다. 그리고 그것을 부여 잡으라는 것이지요.

베드로 사도도 신앙 때문에 소아시아에 흩어져 살고 있는 성도들을 격려하기 위하여 다음과 같이 글을 썼습니다. "…우리를 거듭나게 하사 산 소망이 있게 하시며 썩지 않고 더럽지 않고 쇠하지 아니하는 유업을 잇게 하시나니 곧 너희를 위하여 하늘에 간직하신 것이라"(베드로전서 1장 4절-5절). 너희가 거듭난 하나님의 자녀이기에 너희를 위한 유업이 있다는 것입니다. 그것을 부여잡으라는 것이지요. 그것이 우리에게 이 땅을 살아가는 한 가지의 소망이 되기도 합니다. 이 땅에 있는 것이 모든 것이 아니기 때문입니다. 이 의식이 없어지면 우리는 하루아침에라도 힘없는 자가 되어버리고 맙니다. 한번 생각해 보십시오! 아무리 믿음이 있는 사람이라 할지라도, 어려움은 계속 닥쳐오기 마련입니다. 그 어려움 가운데 가장 큰 것들이 물질적인 어려움, 그리고 육체적인 질병일 것입니다. 몸이 아파 병에 걸려 신앙이 침체된다면, 내가 가지고 있었던 믿음도 일순간에 날아가 버릴 수 있습니다. 그때부터는 '내가 정말 하나님의 자녀일까, 하나님이 나를 자녀 삼아 주셨나, 지금도 나를 지키시고 계시나?'라는 생각이 듭니다. 그런데 그 상황에서도 붙잡아야 될 것이 바로 '구원의 투구'라고 바울이 말하고 있는 것입니다. 즉, 이 말은 그런 의심의 순간에도 하나님은 내 아버지가 되신다는 것을 믿어야 한다는 것입니다. 그리고 아버지는 나를 향해 준비하신 기업을 가지고 기다리고 계신다는 것입니다. 내가 누릴 유업이 있다는 것입니다.

구원의 투구를 쓴다는 것이 어떠한 모습인지 예수께서 십자가에서 아주 명확하게 보여주셨습니다. 예수께서 십자가에 달려 돌아가실 때에 마지막으로 일곱 가지를 말씀하셨는데, 그 말씀 가운데 네 번째 말씀이 "엘리, 엘리, 라마사박다니"입니다. 이것은 "나의 하나님 나의 하나님, 어찌하여 나를 버리셨나이까?"라는 의미입니다. 더 이상 하나님은 십자가 위에 계신 예수님에게 관심을 가지실 수 없었습니다. 십자가 위에서 죽은 예수님은 이 세상의 모든 죄를 다 지시고 그 죄 값으로 하나님의 벌을 받아 죽으셨기 때문입니다. 그렇기 때문에 하나님의 아들이지만, 죽는 그 순간만큼은 죄의 고통으로 죄 값을 받아 죽으신 아들이셨기에 하나님이 개입할 수 없었습니다. 그런데 하나님께 철저하게 버림받아 십자가 위에서 죽어가는 그 예수에게 여전히 하나님은 아버지셨습니다. '능력의 하나님, 당신은 나의 아버지이신데 어찌하여 나를 버리십니까?' 철저하게 버림을 당하는 그 순간에도 예수님은 하나님을 아버지로 부르셨던 것입니다.

신앙생활하면서 가장 힘든 순간은 죄를 짓거나 사망의 음침한 골짜기에 거할 때입니다. 그러나 그 순간에도 나에게 힘이 될 수 있는 고백이 있는데 그것은 하나님이 나의 아버지라는 고백입니다. 그것은 구원의 확신에 대한 고백입니다. 주님이 나를 구원하셨다는 것은 한번 구원하고 끝나는 행위가 아닙니다. 왜냐하면 그분은 나를 지속적으로 보호하시고 당신의 계획대로 이끌어 가길 원하시기 때문입니다.

제가 고등학교 때 들었던 찬양 가운데 은혜를 많이 주었던 찬양이 있었습니다. 때론 그 찬양을 들으면서 많이 울기도 했습니다. "주님을 나의 길이라 부르면서도 그 길로 가기 싫어 딴 길로 헤맸네 어둡고 캄캄한 그곳 가시밭길에 길 잃은 양 한 마리 떨고 있을 때 어디선가 들리는 주님의 음성 너는 내 것이라 너는 내 것이라 " 이 찬양에서 주님이 '너는 내 것이라'는 부분을 부르는데 마음이 뭉클해졌습니다. 내가 주님의 것이면, 주님은 나의 아버지가 되시는 것입니다.

그러므로 바울이 마지막으로 고백하고 있는 것입니다. 신자들은 그들의 머릿속에, 내가 하나님의 자녀이고 내가 지금 어떠한 상황 가운데 처해있다 할지라도 '너는 내 것이야. 내가 너의 아버지야. 그리고 너는 내 자녀야. 내가 책임질거야.'라고 말씀하시는 하나님의 음성을 듣지 못하면 소용이 없다는 것을요! 그래서 그리스도인들은 하나님 아버지에 대한 믿음과 자녀로서의 정체성을 확실히 갖는 것이 중요합니다.

2) 성령의 검을 갖는다는 의미는?

(1) 성령의 능력 안에 거하는 것을 의미합니다.

마지막으로 이 영적인 전투는 방어만 하고 끝나는 것이 아니라 공격을 해야 합니다. 영적인 전투의 마지막은, 나를 향해 달려오는 적을 향해서 무찌르고 넘어뜨리는 데 있습니다. 그래서 이 바울 사도가 영적인 전투의 마지막 무기를 이야기해주고 있는데, 그것은 성령의 검, 곧 하나님의 말씀이라는 것입니다. 여기서 재미있는 것이 있는데, 그것은 바울이 영적 무기를 말하면서 여섯 가지 모든 무기에 그 무기를 설명할 수 있는,

구체화할 수 있는, 비유가 하나씩 다 들어가 있다는 것입니다. 진리의 허리띠하면, 허리띠 역할을 하는 것이 진리라는 것이고, 의의 호심경하면 호심경의 역할을 하는 것이 의입니다. 평안의 복음의 신발하면, 신발 역할하는 것이 평안의 복음이라고 하는 것이고, 믿음의 방패하면 방패역할을 하는 것이 믿음이며, 구원의 투구는 투구 역할을 하는 것이 구원이라는 것입니다. 그런데 마지막에 공격용 무기는 이중적인 의미가 있습니다. 성령의 검이라 하면 되는데 '성령의 검, 곧 하나님의 말씀'이라 기록하고 있습니다.

그러면 성령의 검과 하나님의 말씀은 같다는 것인데 어떠한 관계가 있는 것일까요? 먼저 이것 하나하나를 설명한 후, 마지막에 그것들을 합쳐서 본질적인 의미를 설명하려 합니다. 먼저, 성령의 검은 찌르고 공격할 수 있는 무기라는 의미가 이 안에 있습니다. 이 말은 우리가 우리를 향해서 다가오는 적을 넘어뜨릴 수 있는 한 가지가 있는데 그것이 바로 성령이라고 하는 것입니다. 성령 외에는 나를 향해 다가오는 그 어떤 악한 적들을 맞서서 대항할 수 있는 공격용 무기가 없다는 것입니다. 그러므로 내가 싸우지만, 실제로는 내가 내 힘으로 싸우는 것이 아니라, 성령의 힘으로 싸우는 것을 나타내 줍니다.

그러면 "성령의 검을 가지라"고 하는 것은 무슨 의미일까요? 그것은 이제 구원받고 내 안에 내주하고 계신 그 성령을 전폭적으로 의지하여 성령의 사람이 되라는 말입니다. 날마다 내 안에 내주하시는 성령께 전적으로 의지하고 그분의 도우심을 반복적으로 경험해갈 때 성령의 사람으로 성장하여 성령의 검을 사용할 수 있게 되는 것입니다. 내 마음이 성령의 마음이 되고, 성령님의 마음이 내 마음이 될 때, 성령의 검을 사용할 수 있습니다. 또는 그 성령님께 전적으로 순복할 때 성령의 검을 사용할 수 있습니다.

(2) 성령의 도우심으로 모든 적을 물리치는 것이 검의 의미입니다.

성령 안에서 성령의 사람이 된다는 것은, 성령의 인도하심을 받아서 사단을 대적할 수 있다는 것입니다. 그 안에만 거주하는 것이 아닙니다. 이제는 그 성령의 힘을 빌려서 담대하게 적들을 대적하여 싸워야 합니다. 성령의 힘으로 선포해야 합니다. 그 행위가 성령의 검을 휘두르는 행위입니다. 성령의 도우심을 받아 사단을 대적하는 행위가 사단에게 치명적인 검이 되는 것입니다. 그때 적들이 섬멸될 수 있는 것입니다.

지금도 사단의 세력은 우는 사자처럼 우리를 공격해 옵니다. 그러므로 성령의 도우심으로 모든 적을 물리쳐야 합니다. 어떠한 적들의 공격으로부터도 우리를 방어할 수 있는 준비가 되어 있다면, 이제는 담대히 성령의 힘으로 그들을 대적해야 합니다. 이것이 검의 역할을 감당하는 것입니다. 기억하십시오! 성령의 능력 외에 우리 힘으로는 사단을 대적할 수 없습니다. 이것이 바로 성령의 검에 대한 의미입니다.

3) 하나님의 말씀이 검과 같다는 의미는?

(1) 영적 전쟁에 필요한 진리는 오직 하나님의 말씀 밖에 없다는 것입니다.

성령은 눈에 보이지 않습니다. 그런데 본문을 보니, '성령의 검' 곧 '하나님의 말씀'을 가지라고 합니다. 그러면 '하나님의 말씀'은 무엇입니까? 그것은 다시 '성령의 검'이라고 말할 수 있습니다. 그러므로 '성령'이 '검'이 되시고 '하나님의 말씀'이 '검'이 되는 것입니다. 이렇게 볼 때, 이것은 보이지 않는 성령으로 무장할 수 있는 방법으로서 보이고 읽을 수 있는 하나님의 말씀을 제시하고 있다고 할 수 있습니다. 그렇다면 '하나님의 말씀'이 '검'이라는 사실은 어떻게 해석할 수 있을까요? 사단을 무찌를 수 있는 것은 하나님이 주신 '말씀' 밖에는 없다는 것입니다.

세상의 지식과 내 능력을 가지고 나를 향해 다가오는 적들을 무찌를 수 없습니다. 영적인 눈을 뜨고 보십시오. 이미 언급하였지만, 갑자기 아프고, 집안에 어려운 일이 생기는 등 여러 가지 문제가 닥쳐오면 세상적인 눈으로만 보지 말라는 것입니다. 그것은 사단의 공격일 수 있습니다. 사단이 공격해 오면 막고 싸워서 이겨야 되지 않습니까? 그런데 우리에게 싸워서 물리칠 수 있는 공격의 방법은 성령, 곧 하나님의 말씀밖에 없습니다. 사단의 모든 공격으로부터 이길 수 있는 방법은 하나님의 말씀을 지니는 것입니다.

(2) 하나님께서 주신 것 가운데 가장 분명하고 날카로운 것이 말씀이라는 것입니다.

하나님으로부터 내려오는 것 가운데 여러 은사와 풍성한 은혜도 있고 많은 기적도 있지만, 가장 확실하고 날카로운 것이 말씀입니다. "하나님의 말씀은 살았고 운동력 있어 좌우에 날선 어떤 검보다도 예리"(히 4:12)하기 때문입니다. 그래서 하나님의 말씀만이 적들을 무찌를 수 있다는 것입니다. 즉, 말씀으로 무장하고, 그 말씀을 암기하며, 그 말씀을 체험하며 신뢰해 나갈 때 이미 우리는 적을 무찌를 수 있는 검을 가진 것입니다.

많은 성도들은 어려운 상황속에서 생겨나는 문제를 해결하기 위한 방법으로, 하나님께로부터 오는 말씀이 아닌, 다른 여러 가지를 구할 때가 많습니다. 물론, 물질도, 은사도, 다른 관계적인 부분도 하나님이 주시는 응답입니다. 그러나 하나님께로부터 오는 진리 중, 우리들에게 가장 분명한 싸인이 바로 하나님의 말씀입니다. 그 말씀 안에 나를 향한 하나님의 깊은 뜻과 계획이 담겨 있습니다. 이 말씀 안에서 힘을 얻고 세워질 때, 우리는 궁극적인 승리를 경험할 수 있습니다.

4) 성령의 검과 하나님의 말씀과의 관계는?

(1) 하나님의 말씀의 지식이 쌓이는 것만으로는 검의 역할을 감당할 수 없습니다.

그런데 왜 성령이 앞에 나왔을까요? '검'을 두고 '성령의 검', '하나님의 말씀'이라고 했으면 '성령'도 '검'이고 '하나님의 말씀'도 '검'이라는 말입니다. 그런데 이것을 조합해 보자면 이런 의미가 있습니다. 하나님의 말씀을 많이 알고 지식있는 사람들이 있습니다. 그래서 남을 가르칠 수 있을 정도가 되어서 성경도 가르치고 풀기도 하며 설교도 합니다. 그런데 그 성경에 대한 지식이 곧 검이 되는 것이 아닙니다. 내게 경험되어지고 깨달아진 말씀이 우리에게 검이 된다는 것입니다. 그렇게 말씀의 깨달음 속에서 날마다 살아가는 사람들은 쉽게 넘어지지 않을뿐더러, 그 말씀을 붙잡고 승리합니다. 그런데 그 말씀에 대한 깨달음을 성령이 주신다는 것입니다. 여기에 말씀과 성령과의 관계가 있습니다.

예를 들어, 오늘 내가 큐티를 했는데 그 말씀이 내게 와 닿았습니다. 그리고 그 말씀 붙잡고 눈물 흘리고 기도했습니다. 그런데 하나님의 말씀을 읽고 감동할 수 있는 것도 내 힘으로 되는 것이 아닙니다. 바로 성령의 힘으로 되는 것입니다.

바리새인들을 보십시오. 성경에 대한 수많은 지식이 있었습니다. 이스라엘 백성들을 가르칠 만큼 능력도 있었습니다. 그러나 그들에게 그 말씀은 검이 되지 못했습니다. 그래서 세상 속에서 똑같이 세상 사람들과 동일하게 살아갈 수밖에 없었던 것입니다. 말씀의 지식이 있다고 해서, 하나님의 말씀을 많이 안다고 해서 검이 되는 것이 아닙니다. 그 말씀이 성령 안에서 깨달아져서 내 말씀이 되어야 검이 될 수 있는 것입니다. 그래서 작지만, 말씀이 경험되어지고 깨달아질 때 내 것이 되고, 내 것이 된 그 말씀이 결국은 적을 물리치는 공격용 무기가 되는 것입니다.

(2) 성령 안에서 체험되어진 하나님의 말씀이 검의 역할을 감당하여 적을 찌를 수 있습니다.

이렇게 보자면, 사단에게 무기가 되는 것은 성경의 지식이 아니라 바로 성령의 감동으로 깨달아진 말씀입니다. "성령의 검, 곧 하나님의 말씀을 가지라"고 하는 것은 성령과 하나님의 말씀이 같이 가는 것이고 동등하다는 의미입니다. 또 하나님의 많은 말씀의 지식이 다 공격이 되지 않는 것을 말합니다. 가끔은 내가 듣고 배운 말씀이 많아서, 말씀에 대한 많은 지식이 있지만, 내가 영적으로 공격을 받을 때 그것을 외워보고 선포해 보아도 내 힘이 안 되는 경우가 있습니다. 왜냐하면 하나님의 말씀은 알아서 검이 되는 것이 아니라, 그 말씀이 성령으로 깨달아져야 되는 것을 뜻합니다.

성령으로 감동되어진 말씀이 중요하다는 것입니다. 하나님의 성령으로 감동된 말씀이 검이 된다는 말입니다. 매일 큐티하는 것이 중요한 이유도 여기에 있습니다. 날마다 하나님의 말씀을 읽으면서, 작은 말씀이지만 성령의 감동으로 깨달아지면 그 말씀이 검이 되는 것이기 때문입니다. 그 날은 절대로 적의 공격이 있을 수 없습니다. 공격이 와도 성령의 검, 하나님의 말씀으로 능력 있게 무찌를 수 있습니다.

성령 안에서 감동되어진 말씀을 붙잡는다고 하는 것이 이만큼 중요합니다. 저는 여러분들이 날마다 성령의 검, 하나님의 말씀의 검을 가지고 나에게 다가오는 그 모든 세력들을 능히 이겨나갈 수 있기를 원합니다. 그러기 위해서, 적어도 하루에 한 구절 정도는 내게 깨달아지는 말씀이 있어야 합니다. 내게 경험되어지고 감동되어지는 말씀이 있을 때 우리에게 성령의 검이 더욱 날카롭게 준비되어질 것입니다.

3. 마무리

살아가다보면 우리의 삶이 밑바닥 일수도 있고, 몸이 아플 수도 있고, 힘들고 어려운 환경에 처해있을 수 있습니다. 그때마다 영적으로 무장해제가 되지 않으려면 '하나님은 나의 아버지이십니다. 나는 당신의 자녀입니다. 당신이 나를 끌어갈 것입니다.' 이 고백을 날마다 해야 합니다. 이것이 바로 구원의 투구의 역할을 하는 것입니다. '너는 내거야, 너는 내 자식이야, 내가 너를 낳았고 내가 너를 택했다, 내가 너를 끌어갈 거야'라는 하나님의 마음이 믿음으로 우리 입에서 날마다 선포되어져야 합니다. 그러면 지금은 어렵고 힘들어 사망의 음침한 골짜기를 다닌다고 할지라도, 그곳에서 미래를 바라볼 수 있습니다. 왜냐하면 이 속에서 끌어내실 분이 하나님이시기 때문에 그렇습니다.

또한 성령의 감동 안에서 말씀이 깨달아지는 일들이 날마다 있어야 합니다. 하나님의 말씀이 나의 말씀으로 체험되어져야 한다는 것입니다.

그때 우리는 사단을 무찌르는 유일한 무기인 성령의 검을 가지게 되는 것이지요. 이렇게 무장되어 질 때 우리의 영적전투는 날마다 승리가 있을 것입니다.

이상으로 하나님의 전신갑주의 내용을 모두 설명하였습니다. 그러나 우리가 아는 것으로만 끝내서는 안 됩니다. 실제 경험해야 합니다. 그리고 그 경험을 통하여 영적전투에서 승리하여야 하며, 또 그것을 통하여 하나님 나라를 이 땅에 확장시켜 나가야 합니다. 하나님 나라가 이 땅에서 확장된다고 하는 것은, 지역적인 확장의 의미도 있지만, 그 깊이와 넓이에로 더 심도 있게 경험하는 것을 의미하기도 합니다. 영적전투를 통해서 가능해 질 수 있는 부분들입니다.

이제, 이렇게 무장하고 영적전투를 해 나갈 때, 다시 한 번 싸움을 해야 할 이유에 대해서 확인합시다! 그 첫 번째는 우리가 그리스도의 장성한 분량까지 성장하기 위해서는 반드시 청년의 때를 거쳐야 장성한 아비의 단계로 건너갈 수 있기 때문입니다. 둘째는 우리가 싸워서 이겨야 적들의 근본을 무찔러 다시 공격해 오지 못하게 하며, 또한 다른 사람에게도 공격하지 못하게 할 수 있기 때문입니다. 영적인 전투의 중요한 핵심은 나만 공격당하지 않는데 있지 않습니다. 나도 공격을 당하지 않지만, 이제는 내가 적을 물리쳐서 하나님의 나라를 확장시키고 다른 사람들이 넘어지지 않도록 하는데 목적이 있습니다.

그러므로 기독교 공동체 안에서 어떤 한사람이라도 아프고 힘들어 하면 그것은 우리 공동체의 책임인 것입니다. 내가 영적인 군사가 되어서 나에게 다가오는 적을 성령의 검으로 무찌르고 넘어뜨리면 그 적이 절대로 다른 사람을 공격할 수 없기 때문입니다. 그렇지만 내가 공격을 못해 적들을 물리치지 못했기 때문에 다른 연약한 사람들이 공격을 받는 것입니다. 그러므로 여러분의 교회 공동체 안에, 많은 사람들이 말씀을 깨달은 대로 순종하여 온전하게 영적인 군사로 세워질 수 있기를 원합니다. 그래서 자기를 방어하는데서만 끝나지 않고, 적을 쳐서 무찌르기를 바랍니다. 물리치기 위해서 필요한 것이 바로 성령의 검, 곧 하나님의 말씀입니다.

날마다 나에게 감동을 주고 나를 살릴 수 있는 말씀이 있어야 합니다. 오늘 아침에 내가 기도하고 성경을 읽는데 하나님이 "너는 내 것이라"하는 말씀이 감동이 되었습니다. 그러면 이 말씀이 성령의 검, 하나님의 말씀이 되는 것입니다. 내가 말씀을 읽는데 "너는 어려운 자를 돕고" 이 말씀이 나에게 와 닿았습니다. 이 말씀이 감동이 되고 체험이 되면 그 말씀이 바로 나에게 성령의 검이 되는 것입니다. 하루에 한 절 이상씩 하나님 앞에 감동 되어지는 말씀을 가지고 이 땅을 넉넉히 이겨 나가기를 바랍니다. 내가 요즘 왜 공격을 많이 받는가 한번 생각해 보십시오. 공격을 많이 받는 이유 중에 하나는 물리치지 못하니까 그렇습니다. 매일 하나님 앞에 무릎 꿇고 하나님으로부터 오는 그 체험되어지는 말씀을 가지고 싸워 이겨나갈 수 있는 여러분이 되어지기를 기원합니다.

마무리를 위해서 다시 생각하고 토의할 문제들

1. 구원의 투구를 써야하는 이유에 대해서 토의해 보세요.

2. 구원의 투구를 어떻게 쓸 수 있습니까? 그 방법에 대해서 토의해 보세요.

3. 성령의 검을 갖는다는 것은 무엇을 의미합니까?
    1)
    2)

4. 하나님의 말씀이 검과 같다는 것은 무엇을 의미합니까? 토의해 보세요.
    1)
    2)

5. 성령의 검과 하나님의 말씀과의 관계는 어떠합니까? 토의해 보세요.
    1)
    2)

현재적 하나님 나라와 이를 위한 영적전투

초판1쇄 2010. 11. 06
재판1쇄 2011. 04. 12

지은이   하도균
펴낸이   방주석
영업책임 곽기태
디자인   전찬우

펴낸곳   베드로서원
주소   (우)110-740 서울 종로구 연지동 136-56 기독교연합회관 1309호
전화   02)333-7316 | 팩스   02)333-7317
이메일   peterhouse@paran.com
홈페이지 www.peterhouse.co.kr

출판등록 2010년 1월 18일(제59호) / 창립일(1988년 6월 3일)
ISBN   978-89-7419-293-8 03230
책값   뒤표지에 있습니다.

ⓒ이 출판물은 저작권법에 의해 보호를 받는 저작물이므로
무단 전재와 무단 복제를 할 수 없습니다.

베드로서원은 말씀과 성령 안에서 기도로 시작하며
영혼이 풍요로워지는 책을 만드는 데 힘쓰고 있으며,
문서 선교 사역의 현장에서 세계화의 비전을 넓혀가겠습니다.

나의 힘이신 여호와여 내가 주를 사랑하나이다(시 18:1)